스콧 켈비의 **DSLR** 사용자를 위한

포토샵 CC
2017

Scott Kelby

the Adobe
Photoshop CC
2017

스콧 켈비의 **DSLR** 사용자를 위한

포토샵 CC
2017

스콧 켈비 지음 | 홍성희 옮김

정보문화사
Information Publishing Group

스콧 켈비의 DSLR 사용자를 위한

포토샵 CC 2017

초판 1쇄 발행 | 2017년 7월 10일
초판 2쇄 발행 | 2018년 9월 10일

지 은 이 | 스콧 켈비
옮 긴 이 | 홍성희
발 행 인 | 이상만
발 행 처 | 정보문화사

책 임 편 집 | 최동진
편 집 진 행 | 노미라

주　　　소 | 서울시 종로구 대학로 12길 38 (정보빌딩)
전　　　화 | (02)3673-0037(편집부) / (02)3673-0114(代)
팩　　　스 | (02)3673-0260
등　　　록 | 1990년 2월 14일 제1-1013호
홈 페 이 지 | www.infopub.co.kr

I S B N | 978-89-5674-744-6

This book is dedicated to Jessica Maldonado,
one of my favorite designers ever, and one of
the most talented, dedicated, and hardworking
people I've ever had the pleasure of working with.

내가 아는 사람 중 가장 재능이 뛰어나고 헌신적이며,
근면한 사람들 중 한명이며, 가장 좋아하는 디자이너일 뿐만 아니라
함께 일하는 즐거움까지 안겨준
제시카 말도나도에게 이 책을 바친다.

감사의 글

나는 20년 동안 저술활동을 해왔지만 아직도 감사의 글을 쓰는 것이 가장 어렵다. 또한 책의 어느 부분보다도 감사의 글을 쓰는 데 가장 오래 걸린다. 감사의 글을 진지하게 생각하는 이유는 소중한 친구들, 책을 만드는 훌륭한 팀원들, 그리고 인생의 기쁨을 주는 가족에게 감사한 마음을 전달할 기회이기 때문이다. 그래서 감사의 글이 가장 쓰기 어렵다. 또한 눈물을 머금은 눈으로 타이핑을 하는 속도가 훨씬 느려지기 때문이기도 하다.

나의 놀라운 아내 칼레브라에게 우리가 결혼한 지 27년이 되어가지만 아직도 당신은 나와 주변 사람들을 감동시키는 놀라운 능력을 가지고 있어. 나는 당신만큼 인정이 많고 사랑스럽고 유쾌한 사람을 만난 적이 없어. 아이들의 엄마, 사업 파트너, 개인 파일럿, 중국어 번역가 그리고 최고의 친구로서 인생을 함께 보내는 축복을 누리고 있어. 당신이야말로 내 세레나데의 주인공이며, 모든 사람들이 당신을 아내로 둔 나를 최고의 행운아라고 생각할거야.

나의 아들 조단에게 너와 나처럼 잘 통하는 아들과의 관계는 모든 아버지의 꿈일 거야. 총명하고 배려심 깊고 창의적인 사람이 된 네가 자랑스럽단다. 너의 앞날에 얼마나 멋진 신세계가 기다리고 있을지 기대된단다. 네가 성장하는 모습을 지켜보는 것이 내 삶의 가장 큰 기쁨이야.

나의 소중한 딸 키라에게 엄마와 닮았다는 점에서 축복받은 아이란다. 나는 네게 더 이상 바랄 것이 없어. 너의 눈에서 엄마의 능력을 모두 물려받았다는 것을 볼 수 있지. 너도 언젠가는 조단과 마찬가지로 그 점을 발견하게 될 것이며, 신이 어떤 선물로 축복을 주었는지 알게 될거야.

형 제프에게 형은 언제나 나의 영웅이었고 그 점은 앞으로도 영원히 변하지 않을 거야. 내가 자라는 동안 언제 어디서나 무엇을 하든지 이끌어주며 돌봐주었지. 내가 높은 곳에 오를 수 있도록 가르쳐주고 인도해준 형에게서 아버지의 모습을 보곤 해.

뛰어난 재능과 열정 그리고 주변의 동료들에게 영감을 주는 직업의식을 가진 편집자 킴 도티와 북 디자이너 제시카 말도나도 두 사람이 이끄는 나의 저서 전담팀을 가진 것은 대단한 행운이다. 그들과 같은 창의적인 꿈의 팀을 만나게 된 것은 나에게 기적이나 마찬가지이다. 그들은 나의 일이 순조롭게 진행되고 평정을 유지하도록 도우며, 무엇이든지 할 수 있다는 긍정적인 마음가짐과 미소 그리고 탁월한 재능으로 일을 해낸다. 또한 매일 보지는 못하지만 훌륭한 신디 스나이더가 아직까지 나의 저서들을 확인하는 작업을 하고 있다는 점에도 감사한다. 이와 같은 놀라운 팀이 나의 뒤에 있다는 것은 큰 행운이며, 당신들이 이룬 업적과 매일 일하고 있다는 것이 자랑스러워. 고마워.

상임 어시스턴트인 린 밀러에게 내가 집중할 수 있도록 도와주고 내 사업을 관리해주는 덕에 책을 쓰고, 가족과 여가 시간을 가질 수 있으며, 일 외의 다른 것에도 할애할 시간을 만들어주어 감사하다는 인사를 하고 싶다.

Peachpit과 New Riders의 에디터인 낸시 데이비스에게 미시건 축구팀의 팬이라는 점이 아쉽지만, 함께 일하는 것이 즐겁고, 좋은 책을 만들겠다는 책임감은 출판사에도 큰 공헌을 했다고 믿는다.

어도비사의 친구들에게 윈스톤 헴드릭슨, 브라이언 오닐 휴즈, 말라 샤르마, 테리 화이트, 줄리앤 코스트, 톰 호가티, 스콧 모리스, 샤라드 망갈릭, 러셀, 프레스톤 브라운, 제프 트랜베리,. 브라이언 램킨 그리고 엔지니어 팀에게도 감사한다.

절대 잊지 못할 다음 분들에게도 깊은 감사를 전하고 싶다. 바바라 라이스, 질 나카시마, 낸시 알드릭-루엔젤, 사라 제인 토드, 리 리빙스턴, 에디 로프 스턴, 뎁 휘트먼, 케빈 코너, 존 로아코노, 케리 거쉬켄, 짐 헤이져, 케런 고티에.

다음의 사진가들을 포함한 오랫동안 많은 가르침을 주신 뛰어난 재능의 사진가들에게도 감사한다. 무스 피터슨, 조 맥날리, 앤 카힐, 빈센트 베르사체, 클리프 모트너, 데이브 블랙, 빌 포트니, 데이빗 자이져, 헬렌 글래스맨, 케빈 에임스, 짐 디비탈레.

존 그라덴, 잭 리, 데이브 게일스, 주디 파머 그리고 더글라스 풀을 포함한 지혜와 질책으로 많은 도움을 주신 나의 멘토들께도 감사한다.

무엇보다도 하나님과 그의 아들 예수 그리스도에게 감사한다. 나를 아내에게 인도해 주시고 훌륭한 두 아이 갖도록 해주셨으며, 좋아하는 일을 직업으로 얻을 수 있도록 해주시고, 필요할 때면 항상 힘을 불어넣어 주셨을 뿐만 아니라 가족들과 행복한 삶을 누리게 해주셨다.

차례

차례

차례

먼저 읽어야 할 7가지 주의사항

여러분이 이 책을 최대한 활용하는 것이 필자에게는 중요하며, 이 책에 대한 다음 7가지 사항을 미리 읽어두면 도움이 될 것이다. 예를 들어, 여기에서 뭔가 중요한 파일을 어디에서 다운로드하는지 알려주는 항목을 읽어두지 않는다면 결국은 필자에게 어디에서 그 파일을 다운로드 하는지 묻는 이메일을 보내게 되고, 그 시점에는 이미 분노에 휩싸여 있는 상태일 것이다. 7가지 항목을 읽는데 2분만 투자한다면 그런 상황을 피할 수 있다. 충분히 그만한 가치가 있다고 필자가 약속한다.

(1) 반드시 순서대로 읽을 필요는 없다.

이 책은 배우고 싶은 테크닉을 찾아서 읽을 수 있도록 구성했다. 모든 작업이 단계적으로 설명되어 있으므로 RAW 이미지에서 먼지를 제거하고 싶다면 52페이지를 펴고 몇 분만에 그 방법을 터득할 수 있다. 목차는 포토샵 기능을 이용하는 일반적인 순서에 따라 구성했지만 배우고 싶은 항목으로 건너뛸 수 있으며, 언제든지 돌아가거나 다시 보고 다른 기능들을 시도해볼 수 있다.

(2) 이 책에 사용한 사진과 똑같은 사진으로 과정을 따라할 수 있다.

이 책을 따라하다 보면 'Tone-Mapped HDR 사진 만들기'와 같은 내용이 나오는데 HDR 사진을 만드는 데 필요한 브라케팅 촬영한 사진들이 없을 수도 있다. 그러한 경우를 위해 필자가 동일한 사진을 다운로드할 수 있도록 준비했다. 사진은 http://kelbyone.com/books/cc17 또는 정보문화사 홈페이지(http://www.infopub.co.kr/) 자료실에서 찾을 수 있다.

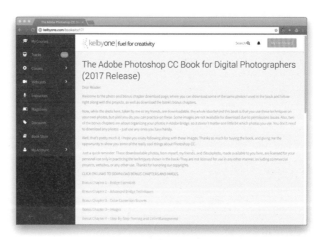

(3) 사진과 포토샵이 진화하듯 이 책도 진화한다.

사진가의 포토샵 작업 과정은 세월의 흐름에 따라 대폭 진화했으며, 이번 버전에서는 많은 작업 과정을 RAW, JPEG 혹은 TIFF와 같은 사진 형식에 관계없이 Camera Raw에서 실행하게 될 것이다. 그것은 그동안 어도비사에서 포토샵의 새로운 기능들 대부분을 Camera Raw 자체에 추가해왔기 때문이다. 현재 포토샵의 사진 작업 과정은 Camera Raw에 기반을 두고 있으므로 이 책의 거의 반이 되는 분량은 Camera Raw에서 실행한다는 점을 미리 알려둔다(누구도 2006년의 작업 과정을 사용하는 포토샵 책은 원하지 않을 것이다). 이러한 특성은 포토샵의 Curve 기능과 같은 과거의 버전에서 사용하던 기능에 영향을 미친다(이 기능은 원래 1990년에 나온 포토샵 1.0부터 있던 기능으로 그 이후 거의 바뀌지 않았다). 최근에는 이 기능을 거의 사용하지 않으며, Curve 기능이 필요한 경우에도 Camera Raw에 있는 Tone Curve 기능을 대신 사용한다. 이 책에서는 이전 버전의 Curve 기능은 다루지 않지만 원하는 사용자를 위해 앞에서 알려준 다운로드 페이지에 색상 보정 챕터를 포함했다.

(4) 필자의 CC 작업 과정 챕터는 마지막에 읽는다.

이 책의 마지막 챕터에는 특별히 필자의 포토샵 CC 작업 과정을 실었다. 그러나 이 챕터는 가장 마지막에 읽기 바란다. 필자는 이 챕터를 앞의 모든 챕터들을 읽고 기본 개념들을 숙지했다는 전제 하에 썼기 때문에 자세한 설명이 없다.

(5) 각 챕터 도입문을 정독할 필요는 없다.

챕터 도입문은 챕터들 사이에 한숨 돌릴 목적으로 쓴 것이기 때문에 본문 내용과는 무관하다. 사실 기발한 도입문을 쓰는 것이 필자만의 전통이며 필자의 모든 저서는 그러한 도입문을 넣는다. 그러므로 "진지한" 성격이라면 읽을 때 짜증만 날 테니 책장을 넘겨 본문으로 넘어가도 좋다. 하지만 각 레슨 상단의 설명문에는 학습 개요와 예제를 따라할 때 필요한 정보가 들어 있다. 읽지 않는다면 중요한 정보를 놓칠 수 있으므로 본문으로 들어가기 전에 읽어보자.

(6) 포토샵 CC와 Camera Raw에서 겹치는 동일한 기능이 있다.

예를 들어, Camera Raw에는 [Lens Correction] 패널이 있고 포토샵에는 Lens Correction 필터가 있는데 이 둘의 기능은 같다. 필자의 경우 동일한 기능 두 개 중에서 하나를 선택해서 작업을 해야 한다면 항상 Camera Raw를 선택할 것이다. 그 이유는 ❶ Camera Raw는 모든 설정을 실시간으로 실행하기 때문에 속도가 훨씬 빠르다. ❷ 비파괴적이므로 언제든지 재보정 가능하다. ❸ RAW 형식으로 촬영한 경우 넓은 계조 범위를 가진 RAW 16비트 이미지에 적용하기 때문에 훨씬 과중한 설정도 사진의 화질 손실이 적다. 그러므로 포토샵에도 있는 기능을 Camera Raw에서 사용한다면 필자가 알려줄 것이다. 그러나 사용법은 동일하므로 Camera Raw에서만 과정을 보여줄 것이다.

(7) Adobe Bridge 챕터가 없다.

어도비사는 수년 동안 Bridge를 거의 업데이트하지 않았다. 일부 기능을 삭제하고 몇 가지 기능의 위치를 이동하기는 했지만 그 외에는 큰 변화가 없었다. 필자는 Bridge의 미래가 밝지 않다고 생각하며, 바뀐 점이 거의 없기 때문에(또한 속도 역시 매우 느리다) 이 책에 포함하지 않았다. 그러나 포토샵을 처음 접하고 라이트룸을 사용하지 않는다면 Bridge의 사용을 원하는 경우 필자가 쓴 두 개의 Bridge 챕터를 이 책의 다운로드 사이트에서 무료로 다운로드할 수 있다. Bridge에 대한 챕터는 http://kelbyone.com/books/cc17에서 출력과 영상 편집에 대한 챕터와 함께 찾을 수 있다.

(8) 각 챕터에 "Photoshop Killer Tips"을 실었다.

'7가지라고 하지 않았나?'라고 의아해하고 있을 것이다. 8번째는 보너스라고 생각하자. 각 챕터 마지막 장에 Photoshop Killer Tips를 실었는데, 시간을 절약하고 작업에 도움을 주는 내용으로 구성되어 있다. 이 비법들을 알고 나면 포토샵 달인이라는 자신감이 생길 것이다. 이제 페이지를 넘겨 본격적으로 사진 작업을 시작해보자.

모델: 아드리아나　｜　노출: 1/50초　｜　초점거리: 130mm　｜　조리개: f/2.8

RAW and Un-Kutt
Camera Raw의 기본 기능들

앞의 "7가지 주의사항"을 읽기 전에는 이 챕터 도입문을 읽지 말기 바란다. 그 부분을 건너뛰었다면 다시 돌아가 읽고 이 페이지로 돌아오자. 필자는 여기에서 기다리고 있을 것이다. 벌써 돌아온 것인가? 슬쩍 훑어만 보고 왔다면 중요한 부분이므로 다시 돌아가 제대로 읽고 오기 바란다. 필자는 계속 기다리고 있을 것이다. 주의사항을 읽었다면 이 도입문이 학습 내용과 아무 관련이 없다는 점을 파악했을 것이다. Camera Raw의 기본 요소에 대한 이번 챕터의 제목은 래퍼 커트 칼훈의 앨범 〈Raw and Un-Kutt〉에서 빌려온 것이다. 그의 곡에 대해 잘 모르기 때문에 한 곡을 미리듣기 해보았다(필자의 기억으로는 "Naked[Boom Boom Boom]이었던 것 같다. 우연히도 이 곡을 듣기 전에 이미 이번 챕터 제목으로 생각하고 있었다). 들어보니 그는 뭔가에 대해 엄청난 분노를 가지고 있는 듯하다. 본격적으로 그의 곡을 분석하기 전에 잠시 다른 이야기를 해보자. 필자는 어도비사에 전화를 할 계획이다. Camera Raw 슬라이더에서 클릭하고 드래그하는 작은 노브를 아는가? 어떤 사람들은 그것을 "넙" 혹은 "노브" 등의 이름으로 부르기는 하지만 공식적인 명칭이 없다는 것이 말도 안 된다고 생각한다. 모든 포토샵 기능이나 요소에는 한 무리의 기술자들이 주먹싸움을 불사하며 붙인 공식 명칭이 있다. 슬라이더의 노브만 제외하고 말이다. 그러므로 마치 아직 발견되지 않은 행성이나 새로운 향수처럼 먼저 이름을 붙이는 사람이 임자라는 생각이 갑자기 떠올랐다. 하지만 그러기 위해서는 먼저 어떤 곳에도 사용되지 않은 이름을 찾아야 하는데, 모든 사물에는 이미 이름이 있으므로 생각보다 쉽지 않다. 고민을 하던 중 갑자기 하나의 단어가 떠올랐다. 지어낸 단어이며 어떤 의미도 없지만 미국 록 음악계에서는 중요한 "폼피터스"라는 단어이다. 그러면 다음과 같이 설명해야 할 것이다. "[Highlights] 폼피터스를 클릭하고 오른쪽으로 드래그해서 '+0.25'로 설정한다." 그럴싸하게 들리지 않은가. 그럼 지금부터 그것의 명칭은 폼피터스이다. 이 명칭을 널리 퍼트려주기 바란다. 그리고 그 명칭을 붙인 것이 필자라는 점도 꼭 기억하자.

Camera Raw에서 다양한 형식의 사진 불러오기

Camera Raw는 원래 RAW 형식으로 촬영한 사진 작업을 위해 만들었지만 JPEG와 TIFF 형식 사진 작업에도 사용할 수 있다. 많은 사람들이 모르고 있는 Camera Raw의 가장 큰 장점은 다른 어떤 방법들보다도 훨씬 쉽고 빠르게 사진을 보정할 수 있다는 것이다. Camera Raw 기능은 조작 방법이 간단하고 즉시 결과를 확인할 수 있으며, 언제든지 원본으로 복구할 수 있다. 가장 먼저 Camera Raw로 사진을 불러오는 방법에 대해 알아보자.

RAW 파일 불러오기

Camera Raw는 RAW 형식 사진을 보정하기 위해 만들어졌기 때문에 Bridge나 컴퓨터의 폴더에서 RAW 파일을 더블클릭하면 자동으로 포토샵을 실행하고 Camera Raw를 활성화해서 사진을 불러온다(공식 명칭은 Adobe Camera Raw이지만 이 책에서는 줄여서 "Camera Raw"라고 칭하겠다).

|NOTE|

RAW 파일을 더블클릭했는데 Camera Raw에서 열리지 않는다면 Camera Raw가 최신 버전인지 확인해보고 업그레이드한다. 간혹 최신 기종의 카메라로 촬영한 사진은 최신 버전의 Camera Raw에서만 인식되는 경우가 있다.

JPEG와 TIFF 파일 불러오기

Bridge에서 JPEG나 TIFF 형식 사진을 여는 방법은 쉽다. 사진을 클릭하고 Command+R(PC: Ctrl+R)을 누르거나 마우스 오른쪽 버튼을 클릭한 다음 팝업 메뉴에서 'Open in Camera Raw'를 선택한다.

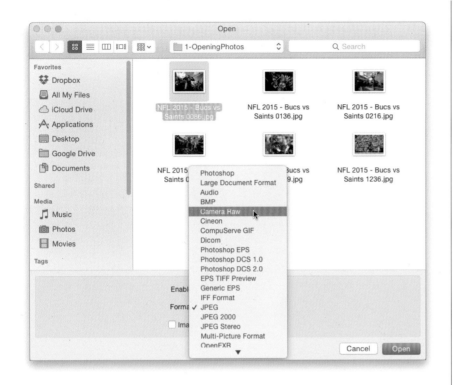

컴퓨터에서 JPEG와 TIFF 파일 불러오기

컴퓨터에서 JPEG나 TIFF 형식 사진을 여는 방법은 다음과 같다. Mac 컴퓨터의 경우, 포토샵의 [File] 메뉴에서 'Open'을 선택한다. [Open] 대화창에서 원하는 JPEG 파일을(혹은 TIFF 파일) 클릭하면 [Format] 팝업 메뉴에 'JPEG' 항목이 선택되어 있다. 메뉴를 클릭하고 누른 채 예제 사진과 같이 'Camera Raw'를 선택한다. 그리고 대화창의 [Open] 버튼을 클릭하면 사진을 Camera Raw에서 불러온다. Windows 컴퓨터의 경우, 포토샵의 [File] 메뉴에서 'Open As'를 선택한 다음 원하는 JPEG나 TIFF 파일을 찾아 클릭하고 오른쪽 하단 근처에 있는 팝업 메뉴를 열어 'Camera Raw'를 선택하고 [Open]을 클릭한다.

여러 개의 사진 한 번에 열기

여러 개의 사진을 일괄 선택해서 Camera Raw에서 열 수 있다. Bridge나 컴퓨터에서 여러 개의 사진을 선택한 다음 그 중 하나를 더블클릭하면 예제 사진과 같이 Camera Raw 창 왼쪽의 [Filmstrip]에 나열된다. 사진이 JPEG나 TIFF 형식이라면 Bridge에서 사진들을 선택한 다음 Command+R(PC: Ctrl+R)을 누른다. Mac의 [Finder]나 Windows의 [Explorer] 창에서는 여러 개의 사진을 한 번에 열 수 없으며, Bridge를 사용해야 한다(Bridge의 Path Bar를 사용해서 사진들의 위치를 찾으면 된다).

Camera Raw에서 JPEG와 TIFF 사진 편집하기

Camera Raw에서 JPEG와 TIFF 사진을 편집할 때 알아둘 점이 있다. 사진을 보정하고 [Open Image] 버튼을 클릭하면 사진을 포토샵에서 불러온다. 그러나 사진을 포토샵에서 열지 않고 Camera Raw에서 보정한 설정만 저장하고 싶다면 [Done] 버튼을 클릭한다. 이때 RAW 사진의 편집과는 다른 점이 있다. JPEG나 TIFF 사진의 편집 설정은 원본 파일의 픽셀에 실제로 영향을 미치지만, RAW 파일은 그렇지 않다. 그러므로 [Open Image] 버튼을 클릭해서 포토샵으로 JPEG나 TIFF 파일을 불러오면 실제의 사진을 불러오고 편집을 실행한다는 점을 알아두자.

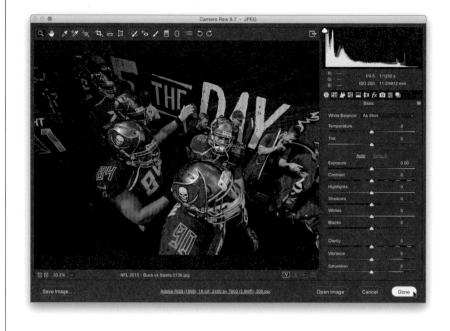

두 개의 Camera Raw

또 한 가지 알아둘 점이 있다. 포토샵에는 두 개의 Camera Raw가 있다. 하나는 포토샵에, 나머지 하나는 Bridge에 있다. 이 점은 많은 수의 RAW 파일을 보정할 때 유용하다. Bridge의 Camera Raw에서 여러 개의 RAW 파일을 보정하면서 동시에 포토샵으로 다른 작업을 할 수 있기 때문에 효율적이다. Bridge의 Camera Raw를 자주 사용한다면 파일을 더블클릭했을 때 항상 Camera Raw에서 열리도록 설정해둘 수 있다. Command+K (PC: Ctrl+K)를 눌러 Bridge의 [Preferences] 대화창을 실행한 다음 왼쪽 [General] 메뉴에서 'Double-Click Edits Camera Raw Settings in Bridge'를 체크한다. 이제 Bridge에서 RAW 파일을 더블클릭하면 포토샵 대신 Camera Raw에서 사진이 열린다.

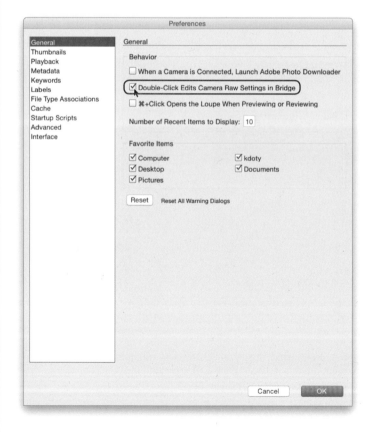

촬영한 RAW 형식 사진이 카메라의 LCD에서는 괜찮아 보였는데, Camera Raw에서 불러오면 왜 밋밋해 보이는지 의아해했던 경험이 있을 것이다. 그 이유는 카메라의 LCD에서 보는 미리보기 이미지는 RAW 형식으로 촬영해도 카메라에서 색상 보정과 샤프닝 효과 등을 자동 적용한 JPEG 형식이기 때문이다. 사진을 RAW 형식으로 촬영할 때에는 카메라에 모든 색상 보정과 샤프닝 조절 기능을 비활성화 하라고 지시하는 것이다. 그러나 카메라에서 본 JPEG 형식의 미리보기 사진을 편집 과정의 출발점으로 삼고 싶다면 Camera Raw에서 RAW 사진에 카메라 프로필을 적용해서 유사하게 만들 수 있다.

카메라 프로필을 적용해 JPEG 색감 만들기

Step 01

패널 영역 상단 근처에 있는 Camera Calibration 아이콘을(오른쪽에서 세 번째 아이콘) 클릭하고 [Camera Profile] 영역의 [Name] 팝업 메뉴를 클릭하고 누르고 있으면 사용한 카메라 기종에서 사용할 수 있는 카메라 프로필 목록이 보인다(사진에 기록된 EXIF 데이터로 사용한 카메라 기종을 인식한다). 예를 들어, Canon 기종을 사용하고 JPEG 형식으로 촬영했을 때 적용할 수 있는 카메라에 내장된 사진 스타일 목록이다. Nikon 기종이나 다른 제조사의 기종을 사용한다면 예제 사진과는 약간 다른 프로필 목록이지만 동일한 기능을 한다.

Step 02

기본 프로필은 'Camera Standard'로, 이름에서 알 수 있듯이 기본적인 프로필 설정이다. 원하던 탁월한 결과를 얻을 수도 있으므로 목록에 있는 다른 프로필들도 적용해서 결과를 확인한 다음 결정하기를 추천한다. 'Camera Standard' 프로필은 최소한 좋은 출발점을 제공할 수 있다.

Step 03

보정하는 사진에 따라 'Camera Standard'는 그 사진에 적합한 프로필이 아닐 수도 있지만 그 결정은 사진가에게 달렸다. 필자는 Canon 카메라로 촬영한 사진에는 주로 'Camera Standard'나 'Camera Landscape'를 적용하는데, 'Camera Landscape'가 카메라의 LCD에서 본 JPEG 형식의 미리보기 사진과 가장 비슷하다고 느끼기 때문이다. 그러나 Canon 기종을 사용하지 않는다면 'Camera Landscape' 프로필이 없을 수도 있다 (Canon과 Nikon 기종에는 5가지의 사진 스타일이 있다). Canon이나 Nikon 기종을 사용하지 않는다면 'Adobe Standard' 프로필을 적용하거나 어도비사의 무료 DNG profile Editor 유틸리티를 사용해서 프로필을 직접 만들어 적용할 수 있다. 유틸리티는 http://kel.by/dngprofile에서 다운로드한다.

Step 04

예제 사진은 'Camera Landscape' 프로필을 적용하기 전과 후의 사진이다. 이 기능은 RAW 형식의 원본 사진을 카메라의 LCD에서 본 JPEG 형식의 미리보기 사진과 유사하게 만들어 출발점으로 삼으려는 목적으로 사용한다. 또한 Camera Raw에서는 한 개 이상의 사진을 일괄적으로 불러올 수 있으므로 수백 장의 사진을 불러온 다음 [Filmstrip] 오른쪽의 아이콘을 클릭하고 왼쪽 상단에서 [Select All]을 클릭해서 사진들을 일괄 선택한 후 첫 번째 선택 사진의 카메라 프로필을 변경하면 나머지 사진들에도 일괄 적용할 수 있다. 그리고 [Done] 버튼을 누르면 된다.

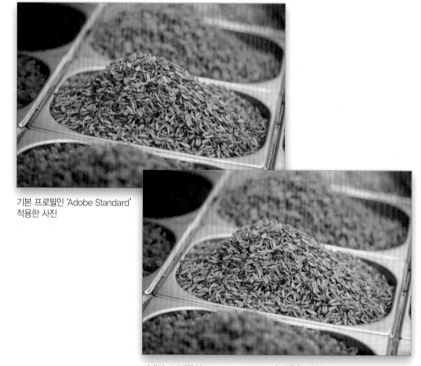

기본 프로필인 'Adobe Standard' 적용한 사진

카메라 프로필인 'Camera Landscape' 적용한 사진

포토샵으로 불러온 사진을 Camera Raw에서 다시 열 수 있는 이 기능을 가장 처음 알아보는 이유는 오랫동안 필자가 원하던 포토샵 기능이기 때문이다. 이 기능이 생기기 전에는 포토샵으로 불러온 사진을 Camera Raw에서 재편집하고 싶은 경우 사진을 저장하고 닫은 다음 [Open] 대화창에서 사진을 찾아 [Format] 메뉴에서 'Camera Raw'로 바꾸고 파일을 열어야 했다. 이제 드디어 한 번의 클릭으로 사진을 Camera Raw에서 열 수 있다.

Camera Raw를 필터 기능처럼 사용하기

Step 01

포토샵으로 불러온 사진을 Camera Raw에서 편집하고 싶다면 [Filter] 메뉴에서 'Camera Raw Filter'를 선택한다.

Step 02

[Camera Raw] 창을 활성화하고 원하는 편집 설정을 마친 후 [OK] 버튼을 클릭하면 다시 포토샵으로 돌아가며, 사진에는 Camera Raw 설정이 적용되어 있다. 한 가지 알아둘 점이 있다. 사진을 포토샵으로 불러오면 카메라에서 RAW 형식으로 촬영했어도 더 이상 RAW 형식이 아니다. 그러므로 RAW 형식의 원본을 다시 여는 것이 아니라 포토샵에 있는 8비트나 16비트 사진을 Camera Raw에서 연다. 그렇다고 단점은 아니며 혹시라도 궁금할까봐 알려주는 것이다.

화이트 밸런스 설정하기

실내에서 사진을 촬영하면 노란색이 강하게 나타날 가능성이 높다. 사무실에서 사진을 촬영하면 녹색이 나타날 것이다. 그늘에서 인물을 촬영하면 푸른색이 나타난다. 이와 같은 사진들은 화이트 밸런스에 문제가 있는 것인데 카메라에서 화이트 밸런스 설정을 제대로 한다면 색상 문제가 나타나지 않고 정상적인 색상으로 보일 것이다. 그러나 우리들 대부분은 자동 화이트 밸런스로 설정하고 촬영하기 때문에 이와 같은 문제를 만나게 된다. 다행히 화이트 밸런스는 쉽게 보정할 수 있다.

Step 01

필자는 보통 Camera Raw 작업을 할 때 화이트 밸런스를 가장 먼저 보정한다. 그 이유는 화이트 밸런스를 먼저 보정하면 99%의 색상 문제를 해결할 수 있기 때문이다. [Basic] 패널 상단에 [White Balance] 조절 영역이 있다. 이름 옆을 보면(예제 사진에서 빨간색으로 표시한 곳) 팝업 메뉴가 있는데 'As Shot'으로 기본 설정되어 있다. 'As Shot' 촬영한 사진 원본의 화이트 밸런스 설정을 그대로 보여준다. 필자는 지속적인 광원이 있는 실내에서 촬영을 했기 때문에 카메라의 화이트 밸런스를 'Tungsten'으로 설정했지만 자연광이 들어오는 방으로 들어가서 촬영할 때 설정을 바꾸지 않았다. 그 결과, 첫 몇 개의 사진들이 예제 사진과 같이 푸른색이 나타나기 때문이 화이트 밸런스를 보정해야 한다.

Step 02

사진의 화이트 밸런스를 보정하는 방법은 세 가지이다. 첫째는 내장된 화이트 밸런스 프리셋을 적용한다. 간혹 프리셋만으로 화이트 밸런스를 보정할 수 있다. [White Balance] 팝업 메뉴를 클릭하면 카메라와 동일한 화이트 밸런스 프리셋 목록이 있다. 사진을 촬영할 때 사용한 광원과 가장 근접한 프리셋을 선택하면 된다. 예를 들어, 나무그늘에서 촬영한 사진이라면 'Shade' 프리셋을 선택한다. 여기서는 모든 프리셋을 적용해보니 'Daylight' 프리셋이 가장 나아보였다.

|NOTE|

화이트 밸런스 프리셋은 RAW 형식 사진에만 사용할 수 있다. JPEG와 TIFF 형식 사진의 경우 'As Shot' 프리셋만 있다.

Step 03

두 번째는 프리셋 메뉴 아래에 있는 [Temperature]와 [Tint] 슬라이더로 화이트 밸런스를 조절하는 방법이다. 슬라이더의 바는 색상으로 표시되어 있어 드래그하는 방향에 따라 어떤 색상을 추가하는지 쉽게 알 수 있다. 필자는 먼저 프리셋을 적용해서 최대한 원하는 색상에 가깝게 만든 다음 세부 조절을 한다. 예제 사진의 경우 'Daylight' 프리셋을 적용했는데 아직도 푸른색이 약간 더 강해서 [Temperature] 슬라이더를 노란색 방향으로 약간 드래그하고, [Tint] 슬라이더를 녹색 방향으로 약간 드래그했다.

Step 04

[Temperature]와 [Tint] 슬라이더를 사용해서 화이트 밸런스를 설정할 때 알아두면 유용한 점들이 몇 가지 있다. 슬라이더를 드래그해서 화이트 밸런스를 설정한 다음 설정을 취소하고 싶다면 슬라이더 노브를 더블클릭하면 이전의 위치로 복원된다. 필자는 일반적으로 [Temperature] 슬라이더만 사용하고 [Tint] 슬라이더는 거의 사용하지 않는다. 또한 화이트 밸런스 설정을 취소하고 원본 상태로 복원하고 싶다면 [White Balance] 팝업 메뉴에서 'As Shot'을 선택해서 적용한다.

Step 05

세 번째는 필자가 선호하고 가장 많이 사용하는 방법으로 White Balance 도구(⬚)를 사용해서 화이트 밸런스를 설정하는 것이다. 이것은 사진에서 화이트 밸런스를 측정해서 설정하기 때문에 가장 정확한 방법일 것이다. 창 상단의 도구 바에서 White Balance 도구를 선택한다(예제 사진에서 빨간색 원으로 표시한 곳). 그리고 사진에서 밝은 회색으로 나타나야 할 영역을 도구로 클릭한다. 여기서는 모델이 입은 드레스의 어깨끈을 클릭해서 화이트 밸런스를 설정했다. 결과가 마음에 들지 않는다면 다른 밝은 회색 영역을 다시 클릭한다.

TIP 더 빠른 원본의 화이트 밸런스 복구

상단의 도구 바에서 White Balance 도구를 더블클릭하면 'As Shot' 프리셋 상태의 원본 화이트 밸런스 설정으로 빠르게 되돌릴 수 있다.

Step 06

White Balance 도구로 설정한 정확한 화이트 밸런스가 항상 정답은 아니다. 화이트 밸런스 조절 또한 창의적인 작업이므로 촬영한 사진가의 의도가 가장 중요하다. 정확한 화이트 밸런스 설정에 집착하기보다는 자신이 만족하는 색감의 사진을 찾는 것이 정답이다. 그리고 사진을 마우스 오른쪽 버튼으로 클릭하면 [White Balance] 팝업 메뉴를 불러올 수 있다.

Step 07

화이트 밸런스 보정 전과 후의 사진을 비교해 얼마나 달라졌는지 확인해보자. [P]를 누르면 보정 전과 후의 사진을 번갈아 볼 수 있다.

TIP 그레이 카드 사용하기
사진에서 밝은 회색 영역을 찾는데 도움이 되는 18% 그레이 카드를 이 책의 뒤에 포함했다. 조명을 설치한 후 촬영 전에 그레이 카드를 배치한 사진을 촬영한다. 그리고 Camera Raw에서 그레이 카드를 촬영한 사진을 불러온 다음 White Balance 도구로 그레이 카드가 있는 영역을 클릭해서 정확한 화이트 밸런스를 설정하고 동일한 조명으로 촬영한 다른 사진들에 적용한다. 자세한 방법은 다음 챕터에서 알아볼 것이다.

보정 전: 'As Shot' 화이트 밸런스를 적용한 사진은 파란색이 강하다.

보정 후: White Balance 도구를 사용해서 보정한 사진은 모든 색상이 정상이다.

Camera Raw에서 보정 전/후 사진 보기

포토샵 CC 이전에는 Camera Raw의 보정 전과 후의 사진 보기 기능이 불편했고 사용법이 헷갈렸다. 그 이유는 주로 'Preview' 체크박스를 번갈아 켜고 끄면 보정 설정 전체를 적용하기 전/후의 사진을 보여주는 것이 아니라 현재 활성화된 패널의 보정 설정을 적용하기 전/후의 결과만 보여주기 때문이었다. 다행히 CC 버전에서는 훨씬 탁월한 라이트룸의 보정 전/후 사진을 비교하는 기능을 빌려와 보정 전/후의 사진을 쉽게 비교할 수 있다.

Step 01

보정 설정을 적용한 후 보정 전의 사진을 보고 싶다면 P를 누른다. 필자의 작업 과정 중 이 방법을 가장 많이 사용해 보정 전/후 사진을 비교한다. 보정 후 사진으로 돌아가려면 다시 P를 누른다. 보정 전/후 사진들을 나란히 배치해서 비교하고 싶다면 Before/After 미리보기 아이콘을 클릭하거나 (예제 사진의 빨간색 원으로 표시한 아이콘) Q를 누르면 예제 사진과 같이 보정 전 사진은 왼쪽, 보정 후 사진은 오른쪽에 배치한 화면이 된다. 여기에서는 사진에 기본 보정을 적용하고 Adjustment Brush로 약간의 리터칭을 적용했다.

|NOTE|
Q를 한 번 누를 때마다 다른 미리보기 형식으로 전환한다.

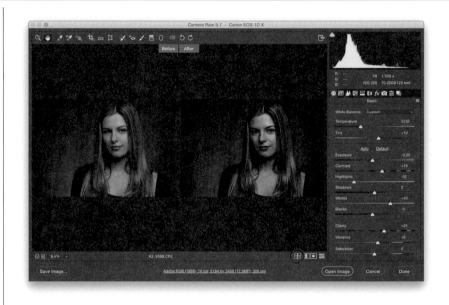

Step 02

보정 전/후의 사진들을 나란히 배치하는 미리보기 모드의 단점은 종구도인 경우에는 괜찮지만 횡구도인 경우 사진이 너무 작다. 횡구도 사진의 경우에는 Command+ + (PC: Ctrl + +)를 눌러 사진을 확대해서 비교한다. 이 단축키를 한 번 누를 때마다 확대율은 점점 증가한다. 사진을 원하는 크기로 줌인한 다음에는 비교하려는 영역이 잘 보이도록 사진 하나를 클릭하고 드래그한다. 다시 줌아웃하려면 Command+ - (PC: Ctrl + -)를 원하는 크기가 될 때까지 반복해서 누른다.

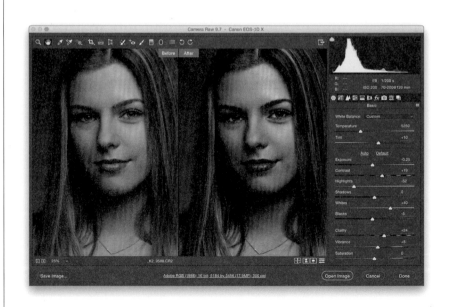

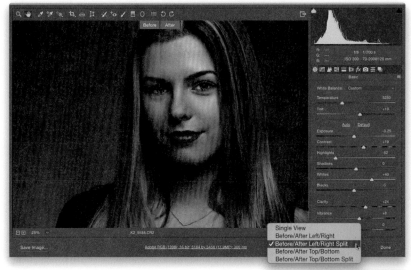

Step 03

또 다른 미리보기 모드는 분할화면으로 예제 사진과 같이 보정 전 사진의 왼쪽 반을 왼쪽에 배치하고, 보정 후 사진의 오른쪽 반을 오른쪽에 배치하는 방식이다. 이 미리보기 모드로 전환한 다음에는 사진의 위치를 바꿔 보정 후 사진을 왼쪽으로 배치할 수 있다. 그 방법은 Before/After 아이콘 오른쪽의 아이콘을(빨간색 원으로 표시한 아이콘) 클릭하면 사진의 좌우 배치를 바꾼다. 그 오른쪽의 아이콘을 클릭하면 현재의 보정 설정을 복사해서 보정 전 사진에 적용한다. 가장 오른쪽에 있는 아이콘은 예전의 Camera Raw에서 보정 전과 후의 사진을 비교하는 방식으로 현재 활성화된 패널의 보정 설정을 적용하기 전/후를 번갈아 볼 수 있다. 그리고 첫 번째 아이콘을 클릭하고 누르고 있으면 예제 사진에서와 같이 보정 전/후 미리보기 모드 목록이 있는 팝업 메뉴를 불러온다.

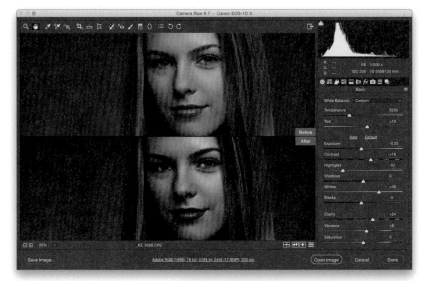

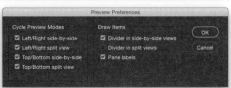

Step 04

Q를 한 번 더 누르면 보정 전/후 사진을 상/하로 배치하는 미리보기 모드로 전환한다. Q를 마지막으로 한 번 더 누르면 사진을 상/하로 배치하는 분할화면으로 전환한다. 그 외에도 Step 03에서 불러온 팝업 메뉴에서 'Preview Preferences'를 선택해서 불러오는 대화창에서 미리보기 기능을 설정할 수 있다. 첫 번째 칼럼은 체크 해제하면 필요하지 않은 미리보기 모드를 비활성화 한다. 필자는 'Left/Right side-by-side' 모드만 사용한다. 두 번째 칼럼에서는 전/후 사진 사이를 나누는 선의 선명도를 선택하거나 화면에 "Before"와 "After" 표시 여부를 설정한다.

Camera Raw의 자동 보정 기능

각 사진을 직접 보정할 자신이 없다면 Camera Raw에는 한 번의 클릭으로 적용해서 전체 노출을 맞춰볼 수 있는(대비효과, 하이라이트와 음영 영역 보정 등도 포함) 자동 보정 기능이 있으며, Camera Raw의 진화에 의해 결과가 꽤 탁월하다. 결과가 마음에 든다면 Camera Raw가 불러오는 모든 사진에 자동 보정 기능을 자동으로 적용하도록 설정할 수 있다. 또한 이제는 개별 기능을 자동 보정할 수 있으므로 그 방법에 대해서도 알아보자.

Step 01

Camera Raw에서 사진을 불러온 다음 [Auto] 버튼을 클릭하면 [Basic] 패널의 조절 기능을 사용해서 전체 노출을 자동 보정한다. 과거의 Camera Raw 자동 보정 기능은 좋은 결과를 얻기 어려웠지만 그동안 많이 개선되었다. 특히 무엇을 보정해야 할지 알 수 없는 사진의 경우 큰 도움이 된다. 결과가 마음에 들지 않는다면 Command+Z(PC: Ctrl+Z)를 눌러 설정을 취소한다.

Step 02

Camera Raw에서 사진을 불러올 때 Auto Tone 보정을 자동 적용하도록 설정할 수 있다. 상단의 도구 바에서 오른쪽으로부터 세 번째의 Preferences 아이콘을 클릭하고 대화창에서 'Apply Auto Tone Adjustments'를 체크한 다음 [OK] 버튼을 클릭한다. 이제 Camera Raw가 불러오는 각 사진을 평가해서 자동 보정을 적용할 것이다. 결과가 마음에 들지 않는다면 [Auto] 버튼 오른쪽의 [Default] 버튼을 클릭해서 보정 설정을 취소한다([Auto] 버튼을 자동 보정으로 이미 적용했기 때문에 회색으로 비활성화 되어 있다).

Step 03

[Auto] 버튼을 클릭해서 적용한 자동 보정으로 적정 노출을 얻을 수 있지만 좋지 않은 결과가 나올 수도 있다. 예를 들어, 로우키 사진이나 검은색 배경을 사용한 인물사진처럼 의도적으로 어둡게 촬영한 사진들의 경우, [Auto] 버튼을 클릭해서 자동 보정 기능을 사용하면 사진을 과도하게 밝게 만들 수도 있다. 예제 사진의 경우 자동 보정을 적용하자 사진을 약간 어둡게 보정했지만 그다지 나쁜 결과는 아니다.

Step 04

자동 보정 기능의 문제점은 [Auto] 버튼을 클릭하면 음영 영역, 하이라이트 영역 등 사진의 모든 요소에 자동 보정을 적용한다는 것이다. 그러나 어도비사는 Camera Raw에 Auto Temperature, Auto Tint 그리고 화이트 포인트와 블랙 포인트 자동 설정 등을 포함한 개별 자동 보정 기능을 추가했다 (이 기능은 드러나 있지 않으므로 숨겼다고 하는 표현이 더 적합할 수도 있겠다). 이 기능에 대해서는 이번 챕터 뒷부분에서 더 자세히 알아볼 것이다. 그러므로 이 개별 자동 보정 기능은 Auto White Balance와 Auto Levels 기능과 같지만 각각 분리된 기능이다. 예를 들어, [Tint]와 [Temperature]를 개별적으로 선택해서 자동 보정이 가능하다. [Whites]와 [Blacks] 설정도 마찬가지이다. 예제 사진의 경우, 그 예를 보여주기 위해 [Whites]와 [Blacks]을 기본 설정으로 복구했다.

Step 05

[Whites]와 [Blacks]에 각각 자동 보정 기능을 적용해보자. 방법은 간단하다. [Shift]를 누른 채 [Whites] 슬라이더의 노브를 더블클릭하면 화이트 포인트를 자동 설정한다. 동일한 방법으로 [Blacks] 슬라이더를 더블클릭해서 블랙 포인트를 자동 설정한다. 앞 단계의 예제 사진과 비교해보면 차이를 알 수 있다.

Step 06

자동 화이트 밸런스 설정은 [Shift]를 누른 채 [Temperature] 슬라이더 노브를 더블클릭해서 적용한다. [Tint]를 자동 설정하고 싶다면 동일한 방법으로 적용한다. 결과가 마음에 들지 않는다면 [Shift]를 놓고 노브를 더블클릭해서 기본 설정으로 복구할 수 있으므로 사용하기에도 안전하다. 잘 알려지지 않은 기능이지만 매우 유용한 도구이다.

이번에는 [Basic] 패널의 기능들이 가진 역할을 살펴보자(이것은 필자만의 생각이다). 어도비사는 이 패널의 이름을 "Basic(기본)"이라고 붙였지만 필자는 Camera Raw에서 이름을 잘못 붙인 기능이라고 생각한다. 사진을 편집할 때 가장 많이 사용하는 이 패널을 "Essentials(필수)" 패널이라고 불러야 한다고 생각한다. 또한 알아두면 좋은 점이 한 가지 있다. 어느 슬라이더든 오른쪽으로 드래그하면 밝아지거나 효과가 강해지고 왼쪽으로 드래그하면 어두워지거나 효과가 감소한다.

[Basic] 패널의 보정 기능들

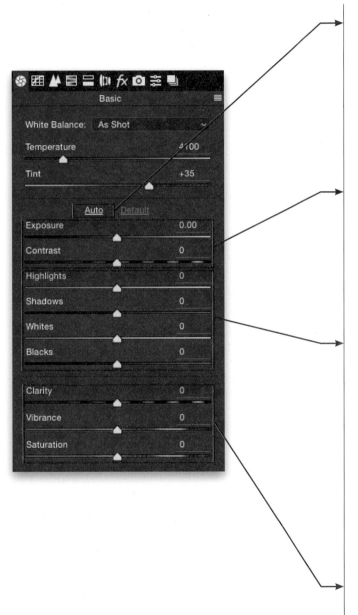

자동 보정

[Auto] 버튼을 클릭하면 Camera Raw가 사진의 균형을 자동 설정한다. 만족스러운 결과를 얻을 때도 있지만 그렇지 않을 가능성도 크다. 어디부터 보정해야 할지 잘 모르겠다면 자동 보정을 적용해보면 적합한 출발점을 찾을 수도 있다. 결과가 마음에 들지 않는다면 오른쪽의 [Default] 버튼을 클릭해서 설정을 취소하면 된다.

전체 노출 조절

[Exposure]와 [Contrast] 슬라이더는 사진 보정에서 가장 큰 역할을 한다. [Exposure]는 사진의 전체 밝기를 조절하기 때문에 사진을 보정할 때 항상 사용하게 될 가능성이 높다. 노출을 보정한 다음에는 대비 효과를 추가한다. 필자는 대비 효과를 낮추는 경우가 거의 없다.

문제 해결사

필자는 사진의 문제점을 보정하기 위해 이 네 개의 슬라이더를 사용한다. 필자는 [Highlights] 슬라이더를 사진의 과도하게 가장 밝은 영역이나 하늘을 보정하기 위해 사용한다. [Shadows] 슬라이더는 사진의 가장 어두운 영역과 그림자에 묻혀 보이지 않는 피사체를 드러나게 보정하기 위해 사용하며, 역광사진 보정에 효과적이다. [Whites]와 [Blacks] 슬라이더는 포토샵의 Levels 기능에서 화이트 포인트와 블랙 포인트 설정에 익숙한 사용자를 위한 기능이다. 그런 사용자가 아니라면 이 두 개의 슬라이더는 사용하지 않는 편이 낫다.

마무리 효과

이 슬라이더들은 계조 대비를 높이고 색상을 선명하게 만들거나 채도를 낮추는 효과를 추가하는 데 사용한다.

화이트 포인트와 블랙 포인트 설정하기

사진 보정 효과를 극대화하기 위해서는 화이트 포인트와 블랙 포인트를 설정해서 사진의 계조 범위를 확장하는 것도 하나의 방법이다(이전에는 포토샵 사용자들이 Levels 기능을 사용했다). 여기서는 [Whites]와 [Blacks] 슬라이더를 사용해서 하이라이트 영역에 클리핑 현상이 나타나지 않는 범위 내에서 화이트 영역을 넓히고, 가장 깊은 음영 영역에 최소한의 클리핑 현상이 나타나는 범위 내에서 블랙 영역을 넓히는 방법에 대해 알아볼 것이며, 이 방법만으로도 계조 범위를 크게 확장할 수 있다(필자는 개인적으로 음영 영역에 나타나는 약간의 클리핑 현상은 신경 쓰지 않는다).

Step 01

예제 사진은 다소 밋밋해 보이는 원본이다. 이처럼 밋밋한 사진은 화이트 포인트와 블랙 포인트를 설정해서 계조 범위를 확장하기에 적합한 대상이다.

Step 02

패널 영역 상단 히스토그램의 오른쪽 상단 모서리에 흰색 삼각형의 클리핑 경고가 보일 때까지 [Whites] 슬라이더를 오른쪽으로 드래그한 다음 다시 검은색으로 바뀌는 지점까지 왼쪽으로 드래그한다. 그 이상 오른쪽으로 드래그하면 클리핑 현상이 나타난다(하이라이트 클리핑에 대한 자세한 내용은 23페이지 참고). [Blacks] 슬라이더도 동일한 방법으로 설정하며 히스토그램의 왼쪽 상단 모서리에 섀도 클리핑 경고가 흰색으로 나타날 때까지 드래그한다. 사진의 어떤 영역은 검은색으로 나타나야 하므로 필자의 경우 음영 영역에 약간의 클리핑 현상이 나타나도 개의치 않는다. 예제 사진에서도 음영 영역에 약간의 클리핑 현상이 나타나지만 필자는 사진이 마음에 든다.

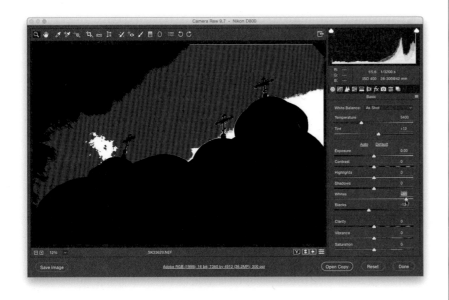

Step 03

[Whites]나 [Blacks] 슬라이더를 조절하기 전에 화면에서 클리핑 현상이 나타나는 영역을 확인하고 싶다면 Option(PC: Alt)을 누른다. [Whites] 슬라이더에서 이 단축키를 누르면 예제 사진처럼 검은색으로 바뀐다. 슬라이더를 오른쪽으로 드래그하면 클리핑 현상이 나타나는 개별 채널의 색상이 나타나기 시작한다. 그러므로 Red 채널에 클리핑 현상이 나타나면 해당 영역이 빨간색으로 나타난다. 예제 사진에서는 Blue 채널에 클리핑 현상이 생겼기 때문에 파란색으로 나타난다. 필자는 대부분의 경우 색상 채널의 클리핑 현상은 무시하는 편이며, 세 개의 채널에 모두 클리핑 현상이 있는 흰색으로 나타나는 영역에만 주목한다. 흰색 영역이 보인다면 슬라이더를 과도하게 드래그했다는 의미이므로 왼쪽으로 드래그한다. [Blacks] 슬라이더에서 Option(PC: Alt)을 누르면 반대로 사진이 흰색으로 바뀌고 슬라이더를 왼쪽으로 드래그할수록 클리핑 현상이 생기는 해당 채널의 색상이 나타나기 시작하며, 세 개의 채널에 모두 클리핑 현상이 생기면 검은색으로 나타난다.

Step 04

앞에서는 화이트 포인트와 블랙 포인트를 수동 설정하고 Option(PC: Alt)을 사용해서 클리핑 현상을 방지하는 방법에 대해 알아보았다. 필자는 Camera Raw의 자동 설정 기능을 사용하는데 꽤 탁월한 결과를 얻을 수 있다(간혹 음영 영역에 클리핑 현상이 나타나도록 설정하는데, 필자는 음영 영역에 약간의 클리핑 현상은 개의치 않는다). 그 방법은 Shift를 누른 채 [whites] 슬라이더 노브를 더블클릭하면 화이트 포인트를 자동 설정한다. [Blacks] 슬라이더를 더블클릭하면 블랙 포인트를 자동 설정한다. 필자가 항상 사용하는 매우 간단한 방법이다. 그리고 Shift를 누르고 노브를 더블클릭해도 슬라이더가 움직이지 않는다면 계조 범위를 더 이상 확장할 수 없다는 의미이다.

사진의 전체 밝기 조절하기

필자는 화이트 밸런스와 화이트 포인트, 블랙 포인트를 설정한 다음 사진의 노출을 보정한다. 그러나 이미 사진의 계조 범위를 확장했기 때문에 중간 밝기를 약간 밝거나 어둡게 만들기 위해 [Exposure] 슬라이더를 살짝 조절하는 정도의 보정 설정이다. 화이트 포인트와 블랙 포인트를 먼저 설정했다면 노출 보정은 "미세 조정"이다. 그렇지 않다면 [Exposure] 슬라이더는 밝은 음영 영역과 어두운 하이라이트 영역을 포함한 대부분의 중간 밝기 영역을 조절하므로 사진의 노출을 좌우하는 중요한 도구가 된다.

Step 01

예제 사진은 노출 과다로 촬영되었다. 필자가 실내에서 촬영하다가 야외로 나왔을 때 노출을 재설정하지 않았기 때문이다.

Step 02

첫 번째 할 일은 앞에서 배운 대로 Shift 를 누른 채 [Whites] 슬라이더 노브를 더블클릭해서 화이트 포인트를 설정하고, 동일한 방법으로 [Blacks] 슬라이더 노브를 더블클릭해서 블랙 포인트를 설정하는 것이다. 이제 사진 전체 밝기를 어둡게 보정하기 위해 [Exposure] 슬라이더를 적정 노출로 보일 때까지 왼쪽으로 드래그한다. 여기서는 '-1.10'으로 설정했다. 필자가 Step 01에서 노출에 문제가 있다는 것을 알 수 있었던 단서는 사진이 과도하게 밝아 보인다는 점 외에도 오른쪽 상단의 히스토그램에서 하이라이트 영역의 클리핑 경고였다. 그것으로 과도하게 밝아서 세부 요소가 보이지 않는 영역이 있다는 것을 알 수 있으며, [Exposure] 설정을 낮추면 문제를 해결할 수 있다. 그러나 그 방법으로 해결되지 않는다면 [Highlights] 슬라이더를 약간 조절해서 해결할 수 있다(더 자세한 하이라이트 보정 방법은 23페이지 참고). [Exposure] 슬라이더와 병행해서 사용하면 탁월한 노출 보정 도구가 될 수 있다.

Step 03

물론 [Exposure] 슬라이더는 사진을 어둡게 만들수 있을 뿐만 아니라 예제 사진처럼 노출 부족 사진을 밝게 만들 수도 있다. 그나저나, [Basic] 패널의 모든 슬라이더는 '0'부터 시작해서 드래그하는 방향에 따라 해당 슬라이더가 가지는 효과를 추가하거나 감한다. 예를 들어, [Saturation] 슬라이더를 오른쪽으로 드래그하면 사진의 색상을 더 선명하게 만들고, 왼쪽으로 드래그하면 색상의 채도를 낮춘다(왼쪽 끝까지 드래그하면 흑백사진이 된다). 어쨌든 이번에는 노출 부족 사진을 보정해보자.

Step 04

가장 먼저 화이트 포인트와 블랙 포인트를 설정한다. 그리고 [Exposure] 슬라이더를 적정 노출로 보일 때까지 오른쪽으로 드래그한다. 여기서는 '+1.35'로 설정했다. 예제 사진은 노출 외에도 보정해야 할 요소들이 많지만 전체 밝기를 먼저 보정했으므로 대비, 하이라이트, 섀도 영역 등의 보정을 위한 좋은 출발점이 된다.

대비 효과 추가하기

필자가 공동 진행하는 주간 사진 토크쇼인 "The Grid"에는 시청자가 보내온 사진을 평가해주는 코너가 있다. 그들이 촬영한 대부분의 사진들에서 가장 큰 문제를 지적해 보라고 한다면 화이트 밸런스나 노출이 문제점이 아니라 밋밋해 보인다는 것이다. 즉 대비가 심각하게 낮다는 점이 문제이다. 가장 큰 문제점임에도 불구하고 가장 보정이 쉬운 요소이다(물론 원하는 내비 효과에 따라 복잡한 작업 과정이 될 수도 있다). 이번 레슨에서는 간단한 대비 효과 설정 방법을 알아본 다음 더 높은 수준의 대비 효과 설정 방법에 대해 알아볼 것이다.

Step 01

예제 사진은 밋밋하며 활력이 느껴지지 않는다. 가장 밝은 영역을 더 밝게 만들고, 가장 어두운 영역을 더 어둡게 만드는 대비 효과를 추가하기 전에 대비의 중요성을 먼저 알아보자. 사진의 대비를 높이면 ❶ 색상이 더 선명해지고, ❷ 계조 범위가 확장되며, ❸ 사진이 더 선명해 보인다. 한 개의 슬라이더로 이 모든 효과를 얻을 수 있다는 점은 이 기능이 그만큼 강력하다는 의미이다(필자는 Camera Raw에서 가장 평가 절하되고 있는 슬라이더라고 생각한다).

Step 02

여기서는 [Contrast] 슬라이더를 오른쪽으로 드래그해서 '+85'로 설정했을 뿐인데 **Step 01**의 예제 사진과 큰 차이를 보인다. 색상이 선명해지고, 계조 범위도 확장되었으며, 사진 전체의 초점이 훨씬 선명해졌다. RAW 형식으로 촬영한 사진이라면 JPEG 형식 사진에 비해 카메라의 대비 효과 기능을 비활성화한 상태에서 촬영했기 때문에 [Contrast] 슬라이더는 매우 중요한 도구이다. 사진에 없는 대비를 추가하는 것은 매우 중요한 과정이며 하나의 슬라이더로 가능하다. 필자는 [Contrast] 슬라이더를 왼쪽으로 드래그하는 경우가 절대 없다. 항상 오른쪽으로 드래그해서 대비를 높인다.

우리가 주의해야 할 문제점 하나는 하이라이트 클리핑이다. 하이라이트 클리핑은 사진의 하이라이트 영역 일부가 과도하게 밝아서(촬영 시 혹은 Camera Raw에서 사진을 밝게 보정할 때 생긴다) 디테일이 전혀 보이지 않는 현상이다. 그 영역에는 픽셀이 전혀 없으며 빈 공간만 있다. 클리핑 현상은 구름 낀 하늘의 사진에도 나타나고, 운동선수의 흰색 운동복, 구름이 없는 맑은 날의 하늘과 그 외에도 다양한 곳에서 나타난다. 사진 전체의 디테일을 균등하게 유지하기 위해서는 보정이 필요한 문제점이지만, 다행히 보정 방법은 쉽다.

하이라이트 영역의 문제점 보정하기 (클리핑 현상)

Step 01

예제 사진은 스튜디오에서 촬영한 것이며, 모델이 흰색 코트를 입었을 뿐만 아니라 필자가 약간 노출과다로 촬영했다. 그렇다고 반드시 클리핑 현상이 나타나는 것은 아니지만 Camera Raw가 상단의 히스토그램에서 흰색 삼각형의 클리핑 경고 아이콘으로 클리핑 현상이 있다고 알려준다. 정상적인 상태에서는 삼각형이 검은색이다. 삼각형이 빨간색, 노란색 혹은 파란색으로 나타나면 해당 색상 채널에 클리핑 현상이 있다는 의미이며, 필자는 개별 색상 채널의 클리핑 현상은 거의 개의치 않는다. 그러나 예제 사진과 같이 흰색이라면 보정해야 할 문제이다.

Step 02

사진에 문제점이 있다는 것은 알지만 정확히 어느 영역인지 모를 수 있다. 클리핑 현상이 나타나는 정확한 영역을 보려면 삼각형 경고 아이콘을 클릭하거나 ⊙를 누른다. 그러면 클리핑 현상이 있는 영역이 예제 사진과 같이 밝은 빨간색으로 나타난다. 빨간색으로 나타나는 부분은 디테일이 전혀 없는 영역이다.

Step 03

[Exposure] 슬라이더 설정을 낮추는 것만으로도 클리핑 현상을 없앨 수 있다. 예제 사진의 경우 노출 과다이므로 노출부터 보정해보자. 여기서는 [Exposure] 슬라이더를 왼쪽으로 '-0.40'까지 드래그해서 전체 노출을 어둡게 설정했지만, 클리핑 현상은 여전히 남아 있다. 원본 자체가 노출 과다였으므로 노출 보정으로 사진은 나아 보이지만, 적정 노출로 촬영한 사진이라면 어떻게 해야 할까? [Exposure] 슬라이더를 드래그해서 사진을 어둡게 만들면 노출 부족이 될 것이다. 그러므로 전체 노출이 아닌 하이라이트 영역의 노출에만 영향을 미치는 다른 방법이 필요하다. 우리는 어두운 사진을 만드는 것이 아니라 클리핑 현상을 제거하는 것이다.

Step 04

이제 [Highlights] 슬라이더를 사용해서 문제를 해결해보자. 예제 사진과 같은 클리핑 현상이 있을 때 가장 먼저 사용하는 방법이다. 슬라이더를 화면의 빨간색 클리핑 경고가 사라질 때까지 왼쪽으로 드래그한다. 예제 사진에서는 '-30'까지 드래그했다. 경고 기능은 여전히 활성화 되어 있지만 슬라이더를 드래그해서 클리핑 문제를 해결해 클리핑 현상이 더 이상 없으며, 보이지 않던 디테일이 나타났다. 필자는 구름이 있는 밝은 하늘이 있는 사진들에 [Highlights] 슬라이더를 자주 사용한다.

TIP 풍경사진 보정에도 유용하다

밋밋한 하늘이 있는 풍경사진이나 여행사진을 보정할 때 [Highlights] 슬라이더를 왼쪽 끝까지 드래그해보자. 그러면 하늘과 구름의 디테일과 선명도를 복구해서 멋진 하늘을 가진 사진을 만들 수 있다.

역광으로 촬영해서 피사체가 실루엣으로 나타나거나 사진의 일부가 너무 어두워서 음영 속의 디테일이 보이지 않는 경우 하나의 슬라이더로 보정할 수 있다. [Shadows] 슬라이더는 어두운 음영 영역을 보정해서 마치 플래시를 사용해 보조광을 만든 것과 같은 효과를 얻을 수 있다.

음영 영역 보정하기 (보조광 역할을 하는 슬라이더)

Step 01

예제 사진은 역광으로 촬영한 것이다. 우리의 시각이 인지할 수 있는 계조 범위는 상당히 넓기 때문에 이와 같은 역광에서도 놀라울 정도의 적응력을 가지고 있다. 그러나 셔터 버튼을 누르면 예제 사진과 같이 피사체가 음영에 묻힌 역광사진을 얻게 된다. 오늘날의 카메라가 탁월한 기능을 가지고 있지만 아직도 인간의 눈이 볼 수 있는 넓은 계조 범위를 따라가지 못한다. 그러므로 이와 같은 역광사진이 나왔다고 실망할 필요는 없으며, 쉽게 보정할 수 있다.

|NOTE|
역광사진은 포토샵의 Shadows/Highlights 보정 기능으로도 고칠 수 있지만, Camera Raw를 사용한 보정 방법이 훨씬 쉽다.

Step 02

역광사진의 보정 방법은 간단하다. [Shadows] 슬라이더를 오른쪽으로 드래그하면 사진의 음영 영역에만 설정을 적용한다. 예제 사진에서 볼 수 있듯이 [Shadows] 슬라이더 하나만으로 음영 영역을 밝게 보정해서 보이지 않던 디테일이 나타나게 만들었다.

|NOTE|
간혹 슬라이더를 오른쪽으로 과도하게 드래그하면 사진이 밋밋해 보이기 시작한다. 그런 경우에는 [Contrast] 슬라이더를 오른쪽으로 드래그해서 사진이 정상으로 보일 때까지 대비를 높인다. 이러한 경우는 자주 있지 않지만 대비를 높여서 사진의 균형을 찾는 방법을 알아두면 유용하다.

기본 보정 과정 복습하기

지금까지 Camera Raw의 [Basic] 패널에 있는 주요 슬라이더들을 사용한 보정 방법을 알아보았다. 더 심층적인 보정 기능을 다루는 다음 챕터로 넘어가기 전에 이번 챕터에서 배운 슬라이더를 사용한 모든 기본 보정 과정을 순서대로 복습해보자. 이번 레슨에서 사용하는 사진을 다운로드해서 그대로 따라하면 더 쉽게 익힐 수 있을 것이다 (다운로드 링크는 앞의 7가지 주의사항에서 찾을 수 있다). 이번 레슨이 모든 보정 기능들이 어떻게 함께 작용하는지 이해하는 데 도움이 될 것이다.

Step 01

이번 챕터의 노출 보정 레슨에서 이 예제 사진을 본 기억이 날 것이다. 여기서는 사진의 전체 밝기뿐만 아니라 다른 요소들도 보정할 것이다. 이처럼 사진을 보정할 때 도움이 될 조언을 하면 각 단계마다 "이 사진에서 달라졌으면 하는 점이 무엇인가?"를 자신에게 질문해보자. 다음 단계에 무엇을 할지 파악하면 필요한 기능들은 모두 Camera Raw에 있으므로 그 부분은 매우 쉽다. 어려운 부분은 차분히 앉아 사진을 분석하고 매 단계마다 자신에게 질문을 던지는 것이다. 필자가 예제 사진에서 달라졌으면 하는 점은 너무 밝지 않았으면 좋겠다. 그러므로 그 점부터 보정해보자.

Step 02

가장 먼저 Shift를 누르고 [Whites] 슬라이더 노브를 더블클릭하고, 같은 방법으로 [Blacks] 슬라이더를 더블클릭해서 화이트 포인트와 블랙 포인트를 설정한다. 사진의 전체 밝기를 어둡게 보정하려면 [Exposure] 슬라이더를 원하는 노출이 될 때까지 왼쪽으로 드래그한다. 여기서는 '−0.90'으로 설정했다. 다음에는 다소 밋밋해 보이는 사진을 보정하기 위해 [Contrast] 슬라이더를 오른쪽으로 '+55'까지 약간 드래그해서 대비를 높인다. 그리고 구름 낀 하늘의 보정을 위해 23페이지의 하이라이트 보정 레슨에서 배운 방법을 사용해서 [Highlights] 슬라이더를 '−30'까지 왼쪽으로 드래그하자 하늘이 더 이상 밝지 않고 구름의 디테일도 보인다.

Step 03

Step 02의 예제 사진을 보면 다리와 강변의 건물들에 많은 디테일이 있지만 그늘에 묻혀 잘 드러나지 않는다. 그러므로 [Shadows] 슬라이더를 오른쪽으로 드래그해서 그 영역의 디테일이 보이도록 보정한다(여기서는 '+35'로 설정했다). 필자가 이 사진을 처음 봤을 때 음영 영역을 밝게 보정하게 되리란 것을 알았으며(필자는 [Shadows] 슬라이더를 많이 사용한다), 그것이 [Exposure] 슬라이더를 큰 폭으로 드래그하지 않은 이유이다. 오케이, 지금까지 순조롭게 보정 작업이 진행되었다. 이제 마지막으로 사진의 색상을 더 선명하게 만들고 사진 전체의 디테일과 질감을 강조해보자.

|NOTE|
마지막 작업 과정에 사용하는 슬라이더들에 대해서는 다음 챕터에서 더 자세하게 다룰 것이다.

Step 04

필자는 다리, 건물 그리고 강의 질감을 강조하기 위해 [Clarity] 설정을 약간 높였다(이와 같은 도시풍경은 '+38' 이상으로 설정을 높여도 괜찮다. '+50' 이상으로 높여도 사진이 괜찮아 보일 것이다. 미세한 디테일이 많은 예제 사진과 같은 사진들은 높은 [Clarity]와 [Sharpening]이 적합한 종류의 사진이다). 마지막으로 예제 사진은 흐린 날 촬영했기 때문에 색상이 밋밋하지만, 필자는 지나치게 화려한 색상을 원하는 것은 아니지만 약간은 선명한 색상으로 만들고 싶다. 그래서 [Vibrance] 슬라이더를 '+35'까지 드래그했다. 지금까지 모든 과정은 단 몇 분밖에 걸리지 않는다. 사실 생각하는 과정이 슬라이더를 드래그하는 시간보다 훨씬 더 오래 걸린다. 필자는 아직도 예제 사진에 약간의 추가 보정이 필요하다고 느끼지만 그것에 대해서는 다음 챕터에서 다룰 것이다.

Photoshop Killer **Tips**

Camera Raw 창 건너뛰기

RAW 사진에 이미 보정을 적용했다면 파일을 열 때마다 사진을 Camera Raw 창을 거칠 필요가 없을 것이다. 그러므로 Bridge에서 Shift를 누른 채 RAW 파일을 더블클릭하면 Camera Raw 창을 건너뛰고 보정을 적용한 사진을 바로 포토샵에서 연다. Camera Raw에서 보정을 하지 않은 사진은 기본설정을 적용한 사진을 연다. 작업 시간을 절약할 수 있는 비법이다.

편리한 블렌딩 모드 단축키

대부분의 사용자들은 Multiply, Screen, Overlay, Hard Light, Soft Light와 같은 몇 가지 블렌딩 모드만 반복해서 사용한다. 그러한 경우 간편한 단축키를 사용해서 작업시간을 절약할 수 있다. 예를 들어, Option+Shift+S(PC: Alt+Shift+S)는 Screen 모드의 단축키이며, Option+Shift+M(PC: Alt+Shift+M)은 Multiply 모드의 단축키이다. 이처럼 각 모드 이름의 첫 번째 철자로 단축키를 쉽게 알 수 있다.

사진 크기 확인하기

사진의 크기는(그리고 다른 정보들) Camera Raw의 미리보기 화면 하단에 밑줄이 있는 흰색 텍스트로 표시되어 있다. 크로핑 경계선을 드래그할 때에는 선택한 크로핑 영역의 크기에 맞춰 사진 크기 정보도 자동 업데이트된다.

[Default] 버튼에 속지말자

Camera Raw에서 사진을 보정한 후 다시 원본 상태로 되돌리고 싶은 경우 [Basic] 패널의 [Default] 버튼을 클릭해도 원본으로 복구되지 않는다. 그 대신 사진을 Camera Raw에서 처음 불러왔을 때의 상태로 되돌리려면 Camera Raw의 플라이아웃 메뉴에서 'Camera Raw Defaults'를 선택해야 한다. 또는 Option(PC: Alt)을 누르고 있으면 [Cancel] 버튼이 [Reset] 버튼으로 전환된다.

Camera Raw에서 보정하는 동안 다수의 사진 일괄 삭제하기

Camera Raw에서 다수의 사진을 한 번에 불러온 경우 왼쪽의 [Filmstrip]에서 원하는 사진을 선택하고 Delete를 눌러 일괄 삭제할 수 있다. 선택한 사진들에는 빨간색 "X"가 나타난다. Camera Raw에서 편집을 끝내고 [Done] 버튼을 클릭하면 그 사진들은 자동으로 휴지통으로 이동한다. 삭제 선택을 취소하려면 다시 사진을 선택하고 Delete를 누른다.

RAW 사진 리터칭 비법

핫스폿은(인물의 얼굴에서 빛나는 부분) 보통 Healing Brush 도구를 사용해서 완전히 제거한 다음 [Edit] 메뉴에서 'Fade Healing Brush'를 선택한 다음 [Opacity] 설정을 낮춰 약간의 핫스폿의 흔적이 나타나도록 만들면 하이라이트처럼 보인다(효과가 매우 탁월하다). Camera Raw에서도 Spot Removal 도구를 사용하면 유사한 효과를 만들 수 있다. Spot Removal 도구로 ('Heal'로 설정) 핫스폿을(혹은 주근깨나 주름) 제거한 다음 [Spot Removal] 패널에서 [Opacity] 슬라이더를 사용하면 된다.

Preview 영역 확장하기

Camera Raw에 다수의 사진을 불러온 경우 현재 작업 중인 사진의 미리보기를 더 크게 보고 싶다면 [Filmstrip]과 Preview 영역을 분리하는 분할선을 더블클릭해서 [Filmstrip]을 닫는다. 분할선을 다시 더블클릭하면 [Filmstrip]이 다시 열린다.

Camera Raw에서 사진 등급 설정하기

별점의 추가나 변경은 Bridge 뿐만 아니라 Camera Raw에서도 가능하다. 단축키 Command+ 1, +2, +3(PC: Ctrl+1, +2, +3)을 눌러 5개의 별점까지 추가할 수 있다. 또한 왼쪽의 [Filmstrip]에서 섬네일에 있는 다섯 개의 작은 점을 직접 클릭해도 별점을 설정할 수 있다.

삼등분할 크로핑 그리드

이 기능은 Camera Raw의 자매 프로그램인 라이트룸에서 빌려온 것으로 언제든지 도구 바의 Crop 도구를 클릭하고 누른 채 드롭 메뉴에서 'Show Overlay'를 선택하면 삼등분할 크로핑 그리드가 크로핑 경계선 안에 나타난다.

Camera Raw에서 전체화면 모드로 전환하기

Camera Raw에서 사진을 최대한 크게 보고 싶다면 F를 누른다. 전체화면 모드로 전환해서 창이 모니터를 꽉 채우기 때문에 사진을 더 크게 볼 수 있다.

샤프닝 효과를 보기 위해 사진 100%로 확대하기

Camera Raw에서 샤프닝 효과를 확인하기 위한 최적의 줌인 배율은 100%로 확대했을 때이며, Zoom 도구를 더블클릭하면 사진을 100%로 바로 확대할 수 있다.

무엇부터 보정해야 할지 모를 때는 자동 Levels나 Curves 기능 사용하기

어도비사는 그동안 [Properties] 패널의 Levels와 Curves 보정 레이어 설정 영역과 보정 대화창에 있는 [Auto] 버튼의 기능을 대폭 개선했다. 특히 보정이 까다로운 사진과 무엇부터 보정할지 알 수 없는 사진을 편집할 때 좋은 출발점을 제시할 정도로 상당히 만족스러운 결과를 얻을 수 있다.

장소: 예술과 과학의 도시, 발렌시아, 스페인　|　노출: 2초　|　초점거리: 14mm　|　조리개: f/7.1

Beyond the Reach
Camera Raw—프로 사진가처럼 사용하기

군이 밝히자면 지금까지 80여권의 책을 쓰면서 각 챕터의 제목을 영화 제목, 노래 제목, TV 프로그램 제목을 따서 짓는 것이 필자만의 전통이 되었다. 이번 챕터 제목은 2014년 상영된 피도 눈물도 없는 성공한 기업가 역의 마이클 더글러스와 상대역을 맡은 제레미 어빈의 영화 제목에서 따온 것이다. 챕터 제목으로는 마음에 들지만 필자가 뉴욕 데일리 뉴스 신문에서 읽은 조 뉴마이어의 영화평으로 짐작하건데 영화는 실패작인 것 같다. 그는 이 영화에 대해 "이 현학적인 추적 드라마는 제목대로 구제불능이다"라고 썼다. 이 부분을 읽고 필자는 한 가지 결론을 내렸다. 조 뉴마이어에게 절대 이 책이나 필자의 어떤 저서의 평을 맡기지 않을 것이다. 그 첫 번째 이유는 그가 사용한 "turgid"라는 용어 때문인데, 솔직히 말해 처음에는 스티브 밀러 밴드가 만든 또 다른 의미 없는 단어인줄 알았다. 그런데 구글을 검색해보았더니 실제로 존재하는 단어로 구글에 의하면 "부푼, 팽창한"이라는 의미라고 한다. 조가 영화를 정말 싫어한 것은 확실하다. 하지만 마이클 더글러스는 (두 개의 아카데미상을 수상한 세계적으로 유명한 배우) 필자에게 특별한 배우이다. 그것은 마이클 더글러스이기 때문일 뿐만 아니라 그가 튀니지 출신의 룸바 세일즈맨 아르마니 요가매트 역으로 데뷔한 호평 받은 영화 "Eat, Spray, Lunch"로 오스카 조연 남우상을 수상했기 때문이다. 이 영화는 흥행에는 실패했기 때문에 속편은 바로 DVD로 출시되었다. 속편에서도 아르마니 요가매트 역을 맡아달라는 제의를 받았지만, 그때 이미 "The Grand Budapest Marriott"을 각색한 브로드웨이 뮤지컬을 위해 드레스 리허설을 하고 있었기 때문에 거절했다. 어쨌든 조가 오스카를 수상한 마이클 더글러스의 세련된 스릴러를 바닥으로 끌어내릴 수 있다면 그가 필자의 책을 평론하는 것은 물론이고 읽어보는 것도 원하지 않는다. 혹은 그가 쇼핑몰에서 필자의 책을 판매하는 서점 앞을 지나치는 것조차도 원하지 않는다.

다수의 사진 일괄 보정하기

Camera Raw의 장점 중 하나는 바로 한 개의 사진에 적용한 설정을 유사한 조건을 가진 여러 개의 사진에 일괄 적용할 수 있다는 것이다. 이러한 자동 처리 기능은 여러 개의 사신을 보성할 때 삭업 시간을 단축시킨다.

Step 01

이 기능을 십분 활용하기 위한 조건은 일괄 보정하는 사진들이 모두 유사한 광원 조건에서 촬영했거나 모두 유사한 문제점을 가지고 있어야 한다. Bridge에서 보정할 사진들을 선택한다(사진 하나를 클릭한 다음 Ctrl을 누른 채 나머지 사진들을 클릭한다). RAW 형식 사진들이라면 아무 사진이나 더블클릭해서 Camera Raw로 불러온다. JPEG나 TIFF 형식의 경우 사진들을 선택하고 Command+R(PC: Ctrl+R)을 누르거나 창 상단의 Open in Camera Raw 아이콘을 클릭한다.

Step 02

Camera Raw 창 왼쪽의 [Filmstrip]에 선택한 사진들이 있다. 여러 개의 사진을 일괄 보정하는 방법은 두 가지가 있으며, 어느 방법을 사용해도 상관없지만 두 번째 방법이 더 빠르다. 우선 첫 번째 방법을 알아보자. [Filmstrip]에서 사진 한 개를 선택해서 보정한다. 예제 사진에서는 [White Balance], [Exposure], [Contrast], [Highlights], [Whites], [Blacks] 슬라이더를 조절해서 사진을 보정했다.

Step 03

사진을 보정한 다음에는 Command+A(PC: Ctrl +A)를 누르거나 왼쪽 상단의 [Filmstrip] 오른쪽에 있는 아이콘을 클릭하고 메뉴에서 'Select All'을 선택한다(모든 사진을 선택해도 보정한 사진은 섬네일에 하이라이트 경계선으로 표시된다). 다음은 같은 메뉴 하단의 'Sync Settings'를 선택해서 [Synchronize] 대화창을 불러온다. 대화창에는 보정한 사진에서 나머지 사진에 적용할 수 있는 보정 설정 목록이 있다. 상단의 [Subset] 팝업 메뉴에서 'Basic'을 선택하면 그 외의 항목들은 선택 해제하고 [Basic] 패널에 해당하는 항목만 선택한다.

Step 04

[OK] 버튼을 클릭하면 보정한 사진에 적용한 [Basic] 패널 설정을 나머지 사진들에 적용한다 (Filmstrip의 섬네일에서 사진이 보정된 것을 확인할 수 있다). 필자가 이 방법을 사용하지 않는 이유는 여러 단계의 과정을 거쳐야 하기 때문이다.

TIP 선택한 사진만 보정하기

Camera Raw에서 불러온 모든 사진이 아닌 특정한 사진들만 설정을 적용하고 싶다면 [Filmstrip]에서 설정을 적용할 사진들만 Command+클릭 (PC: Ctrl+클릭)해서 선택한 다음 'Sync Settings'를 선택한다.

Step 05

두 번째 방법은 Camera Raw에서 선택한 사진들을 불러온 후 [Filmstrip]의 플라이아웃 메뉴에서 'Select All'을 선택해서 모든 사진을 일괄 선택한 다음 사진 하나를 보정하면 새로운 설정을 적용할 때마다 나머지 사진들에도 즉시 적용된다. 그러므로 일일이 적용한 보정 설정을 기억하지 않아도 되며, [Synchronize] 대화창도 필요하지 않다. 두 가지 방법을 모두 시도해보고 마음에 드는 방법을 사용하면 된다. 그러나 빠른 작업 속도를 원한다면 두 번째 방법을 추천한다.

보정 전

보정 후

이번엔 필자가 좋아하는 Camera Raw 기능들 중 하나인 Clarity 기능에 대해 알아보자. 필자가 강연에서 효과를 보여줄 때마다 수강생들이 감탄하는 기능이다. 단 한 개의 슬라이더가 사진을 그 정도로 쨍하게 만들 수 있다는 점에 놀라는 것 같다. [Clarity] 슬라이더는 기본적으로 중간 밝기의 대비를 높이는 기능으로 사진에 샤프닝 효과를 추가하지 않고도 사진을 더 선명하고 강렬하게 만든다. 필자는 사진의 질감을 향상시키기 위해 높은 설정의 Clarity 기능을 적용하며, 질감의 강조가 필요한 풍경사진부터 도시풍경, 여행사진, 남성을 촬영한 인물사진까지 다양한 사진에 사용할 수 있다.

Clarity 기능으로 디테일과 질감 표현하기

Step 01

[Clarity] 슬라이더는 [Basic] 패널 하단에 [Vibrance]와 [Saturation] 슬라이더 위에 있다(공식 명칭은 "Clarity"이지만 한때 어도비 기술자들이 사진을 쨍하게 만드는 기능 때문에 "Punch"라는 명칭을 고려했었다고 한다). 가장 먼저 [Clarity] 효과를 분명하게 보기 위해 상단의 도구 바에서 Zoom을 더블클릭해서 사진을 100% 확대한다. 예제 사진은 여러분이 사진을 잘 볼 수 있도록 25%만 확대했다.

Step 02

Clarity 기능의 사용법은 매우 간단해서 슬라이더를 오른쪽으로 드래그해서 중간 밝기의 대비를 높인다. Step 01과 Step 02의 예제 사진을 비교해 보자. 예제 사진은 [Clarity] 슬라이더를 '+100'까지 드래그했는데 과거의 Camera Raw 버전이라면 끔찍한 헤일로 현상이 모든 피사체 둘레에 나타났겠지만 이제는 높은 설정을 적용해도 걱정할 필요가 없다. 필자는 보통 사진의 질감을 강조하고 싶은 풍경사진, 도시풍경, 스포츠 사진 등에 '+25'에서 '+50' 정도의 [Clarity] 설정을 적용하지만 예제 사진과 같이 그보다 훨씬 높은 설정을 적용해도 괜찮다.

Step 03

물론 여성과 아동처럼 거친 질감이 적합하지 않은 피사체들도 있으며, 필자는 그런 사진에 Clarity 기능을 사용하지 않는다. 그러나 Clarity 기능은 질감의 강조뿐 아니라 피부와 같은 영역의 질감을 부드럽게 만드는 용도로도 사용할 수 있다. 즉 [Clarity] 슬라이더를 왼쪽으로 드래그해서 중간 밝기 영역의 대비를 낮추면 질감을 부드럽게 만드는 효과를 만들 수 있다. 그러나 효과를 사진 전체에 적용하는 것은 원하지 않으므로, Adjustment Brush를 사용해서 필요한 영역에만 적용한다. 예제 사진은 부드러운 질감을 적용하지 않은 원본 사진이다 (Adjustment Brush에 대해서는 챕터 3에서 자세히 다룰 것이다).

Step 04

이번에는 Adjustment Brush를 선택하고 부드러운 피부를 위해 [Clarity] 슬라이더를 '−100'으로 설정하고 질감의 균형을 맞추기 위해 [Sharpness]를 '+25'로 설정한 후 피부를 드래그했다. 이때 선명해야 하는 눈, 눈썹, 콧구멍, 입술, 머리카락 그리고 얼굴 윤곽과 같은 영역은 피해서 드래그한다. 원본과 비교해보면 그 효과를 알 수 있다. 이제 짧은 시간 안에 피부를 부드럽게 만들어야 한다면 Clarity 기능을 사용해보자.

앞 챕터에서 다룬 Camera Raw의 [Contrast] 슬라이더의 기능이 많이 향상되었다고 해도 여전히 한계가 있다. 다행히 Camera Raw에는 밋밋한 사진에 맞서 함께 싸워줄 Curves 기능이라는 강력한 아군이 있다. 또한 포토샵에만 있던 R, G, B 채널을 각각 개별 편집할 수 있는 Curves 기능이 Camera Raw에도 도입되었다. 필자는 사용하지 않는 기능이지만 누군가에게는 필요한 기능일 수도 있으며, 최소한 크로스 프로세스와 같은 멋진 효과를 사진에 추가할 수 있다.

Curves 기능으로 대비 보정하기

Step 01

[Basic] 패널에서 노출 보정을 적용한 후 더 강한 대비가 필요하다고 느낀다면 [Tone Curve] 패널을 사용해야 할 때이다(패널 영역 상단의 왼쪽에서 두 번째 아이콘이며 예제 사진에 빨간색 원으로 표시). [Tone Curve] 패널에는 [Point]와 [Parametic] 두 종류의 커브가 있다. 먼저 [Point] 커브 기능에 대해 알아보기 위해 패널 상단에서 [Point] 탭을 클릭한다. 대비 효과를 추가하지 않은 예제 사진을 [Point] 커브 기능 영역에서 보면 [Curve] 팝업 메뉴에 밋밋하고 보정을 적용하지 않은 커브 설정인 'Linear'로 설정되어 있다.

|NOTE|

과거 Camera Raw에서는 RAW 형식의 사진은 카메라에서 대비 효과를 적용하지 않았기 때문에 기본 커브 설정이 'Medium Contrast' 였지만, 이제는 JPEG 형식과 마찬가지로 기본 대비 효과를 적용하지 않는다.

Step 02

더 강한 대비를 원한다면 [Curve] 팝업 메뉴에서 'Strong Contrast'를 선택해서 적용한다. **Step 01** 의 예제 사진과 비교해보자. 'Strong Contrast'는 가파른 커브를 만들며, 커브가 가파를수록 대비가 강해진다.

Step 03

포토샵의 Curves 기능 사용법에 익숙해지고 직접
조절하고 싶다면 먼저 프리셋 커브들 중 하나를 선
택한 다음 커브의 조절점을 클릭하고 드래그하거
나 화살표를 눌러 조절한다. 필자는 조절점을 클
릭하고 화살표를 눌러 커브를 조절하는 방법이 더
쉽다고 생각한다. 프리셋을 사용하지 않고 처음부
터 직접 조절하고 싶다면 [Curve] 팝업 메뉴에서
'Linear'를 선택해서 커브를 초기화한다. 커브를 클
릭하면 조절점을 추가할 수 있다. 조절점을 삭제하
려면 조절점을 클릭하고 마치 반창고를 떼는 것처
럼 재빨리 드래그해서 커브와 분리한다.

Step 04

직접 조절한 커브 설정이 마음에 들어 다른 사
진들에도 적용하고 싶다면 프리셋으로 저장한다.
[Panel] 영역 상단의 오른쪽에서 두 번째의 프리셋
아이콘을 클릭해서 [Preset] 패널을 불러온다. 그
다음 패널 하단에 있는 New Preset 아이콘을 클
릭한다(포토샵의 Create a New Layer 아이콘과
유사한 형태). 현재의 커브 설정만 저장하기 위해
서는 [Subset] 팝업 메뉴에서 'Point Curve'를 선
택하고 예제 사진과 같이 다른 항목은 비활성화하
면 'Point Curve' 체크박스만 활성화된다. 프리셋
의 이름을 입력하고(여기서는 'Mega Contrast'를
입력했다) [OK] 버튼을 클릭한다.

Step 05

[Point] 커브를 직접 조절할 자신이 없다면 슬라이더로 커브를 조절하는 방식의 [Parametric] 커브를 사용해보자. [Parametric] 탭을 클릭하면 네 개의 커브 영역을 조절하는 슬라이더들이 있다. 슬라이더를 드래그하기 전에 알아둘 점이 있다. [Parametric] 탭에서 적용한 커브 설정은 [Point] 탭에서 적용한 설정에 추가된다는 점이다. 그러므로 [Point] 탭에서 커브 설정을 적용했다면 [Point] 탭의 [Curve] 팝업 메뉴에서 'Linear'를 선택해서 적용 전의 상태로 리셋한다.

Step 06

[Highlights] 슬라이더는 커브의 하이라이트 영역을 조절하며, 오른쪽으로 드래그하면 커브를 위로 이동해서 하이라이트 영역을 밝게 설정한다. 바로 밑에 있는 [Lights] 슬라이더는 다음으로 낮은 단계의 계조 영역을 조절한다(하이라이트와 중간 밝기 영역의 사이). 이 슬라이더를 오른쪽으로 드래그하면 해당 커브 영역의 경사를 가파르게 조절해 밝게 만든다. [Darks]와 [Shadows] 슬라이더도 동일한 방식으로 낮은 중간 밝기 영역과 깊은 음영 영역을 조절하는데 슬라이더를 오른쪽으로 드래그하면 해당 영역을 밝게 보정하므로 대비를 높이기 위해서는 왼쪽으로 드래그해야 한다. 예제 사진의 경우, 매우 강렬한 대비를 위해 [Highlights]와 [Lights] 슬라이더를 오른쪽으로 드래그하고, [Darks]와 [Shadows] 슬라이더는 왼쪽으로 드래그했다.

Step 07

[Parametric] 탭의 또 다른 장점은 각 슬라이더가 담당하는 영역을 설정할 수 있는 영역 분할 조절 기능이다. 그러므로 가장 오른쪽의 영역 분할선 버튼을 오른쪽으로 드래그하면 [Lights] 슬라이더의 조절 영역을 확장한다. 그 결과, [Highlights] 슬라이더는 큰 영향을 미치지 못하며 커브 상단이 평평해지고 대비는 감소한다. 예제 사진과 같이 동일한 버튼을 왼쪽으로 드래그하면 [Highlights] 슬라이더 영역이 확장되어 커브의 경사도가 더 커지고 대비도 증가한다.

Step 08

지금까지 알아본 커브 기능의 사용이 어렵다고 느낀다면 Targeted Adjustment 도구를(TAT) 사용해 대비를 조절해보자. TAT는 창 상단의 도구 바 중 왼쪽에서 다섯 번째에 있다(예제 사진에서 빨간색 원으로 표시한 곳). 도구를 클릭하고 보정할 영역에서 위로 드래그하면 밝아지고 아래로 드래그하면 어두워진다. 많은 사진가들이 특정 영역 대비 조절에 즐겨 사용하는 도구이다. 단 이 도구는 사진의 한 부분만 보정하는 것이 아니라 커브 자체를 보정한다는 점에 유의해야 한다. 사진에 따라 원하지 않는 영역이 밝아지거나 어두워질 수 있으므로 보정하는 동안 사진에 주의를 기울여야 한다. 예제 사진의 경우 부두가 있는 영역을 클릭하고 아래로 드래그하자 커브를 자동으로 조절해서 어둡게 보정했다.

Step 09

커브 기능에 대해 마무리하기 전에 Camera Raw
의 또 다른 기능인 [Point] 커브의 개별 RGB 커브
기능에 대해 알아보자. 이 기능은 잠시 후에 다룰
크로스 프로세스 효과를 만들기에 적합한 기능이
지만 보정이 까다로운 컬러 캐스트와 같은 화이트
밸런스 문제를 해결하기 위해 자주 사용하게 될 것
이다. 먼저 [Point] 탭을 클릭하고 [Channel] 팝업
메뉴에서 조절을 원하는 색상 채널을 선택한다. 예
제 사진의 경우 배경과 인물의 피부 컬러 캐스트
를 제거하기 위해 Blue 채널을 선택했다. 배경은
회색이어야 하고 인물의 피부는 푸른색이 강하다.

Step 10

Blue 채널을 선택하면 커브의 데이터는 파란색으
로 표시되므로 보정하는 색상 채널을 쉽게 알아볼
수 있다. 커브의 어느 부분을 조절해야 할지 모르
겠다면 Camera Raw의 도움을 받자. 보정해야 하
는 배경 영역에 커서를 놓고 Command(PC: Ctrl)
를 누르면 커서가 Eyedropper 도구로 전환된다.
도구를 클릭하면 보정하려는 영역에 상응하는 커
브 지점에 조절점을 추가한다. 이제 커브 조절점을
클릭하고 오른쪽 하단 모서리 방향으로 드래그하
면 배경의 푸른색을 제거한다.

Step 11

이번에는 RGB 커브로 크로스 프로세스 효과를 만들어보자. 크로스 프로세스는 필름을 사용하던 시절의 암실 테크닉이지만 지금도 패션 사진 등에 사용한다. 크로스 프로세스 사진을 만드는 조합은 다양하지만 필자가 좋아하는 조합을 알아보자. 먼저 [Point] 탭의 채널 팝업메뉴에서 'Red'를 선택한 다음 커브의 세 지점을 클릭해서 일정한 간격의 조절점을 만든다. 중앙 조절점은 그대로 두고 상단 조절점을 위쪽으로, 하단 조절점은 아래쪽으로 드래그해서 예제와 같이 가파른 S자형 커브를 만든다. Green 채널도 같은 방법으로 Red 채널보다는 완만한 S자형 커브를 만든다. 마지막으로 Blue 채널은 커브에 조절점을 추가하지 않고 예제와 같이 왼쪽 하단 포인트를 경계선을 따라 위쪽으로, 오른쪽 상단 포인트는 아래쪽으로 드래그한다.

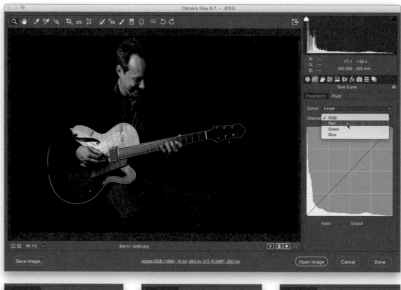

Step 12

물론 사진에 따라 채널 설정 조합이 다르겠지만 일반적으로 크로스 프로세스 효과는 Blue 채널 설정에 달려있다. 직접 조절해보고 마음에 드는 조합을 찾으면 앞에서 'Mega Contrast' 커브 프리셋을 저장했던 것처럼 [Preset] 패널에서 프리셋으로 저장하는 것도 잊지 말자.

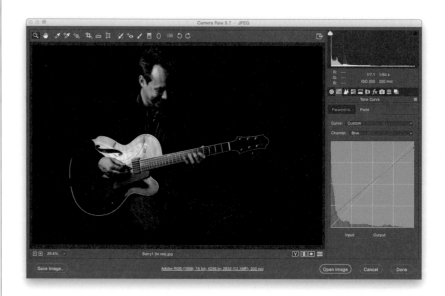

JPEG 형식으로 촬영한 사진은 카메라에서 샤프닝을 적용하기 때문에 Camera Raw에서 불러왔을 때 기본 샤프닝을 적용하지 않는다. 그러나 RAW 형식의 사진은 카메라에서 기본 보정을 적용하지 않으므로 Camera Raw에서 사진을 불러왔을 때 "캡처 샤프닝"이라는 기본 샤프닝을 자동 적용한다. 그러므로 필자의 작업 과정에서 샤프닝을 두 번 적용하는 것과 같다. 한 번은 Camera Raw에서 적용하고, 또 한 번은 최종 사진을 포토샵에서 출력할 때 "출력 샤프닝"이라고 부르는 샤프닝을 적용한다. 이번에는 Camera Raw에서 캡처 샤프닝을 적용하는 방법에 대해 알아보자.

Camera Raw의 샤프닝 기능

Step 01

Camera Raw에서 RAW 형식 사진을 불러오면 약간의 샤프닝 효과를 기본 적용한다(JPEG나 TIFF 형식 사진에는 적용하지 않는다). 패널 영역 상단의 왼쪽에서 세 번째에 있는 Detail 아이콘을 클릭하거나 Command+Option+③(PC: Ctrl+Alt+③)을 눌러 적용하는 샤프닝 정도를 조절할 수 있다. 패널 상단의 [Sharpening] 영역의 슬라이더들을 보면 사진에 이미 샤프닝을 적용했다는 점을 알 수 있다. 이 단계에서 사진에 샤프닝을 적용하고 싶지 않다면 [Amount] 슬라이더를 클릭하고 왼쪽 끝까지 드래그해서 '0'으로 설정해 샤프닝을 제거한다.

Step 02

기본 샤프닝을 자동 적용하지 않도록 설정할 수 있다. [Sharpening] 영역의 [Amount] 슬라이더를 '0'으로 설정한 다음 Camera Raw의 플라이아웃 메뉴에서 'Save New Camera Raw Defaults'를 선택해 설정을 저장하면 자동 샤프닝을 적용하지 않는다.

Step 03

본격적으로 샤프닝 기능을 사용하기 전에 한 가지 더 알아두어야 할 점이 있다. 사진에 실제로 샤프닝을 적용하지 않고 효과를 확인하고 싶다면 실제 파일이 아닌 미리보기 사진에만 적용해볼 수 있다. Camera Raw에서 Command+K(PC: Ctrl+K)를 눌러 [Camera Raw Preferences] 대화창을 불러온 다음 [Apply sharpening to] 팝업 메뉴에서 'Preview images only'를 선택하고 [OK] 버튼을 클릭해서 변경한 기본 설정을 저장한다. 이제 샤프닝 설정을 Camera Raw의 미리보기에 적용하지만, 포토샵에서 파일을 열면 샤프닝을 적용하지 않은 상태이다.

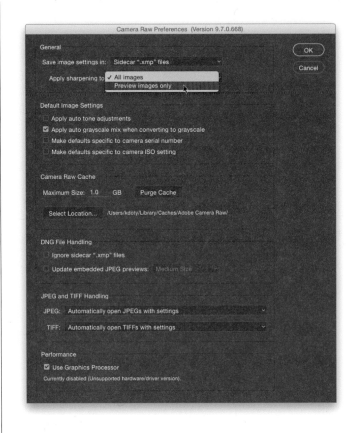

Step 04

예전의 Camera Raw 버전에서는 사진을 100%로 확대해야 샤프닝 효과를 확인할 수 있었다. 어도비사는 CS5 버전에서 그 점을 보완해서 100%로 확대하지 않아도 충분히 볼 수 있다고 했지만, 역시 정확한 판단을 위해서는 확대해서 보는 것이 좋다. 사진을 100%로 확대하는 가장 빠른 방법은 상단의 Zoom 도구를 더블클릭하는 것이다.

|NOTE|

[Detail] 패널 하단에 100% 줌인 메시지가 뜨지만 확대한 후에는 메시지가 사라진다.

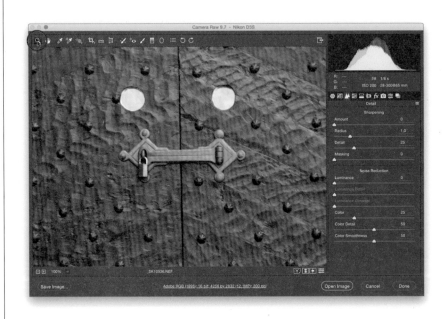

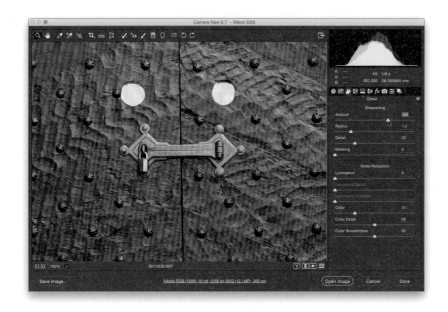

Step 05

[Amount] 슬라이더를 오른쪽으로 드래그하면 샤프닝 효과가 강해진다. 샤프닝 설정이 '0'인 Step 04의 사진과 [Amount]를 '100'으로 설정한 옆의 예제 사진을 비교하면 사진이 얼마나 선명해졌는지 차이를 볼 수 있다.

Step 06

[Radius] 슬라이더는 윤곽선으로부터 적용되는 샤프닝 범위를 설정하는 기능이다. 이것은 포토샵의 Unsharp Mask 필터 기능에 있는 [Radius] 슬라이더와 같은 도구로, 기본 설정이 '1'이다. 사진을 웹사이트에 사용하거나 영상 편집 또는 매우 작은 크기나 낮은 해상도로 사용할 때는 '1' 이하로 설정해도 무난하다. 필자가 '1' 이상으로 설정하는 경우는 사진이 눈에 띄게 흐릿해서 높은 설정의 샤프닝이 필요한 경우 또는 예제 사진과 같이 디테일이 풍부한 경우(예제 사진은 '1.2'로 설정했다), 혹은 사진에 급박한 샤프닝 보정이 필요한 경우이다. Camera Raw의 [Radius] 슬라이더는 포토샵의 Unsharp Mask 필터와 달리 최대 '3'까지 설정할 수 있는데 [Radius] 슬라이더를 '1' 이상으로 설정할 경우 사진이 부자연스러워 보이고 보정한 티가 나거나 노이즈가 나타날 수 있으므로 주의해서 사용해야 한다.

Step 07

[Detail] 슬라이더는 윤곽선에 적용하는 샤프닝의
정도를 조절하는 기능이다. 사진을 약간 부드러워
보이게 보정하려면 설정을 낮추고, 질감과 디테일
을 선명하게 만들려면 설정을 높인다. 적용하는 샤
프닝 효과의 정도는 피사체에 따라 달라지는데 예
제 사진처럼 많은 금속과 질감이 있는 사진은 높
은 [Detail] 설정이 적합하다. 대부분의 풍경사진,
도시사진, 모터사이클 사진과 같은 윤곽선이 많은
사진이 이상적이다. 예제 사진의 경우 [Detail] 슬라
이더를 오른쪽으로 드래그해서 '60'으로 설정했다.

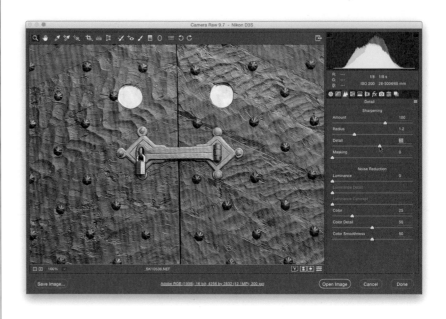

Step 08

이번에는 예제 사진을 바꿔 [Masking] 슬라이더
의 기능에 대해 알아보자. 사용법도 간단하고 많
은 사용자들에게 유용한 기능이 될 것이다. 그 이
유는 샤프닝을 적용하면 사진 전체에 균등하게 효
과를 적용한다. 그러나 사진의 특정 영역에만 샤프
닝을 적용하고 나머지 영역은 부드러운 질감을 유
지하고 싶은 경우가 있을 것이다. 예제 사진의 경
우 부드러운 피부는 그대로 두고 눈, 입술, 등에만
샤프닝 효과가 필요하다. 포토샵에서는 복제 레이
어에 Unsharp Mask 필터를 적용하고, 레이어 마
스크를 추가한 후 부드러운 영역을 드래그하는 방
법을 사용한다. Camera Raw에는 [Masking] 슬
라이더가 동일한 기능을 가지고 있다. 오른쪽으로
드래그하면 윤곽선 외의 영역의 샤프닝이 감소한
다. [Masking] 슬라이더의 기본 설정은 '0'으로 사
진 전체에 샤프닝을 적용한다. 슬라이더를 오른쪽
으로 드래그할수록 윤곽선 외의 영역에 샤프닝 효
과가 적용되는 것을 방지한다.

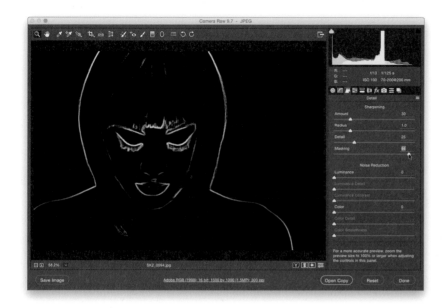

Step 09

[Detail] 패널의 [Sharpening] 영역에 있는 네 개의 슬라이더를 조절할 때 Option(PC: [Alt])을 누른 채 드래그하면 샤프닝 효과를 실시간으로 확인할수 있다. 화면이 흑백으로 전환되어 슬라이더 조절이 윤곽선을 중심으로 어떤 영향을 미치는지 나타난다. 이 기능은 [Masking] 슬라이더를 이해하는데 도움이 되므로 Option(PC: [Alt])을 누르고 슬라이더를 오른쪽으로 드래그해보자. [Masking] 슬라이더 설정이 '0'일 때는 샤프닝이 화면 전체에 균등하게 적용되기 때문에 화면이 하얗다. 슬라이더를 오른쪽으로 드래그하면 예제 사진과 같이 샤프닝의 영향을 받는 영역만 흰색으로 나타나고 마스킹을 적용한 영역은 검은색으로 나타난다. 하단의샤프닝 적용 전과 후의 사진을 비교해보자. 보정 후의 사진은 'Amount: 110, Radius: 1, Detail: 60, Masking: 0'이다.

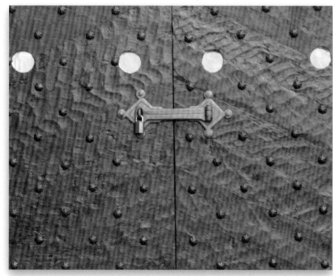

보정 전

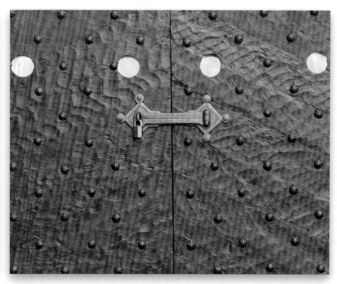

보정 후

특정 색상 영역의 보정과 변경

다음 챕터에서는 보정 설정을 사진에 직접 드래그해서 일부 영역에만 적용하는 방법에 대해서 알아볼 것이다. 그러나 특정 영역 전체에 보정 설정을 적용해야 하는 경우도 있다(예를 들어, 하늘 전체를 파랗게 보정하거나 모래사장을 따뜻한 색으로 보정하거나 의상의 색상을 완전히 변경해야 하는 경우). 이처럼 넓은 영역의 색상 조절에 HSL 기능을 사용하면 색상을 변경할 뿐만 아니라 색상의 채도와 밝기 조절까지 가능하며 효과적이고 사용법도 간단하다.

Step 01

예제 사진은 빛이 바랜 건축물들의 원본 사진이다. 필자는 건축물의 색상을 더 선명하게 보정하고 싶다. 개별 색상은 [HSL/Grayscale] 패널에서 조절하므로 패널 영역 상단의 왼쪽에서 네 번째 아이콘을 클릭한다. 다음은 [Saturation] 탭을 클릭하고 색상의 채도를 조절하는 [Saturation] 슬라이더들을 불러온다.

Step 02

가장 먼저 노란색 건축물을 풍부하고 깊은 색상으로 보정해보자. [Yellow] 슬라이더를 오른쪽으로 드래그하면 더 진한 노란색이 되는데, 대부분의 경우 육안으로 보는 사진 속의 색상은 단색인 경우가 드물다. 그러므로 한 개의 슬라이더와 씨름하는 대신 TAT(Targeted Adjustment Tool)를 사용해보자. 상단의 도구 바에서 왼쪽에서 다섯 번째에 있는 도구를 선택한 다음 사진의 건축물을 클릭하고 위로 드래그한다. 그러면 도구가 선택 영역을 조절하는 슬라이더를 찾아 자동으로 조절한다. 예제 사진의 경우 [Yellow] 슬라이더를 큰 폭으로 조절했지만 [Orange] 슬라이더 역시 약간 움직였다. 다른 건축물도 TAT 도구가 조절한 슬라이더의 색상을 가지고 있기 때문에 색상이 약간 선명해졌다.

Step 03

그건 그렇고, TAT 도구를 위로 드래그하면 채도가 높아지고, 아래로 드래그하면 낮아진다. 이번에는 녹색을 조절해보자. TAT 도구로 녹색 건축물을 클릭하고 위로 드래그해서 채도를 높인다. 슬라이더 영역에서 [Greens]과 [Aquas] 슬라이더를 보면 녹색을 큰 폭으로 조절하고 연한 녹청색을 약간 조절했다는 것을 알 수 있다. TAT 도구는 선택 영역의 색상 조합뿐만 아니라 혼합 비율도 정확히 측정하기 때문에 매우 편리하다. 그것이 필자가 TAT 도구 없이 HSL 슬라이더들을 사용하지 않는 이유이다.

Step 04

색상이 너무 어둡다고 생각한다면 색상의 밝기를 조절하는 [Luminance] 탭을 클릭하고 노란색 건축물의 어두운 영역을 클릭하여 위로 드래그해서 보정한다. 색상이 과도하게 밝으면 아래로 드래그한다. 완전히 다른 색상으로 변경하고 싶다면 [Hue] 탭을 클릭한다. 조절 방법은 똑같다. TAT 도구로 노란색 건축물을 클릭하고 아래로 드래그해서 하단의 예제 사진과 같이 색상을 변경한다(노란색 건축물의 색상을 오렌지색으로 변경했으며, 그 결과 오른쪽 건축물의 색상은 밝은 오렌지색이 되었다). 슬라이더들을 계속 조절하다보면 각 슬라이더가 조절하는 영역을 파악할 수 있다. 그러다보면 어도비 사가 왜 TAT 도구를 만들었는지도 알게 될 것이다.

얼룩, 잡티 등과 같은 방해 요소 제거하기

사진에 있는 작은 얼룩이나 먼지 또는 얼굴의 여드름 제거와 같은 단순한 보정은 Camera Raw의 Spot Removal 도구로 제거할 수 있다. 이 도구는 포토샵의 Healing Brush의 기능을 빌려왔지만, 정확도는 약간 떨어지므로 까다롭고 복잡한 얼룩이라면 포토샵의 리터칭 도구를 사용하는 편이 좋다.

Step 01

예제 사진의 경우 인물의 왼쪽 눈 밑에 다크서클과(이전 버전의 Camera Raw에서는 쉽게 보정할 수 없던 요소) 작은 잡티들을 제거해야 한다. 상단의 도구 바에서 Spot Removal 도구(B)를 선택한다. 그런데, 이제는 단순히 얼룩을 제거하는 기능보다는 포토샵의 Healing Brush 기능과 유사하므로 이 도구의 이름을 바꿔야 한다고 생각한다.

Step 02

다크서클을 제거할 영역을 근접해서 보기 위해 도구 바에서 Zoom 도구를 더블클릭해서 사진을 100%로 확대한다. 이제 Spot Removal 도구로 다크서클이 있는 영역을 브러시로 칠하듯이 드래그해서 선택한다. 그러면 예제 사진과 같이 선택 영역을 따라 윤곽선이 나타난다.

TIP 더 자연스러운 리터칭
인물의 주름을 제거할 때 완전히 지워버리면 부자연스럽게 보인다. 이때 원래의 주름이 약간 나타나도록 패널 오른쪽에 있는 [Opacity] 슬라이더를 조절하면 훨씬 자연스럽게 만들 수 있다.

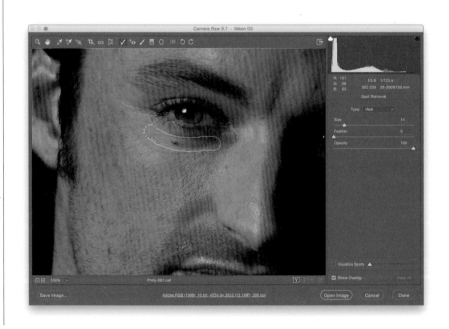

Step 03

영역 선택을 마치면 두 개의 보정 핀이 보인다. ❶ 빨간색 핀이 있는 영역은 보정 설정을 적용하는 영역이고, ❷ 녹색 핀이 있는 영역은 Spot Removal 도구가 선택한 보정 영역을 대체할 샘플 영역이다. 일반적으로 샘플 영역은 보정 영역과 근접한 영역을 선택하지만 간혹 보정 영역과 맞지 않는 멀리 떨어진 영역을 선택하기도 한다. 예제 사진의 경우 눈 밑 피부의 질감과는 차이가 있는 이마의 일부를 샘플 영역으로 선택했다. 다른 부분을 샘플 영역으로 선택할 수도 있으므로 걱정할 필요는 없다.

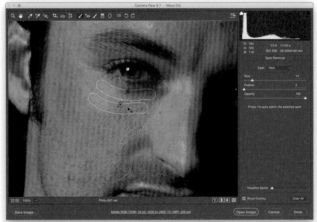

Step 04

커서로 녹색 핀이 있는 샘플 영역의 내부를 클릭한 다음 다른 영역으로 드래그한다. 예제 사진의 경우 선택 영역의 바로 밑으로 드래그했다. 마우스 버튼을 놓으면 보정을 적용한 결과의 미리보기가 나타난다. 결과가 마음에 들지 않는다면 다시 샘플 영역을 드래그해서 다른 부분으로 이동하고 결과를 확인한다.

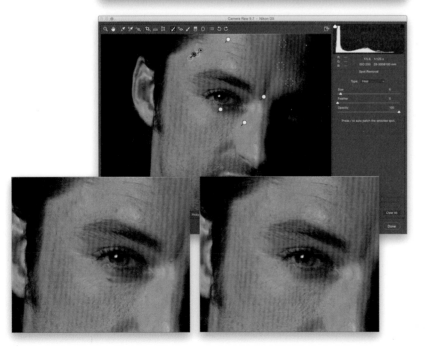

Step 05

다크서클을 보정한 다음 얼굴에 있는 잡티들을 클릭해서 제거한다. 잡티를 클릭하고 마우스 버튼을 놓으면 두 번째 원이 나타나 샘플 영역을 보여준다. 도구가 선택한 샘플 영역이 마음에 들지 않으면 동일한 방법으로 클릭하고 드래그해서 다른 영역을 선택한다.

얼룩과 잡티
쉽게 찾기

멋진 대형사진을 출력했는데 사진에 남아 있던 센서 먼지, 얼룩, 잡티를 발견하는 것처럼 실망스러운 일은 없을 것이다. 풍경사진이나 여행사진의 경우 맑은 하늘이나 흐린 하늘에서 얼룩이나 잡티들을 분간하기 어려우며, 배경지를 설치하고 촬영한 스튜디오 사진도 마찬가지이다. 하지만 이제는 Camera Raw의 모든 얼룩이나 잡티를 드러나게 만드는 기능을 사용하면 단시간에 하나도 놓치지 않고 제거할 수 있다.

Step 01

예제 사진의 하늘을 보면 얼룩과 먼지들이 있다. 대여섯 개는 분명히 보이지만 육안으로 잘 보이지 않는 크기의 먼지들도 제거해야 한다.

Step 02

상단의 도구 바에서 Spot Removal 도구(B)를 선택한 다음 패널 하단의 [Visualize Spots]을 체크한다. 이 기능을 활성화하면 예제 사진과 같이 반전된 사진으로 변환된다. 이제 [Visualize Spots] 슬라이더를 오른쪽으로 천천히 드래그하면 먼지가 더 선명하게 나타난다. 다음은 Spot Removal 도구로 하나씩 제거한다.

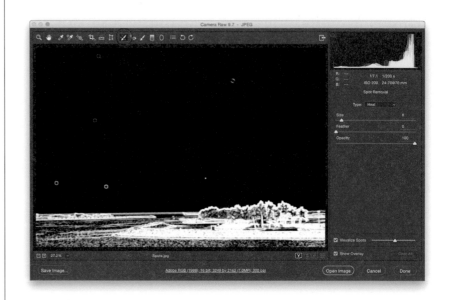

수중 촬영이나 수족관에서의 촬영 혹은 안개나 아지랑이가 낀 날씨에 자주 촬영을 하는 사용자라면 이번에 알아볼 기능을 좋아할 것이다. 이 기능은 일반적인 대비 효과를 추가하는 것이 아니라 안개나 아지랑이 낀 환경에서 촬영한 사진을 위해 특화된 대비 효과를 적용하기 때문에 탁월한 결과를 얻을 수 있다.

안개나 아지랑이 제거하기

Step 01

사진에서 안개를 제거하는 방법은 두 가지가 있는데, 하나는 사진 전체에 설정을 적용하는 방법이다. 사진을 Camera Raw에서 연 다음 패널 상단의 오른쪽에서 네 번째에 있는 Effects 아이콘을 클릭한다. [Effects] 패널 상단의 [Dehaze] 영역에 있는 [Amount] 슬라이더를 안개가 사라질 때까지 오른쪽으로 드래그한다.

Step 02

다른 방법은 Adjustment Brush를 사용해서 일부 영역에만 적용한다. 사진을 Camera Raw에서 연 다음 도구 바에서 Adjustment Brush(K)를 선택한다. 패널에서 [Dahaze] 오른쪽의 +를 클릭하고 [Dehaze] 슬라이더만 '+25'로 설정하고 나머지 슬라이더들의 설정을 모두 리셋한다. 이제 사진에서 안개 때문에 흐릿한 영역만 도구로 드래그한 다음 필요하다면 [Dehaze] 슬라이더를 드래그해서 효과의 강도를 조절한다. 예제 사진의 경우 오른쪽으로 드래그했다.

노이즈 제거하기

포토샵 CC는 최고의 노이즈 보정 기능을 가지고 있다. 거의 모든 제3자 노이즈 보정 플러그인이 사진을 8비트로 변환해서 보정을 적용하는 반면, 포토샵 CC는 16비트 RAW 형식에 바로 노이즈 보정을 적용하기 때문에 탁월한 결과를 얻을 수 있다. 그러므로 필자는 이제 더 이상 노이즈 보정을 위해 제3자 플러그인을 사용하지 않는다. 포토샵 CC의 노이즈 보정 기능은 그정도로 탁월하며, 사용법 또한 간단하다.

Step 01

노이즈가 심한 사진을 Camera Raw로 불러온다. Noise Reduction 기능은 RAW 사진에서 최상의 결과를 얻을 수 있지만 JPEG와 TIFF 사진에 사용해도 무관하다. 예제 사진은 Canon 5D Mark III 기종을 사용해 높은 ISO 설정으로 촬영했다. 부족한 광원 조건에서 촬영했기 때문에 사진에 빨간색, 녹색, 파란색 점으로 보이는 색상 노이즈와 거친 회색 입자로 보이는 고감도 노이즈 현상이 나타난다.

Step 02

노이즈 현상은 주로 어두운 영역에 나타나기 때문에 사진을 최소한 100%로 확대해야 노이즈를 제대로 확인할 수 있다. 패널 상단의 왼쪽에서 세 번째 Detail 아이콘을 클릭해 [Noise Reduction]에서 색상 노이즈를 보정해보자. 필자는 주로 색상 노이즈를 먼저 제거하는데, 그래야 고감도 노이즈를 쉽게 볼 수 있기 때문이다. 색상 노이즈를 더 쉽게 제거할 수 있는 방법은 [Color] 슬라이더를 '0'으로 설정하고 노이즈가 사라질 때까지 슬라이더를 오른쪽으로 천천히 드래그하는 것이다.

|NOTE|
Camera Raw에서 RAW 파일을 불러올 때 기본적인 노이즈 보정을 자동 적용하기 때문에 [Color] 슬라이더가 '25'로 설정되어 있다. JPEG나 TIFF 파일은 기본 노이즈 보정을 적용하지 않기 때문에 '0'으로 설정되어 있다.

Step 03

[Color] 슬라이더를 오른쪽으로 드래그해서 노이즈를 제거해도 여전히 노이즈가 보일 것이다. 그것은 다음 단계에서 제거할 고감도 노이즈이다. 그러므로 노이즈가 회색으로 바뀔 때까지만 슬라이더를 드래그해서 색상 노이즈를 제거한다. [Color] 슬라이더를 과도하게 오른쪽으로 드래그하면 디테일을 잃을 수 있으니 주의한다. 그러한 경우에는 [Color Detail] 슬라이더를 오른쪽으로 약간 드래그하는데, 필자는 색상 노이즈를 제거할 때 거의 사용하지 않는다.

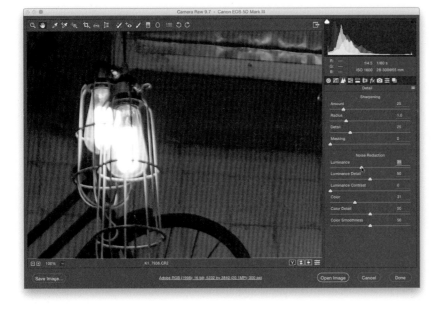

Step 04

고감도 노이즈의 제거도 마찬가지로 [Luminance] 슬라이더를 노이즈가 사라질 때까지 오른쪽으로 드래그한다. [Luminance] 슬라이더는 일반적으로 [Color] 슬라이더보다 조절 폭이 크다. 슬라이더를 과도하게 오른쪽으로 드래그하면 디테일을 잃거나 대비가 낮아진다. 고감도 노이즈를 제거한 후에 사진이 너무 부드러워 보인다면 [Luminance Detail] 슬라이더 설정을 높이면 되는데, 과도하게 드래그하면 일반적으로 [Sharpening] 영역의 [Amount] 설정이 높아진다. 또한 사진이 밋밋해 보인다면 [Luminance Contrast] 슬라이더를 조절해서 대비를 높이는데, 필자는 높은 설정도 개의치 않지만 인물사진의 경우 피부 톤을 이상하게 만들기 때문에 주의한다. 이 두 가지 슬라이더를 사용해야 하는 경우는 거의 없지만 기억해두자.

Step 05

마지막 슬라이더인 [Color Smoothness]는 [Color Detail] 슬라이더와 함께 사용하는데, 원본의 색상을 유지하는 기능이다. 오른쪽으로 드래그해서 색상이 유지되도록 조절하며(과도하게 드래그하면 채도가 낮아질 수 있다), 왼쪽으로 드래그하면 색상이 더 혼합되도록 조절한다. 그러므로 웹 카탈로그와 같이 정확한 색상을 요구하는 경우라면 슬라이더를 오른쪽으로 드래그하는데, 색상이 조금 무거워 보인다면 왼쪽으로 약간 드래그한다. 보정을 마친 예제 사진에서는 노이즈가 거의 보이지 않는다. RAW 형식의 사진일 경우 기본 설정만으로도 본래의 선명함과 디테일을 유지할 수 있다. 하단의 보정 전과 후의 사진을 비교해보자.

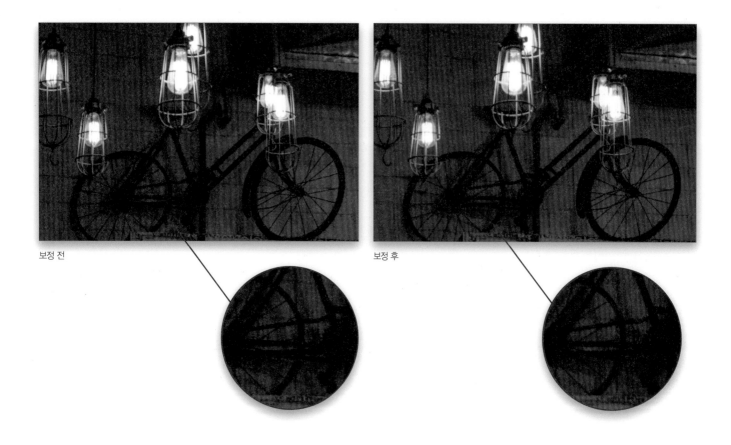

보정 전

보정 후

Camera Raw 크로핑 기능의 장점은 포토샵과 달리 크로핑을 적용하지 않은 원본 사진으로 복구할 수 있다는 점이다. 겹쳐 쓰기를 하지 않은 원본 파일인 경우 JPEG와 TIFF 파일도 크로핑 적용 전으로 복구할 수 있다. 포토샵에서 JPEG나 TIFF 파일을 저장할 때 파일 이름을 변경하면 원본을 그대로 유지해서 겹쳐 쓰기를 방지할 수 있다. RAW 형식 사진은 원본에 겹쳐 쓰기가 불가능하므로 우려할 필요가 없다.

크로핑과 수평 맞추기

Step 01

도구 바의 왼쪽에서 여섯 번째에 Crop 도구(C)가 있다. 기본적으로 클릭하고 드래그하여 크로핑에서 제외할 영역을 선택하는 방식을 사용하며, 포토샵과 마찬가지로 선택해서 적용할 수 있는 크로핑 종횡비 프리셋 목록도 있다. 프리셋은 Crop 도구를 클릭하고 누르고 있으면 열리는 팝업 메뉴에서 선택한다. 'Normal' 설정은 일정한 비율이 없는 자유로운 크로핑 기능이다. 크로핑 프리셋을 선택하면 해당 종횡비를 유지한다. 예를 들어, '2 to 3' 프리셋을 선택한 다음 사진을 클릭하고 드래그해도 원본의 종횡비를 유지한다.

Step 02

예제 사진은 '2 to 3' 종횡비 크로핑 경계선을 드래그해서 설정한 것이다. 잘려나가는 영역은 흐릿하게 나타나며, 내부의 선명한 영역은 크로핑을 적용한 후의 결과이다. Camera Raw에서 나가기 전에 크로핑을 적용한 사진을 보고 싶다면 다른 도구로 전환한다.

|NOTE|
크로핑 경계선의 방향을 바꾸고 싶다면 오른쪽 하단 모서리를 클릭한 다음 하단으로 드래그하고 다시 왼쪽으로 드래그하면 횡구도는 종구도로 바뀐다. 위로 드래그하고 다시 오른쪽으로 드래그하면 종구도가 횡구도로 바뀐다.

Step 03

크로핑한 사진을 다시 Camera Raw에서 불러오면 크로핑한 버전이 나타난다. Crop 도구를 클릭하면 크로핑 경계선을 다시 불러온다. 크로핑 설정을 제거하려면 Esc나 Delete(PC: Back Space) 혹은 Crop 도구 팝업 메뉴에서 'Clear Crop'을 선택한다. 크로핑 종횡비 프리셋 외의 다른 종횡비가 필요하다면 Crop 도구의 팝업 메뉴에서 'Custom'을 선택하면 예제와 같은 [Custom Crop] 대화창을 불러온다. 종횡비를 입력하고 [OK] 버튼을 클릭하면 팝업 메뉴의 종횡비 프리셋 목록에 추가된다.

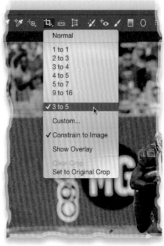

Step 04

이번에는 3 대 5 크로핑 종횡비를 직접 만들어 사진을 크로핑해보자. [Custom Crop] 대화창에 종횡비를 입력하고 [OK] 버튼을 클릭한 다음 크로핑 경계선을 클릭하고 드래그해서 영역을 선택하면 경계선 내부가 3 대 5 종횡비가 된다. 도구 바에서 다른 도구를 클릭하거나 Return(PC: Enter)을 누르면 설정을 적용해서 결과를 볼 수 있다. [Open Image] 버튼을 클릭하면 설정을 적용한 사진을 포토샵으로 불러온다. 대신 [Done] 버튼을 클릭하면 설정을 적용하지 않은 채 사진을 닫지만 크로핑 경계선은 유지한다.

Step 05

크로핑한 JPEG나 TIFF 형식 사진을 [Done] 버튼을 클릭해서 저장한다면 크로핑한 영역을 다시 불러올 수 있는 방법은 사진을 Camera Raw에서 다시 여는 것뿐이다. 그러나 [Save Image] 버튼을 클릭하고 [Format] 팝업 메뉴에서 'Photoshop'을 선택한다면 'Preserve Cropped Pixels'라는 새로운 선택 항목이 나타난다. [Save]를 클릭하기 전에 체크하면 크로핑한 사진을 포토샵으로 불러왔을 때 'Background' 레이어가 아닌 별도의 레이어에 크로핑한 사진이 나타나며 잘려나간 영역은 그대로 유지된다. 사진을 클릭하고 드래그해보면 잘려나간 영역을 볼 수 있다(Move 도구[V]를 사용해서 사진을 클릭하고 오른쪽이나 왼쪽으로 드래그해보자).

Step 06

동일한 구도로 크로핑 해야 하는 다수의 유사한 사진들이 있다면 다음의 방법을 사용한다. Bridge나 컴퓨터에서 같은 구도로 크로핑할 사진들을 모두 선택해서 Camera Raw에서 불러온다. 불러온 다수의 사진들은 세로형의 필름스트립으로 왼쪽에 나열된다. [Filmstrip] 오른쪽의 아이콘을 클릭하고 팝업 메뉴에서 'Select All'을 선택한 다음 현재 선택한 사진을 원하는 구도로 크로핑한다. 왼쪽의 [Filmstrip]을 보면 모든 섬네일도 새로운 크로핑 설정을 업데이트하며, 왼쪽 하단 모서리에 크로핑 아이콘이 나타나 Camera Raw에서 크로핑을 적용했다는 점을 알려준다.

Step 07

또 다른 크로핑 방식은 사진의 수평을 보정하는 Straightening 도구이다. 이 도구는 크로핑 경계선을 회전해서 수평을 맞추기 때문에 근본적으로 Crop 도구의 사촌뻘 정도라고 할 수 있다. Camera Raw의 도구 바에서 Crop 도구 바로 오른쪽에 있는 Straightening 도구를 선택한 다음 사진에서 수평선을 따라 클릭하고 드래그한다. 도구나 사진을 더블클릭해도 된다. 그리고 마우스 버튼을 놓으면 크로핑 경계선이 나타나고 수평선을 따라 설정한 각도로 자동 회전되어 있다.

Step 08

다른 도구로 전환하거나, Return(PC: Enter)을 누르거나, 사진을 포토샵으로 불러오기 전에는 수평 조절의 결과를 확인할 수 없다. 즉, [Save Image]나 [Done] 버튼을 클릭하고 Camera Raw를 닫으면 수평 설정을 파일에 저장한다. 그러므로 파일을 Camera Raw에서 다시 열면 수평 조절을 적용한 사진 버전을 불러온다. 대신 [Open Image]를 클릭하면 설정을 적용한 사진을 포토샵으로 불러온다. RAW 형식 사진의 경우(혹은 JPEG나 TIFF 형식 사진이며, [Done] 버튼을 클릭한 경우), 언제든지 Camera Raw에서 다시 불러와 크로핑 경계선을 삭제하고 크로핑을 적용하지 않은 원본 상태로 회복할 수 있다.

TIP 수평 설정 취소하기

Esc를 누르면 경계선이 사라지고 수평 조절 설정을 취소한다.

DNG 파일은 RAW 형식의 사진을 위해 어도비사가 만든 오픈 파일이다. 현재 카메라 제조사들마다 각자 고유의 파일 형식을 사용하지만, 새로운 파일 형식으로 바뀌는 등 변화가 온다면 현재의 RAW 파일을 사용할 수 있다는 보장이 없기 때문이다. 하지만 DNG 파일은 공개된 문서 형식이므로 미래에도 사용할 수 있으며 그 외에도 몇 가지 장점을 가지고 있다.

DNG 파일 형식의 장점

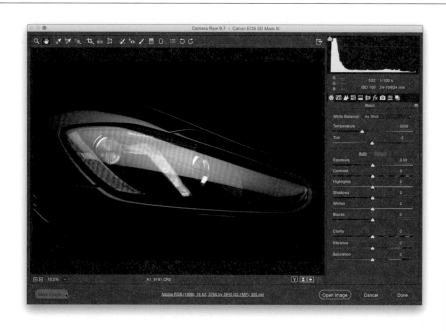

Step 01

RAW 파일을 DNG 파일로 전환하면 세 가지 장점이 있다. ❶ 일반적으로 파일 용량이 20% 적다. ❷ Camera Raw에서의 보정 설정, 메타데이터, 키워드 등 파일 정보를 기록하는 XMP 보조 파일이 필요 없다. 파일 정보는 DNG 파일 자체에 기록된다. ❸ 공개 파일 형식이므로 앞으로 언제든지 아무 제약 없이 사용할 수 있다. Camera Raw에서 RAW 파일을 불러왔다면 [Save Image] 버튼을 클릭하고 [Save Options] 대화창을 불러와 DNG 형식으로 저장할 수 있다.

|NOTE|
TIFF나 JPEG 파일은 DNG 형식으로 저장해도 아무런 장점이 없으므로 RAW 형식 사진만 DNG 형식으로 저장한다.

Step 02

[Save Options] 대화창의 [Format] 팝업 메뉴에서 'Digital Negative'를 선택하면 새로운 대화창 하단에 새로운 선택 항목이 나타난다.

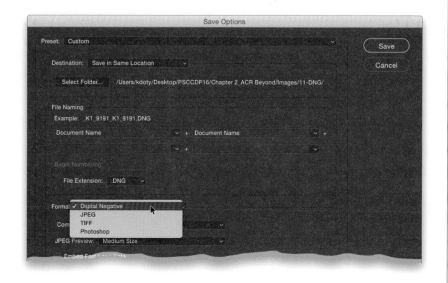

Step 03

'Embed Fast Load Data'를 체크하면 작은 크기의 RAW 미리보기를 만들어 RAW 파일 형식의 사진들을 볼 때 사진 전환 속도가 빨라진다(필자는 이 기능을 활성화한다). 그 아래에는 다소 활용도가 떨어지는 듯한 기능 항목이 있는데, 적절한 용도로 사용한다면 그리 나쁘지는 않을 것이다. RAW 파일을 JPEG 파일처럼 비가역 압축하는 기능인데, 약간의 데이터 손실은(화질의 손실) 있지만 압축하지 않은 RAW 파일 용량의 25% 정도로 압축한다. 그렇다면 이 기능의 목적은 무엇인가? 필자라면 사진을 출력하거나 의뢰인에게 보여주기 위한 목적으로는 사용하지 않을 것이다. 하지만 의뢰인이 선택하지 않은 사진들이나 마음에 들지 않는 사진들을 저장할 때 공간의 절약을 위해 사용해볼만한 기능이다. 이 기능을 사용하려면 [Use Lossy Compression]을 체크하고 팝업 메뉴에서 원하는 파일 크기를 선택한다. 모든 설정을 마치고 [Save] 버튼을 클릭하면 DNG 파일을 생성한 후 저장한다.

TIP DNG 파일 설정하기

Camera Raw에서 Command+K(PC: Ctrl+K)를 눌러 Camera Raw의 [Preferences] 대화창을 불러온다. 대화창에는 두 가지 [DNG File Handling] 항목이 있는데 Camera Raw나 Light room 외의 RAW 파일 어플리케이션을 사용하며, 그 어플리케이션이 생성한 XMP 파일을 무시하도록 설정하고 싶다면 'Ignore sidecar ".xmp" files'를 선택한다. 'Update embedded JPEG pre views'를 선택하면 팝업 메뉴에서 원하는 미리보기 크기를 선택하고, DNG 파일에 적용하는 설정을 미리보기에도 적용한다.

Camera Raw에서의 사진 편집을 마친 후 다음 단계는 대개 포토샵일 것이다. Camera Raw에서 포토샵으로 보내는 사진의 크기, 색공간, 비트 깊이(8이나 16비트/채널) 등을 설정할 수 있지만 설정 버튼을 찾기는 쉽지 않다. 이번 레슨에서는 그 방법을 설명할 것이다.

포토샵에서 보는 RAW 파일 설정하기

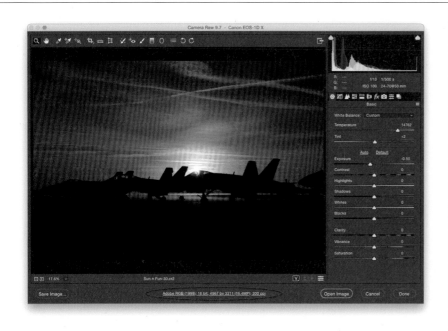

Step 01

사진의 바로 밑을 보면 밑줄 친 흰색 텍스트가 있다(예제 사진에서 빨간색 원으로 표시한 곳). 텍스트 자체는 EXIF 카메라 데이터지만 사실은 포토샵에서 열었을 때 보이는 사진의 형식을 설정하는 대화창을 불러오는 링크이기도 하다. 찾기 어렵게 만든 것만으로는 부족했는지 어도비사는 대화창의 이름을 "Preferences"가 아닌 "Workflow Options"이라고 부른다. 어쨌든 이제는 알게 되었으니 텍스트를 클릭한다.

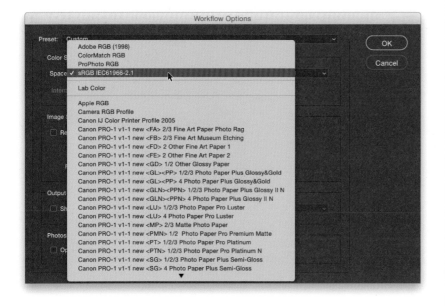

Step 02

[Workflow Options] 대화창 상단의 [Space] 팝업 메뉴에서 색공간을 선택한다. 일반적으로 포토샵에서 설정한 색공간과 동일한 색공간을 선택한다. 그러므로 포토샵의 색공간을 'Adobe RGB(1998)'로 설정했다면 동일한 색공간을 선택한다. 그렇지 않으면 프로필이 맞지 않는다. 포토샵의 색공간 설정을 따르면 되므로 대부분의 사용자들에게 큰 고민거리가 되지는 않을 것이다.

Step 03

[Space] 팝업 메뉴 오른쪽에서 비트수를 선택한다. 선택은 사용자에게 달렸지만 필자의 경우 대부분 '8 Bits/Channel'로 설정한다. 그러나 하늘에 밴딩 현상이 보이거나 다른 문제점이 있을 때 Camera Raw에서 사진을 다시 16비트 모드로 불러오지만 그러한 경우는 드물다. 바로 아래에는 사진의 크기를 설정하는 [Image Sizing] 영역이 있다. 'Resize to Fit'를 체크 해제하면 사진의 크기를 재조절하지 않고 원본 크기를 유지한다. 그러나 크기를 작게 만들거나 특정 너비, 높이 혹은 픽셀 크기를 원한다면 팝업 메뉴에서 항목을 선택한 후 원하는 크기나 픽셀을 입력한다.

Step 04

[Output Sharpening] 영역에서는 포토샵으로 사진을 보내기 전에 적용하는 샤프닝 효과를 설정한다. 필자는 개인적으로 이 기능을 활성화하지 않고 나중에 Unsharp Mask 필터를 사용해서 샤프닝을 적용한다. 그러나 처음부터 어느 정도의 샤프닝을 적용하고 싶다면 이 항목을 체크하고 팝업 메뉴에서 사진이 화면이나 웹페이지를 위한 것인지 혹은 인화용지 출력용인지 선택한다. 그리고 [Amount] 팝업 메뉴에서 적용할 샤프닝의 강도를 선택한다. 필자의 경험에 의하면 'Low' 설정은 "None"으로 이름을 바꾸어야 할 정도로 효과가 없으며, 'Standard' 설정이 미약한 강도의 샤프닝을 적용한다. 그리고 'High' 설정이 중간 강도의 샤프닝이지만 그것 역시 그다지 강하지 않다. 하단의 'Open in Photoshop as Smart Objects'를 체크하면 편집이 가능한 스마트 오브젝트를 포토샵으로 불러온다(즉, 스마트 오브젝트의 섬네일을 더블클릭하면 RAW 원본 파일을 Camera Raw에서 다시 불러와 재편집을 할 수 있다).

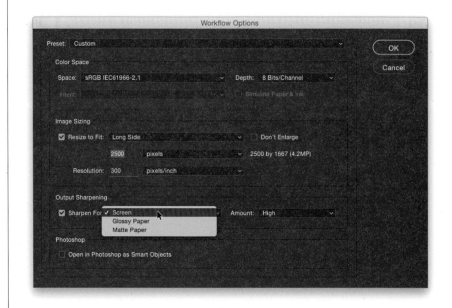

Step 05

두어 개의 다른 설정을 번갈아 사용한다면 설정을 매번 바꿀 필요가 없다. 예를 들어, 사진 출력을 위해 'Adobe RGB[1998]]' 색공간, '16 Bits/Channel', 사진은 원본 크기로 유지하고 샤프닝은 'High'로 설정하지만, 온라인 포트폴리오용 사진들은 'sRGB' 색공간, '8 Bits/Channel', 사진 크기는 'Long Side'에 '1200' 픽셀, 샤프닝을 'Standard'로 설정한다면 두 개의 워크플로우 프리셋으로 저장해서 사용할 수 있다. [Workflow Options] 대화창에서 원하는 설정을 입력한 다음 상단의 [Preset] 팝업 메뉴에서 'New Workflow Preset'을 선택한다. 작은 대화창이 열리면 프리셋 이름을 입력하고 [OK] 버튼을 클릭해 프리셋으로 저장한다.

Step 06

[Presets] 메뉴에서 새로 만든 워크플로우 프리셋을 선택하면 설정을 자동 입력한다. 만들 수 있는 워크플로우 프리셋의 개수는 제한이 없으므로 프리셋으로 저장해두면 한 번의 클릭으로 쉽게 사용할 수 있다. 설정을 모두 마치고 [OK] 버튼을 클릭하면 기본 설정으로 저장하며, Camera Raw에서 편집한 후 [Open Image]를 클릭하면 기본 설정을 적용한 사진을 포토샵으로 불러온다.

카메라 고유의
색상 교정하기

카메라는 기종에 따라 각자 고유의 색상을 지니고 있어 그 기종으로 촬영한 모든 사진에 빨간색이나 녹색 등의 특정 색상이 강하게 나타나는 경우가 있다. 촬영한 사진들을 불러오면 카메라에서 추가된 동일한 색상 캐스트를 보정해야 한다. 그러한 경우 Camera Raw에서 카메라의 색상 보정을 기본 설정으로 지정히면 해당 카메라로 촬영한 사진을 불러올 때 색상을 자동 보정한다.

Step 01

카메라에서 추가한 색상 캐스트의 교정을 위해 Camera Raw를 조정하려면 해당 카메라로 촬영한 사진을 불러온 다음 패널 상단의 카메라 형태의 Camera Calibration 아이콘을 클릭한다. 예를 들어, 사용하는 카메라 기종이 음영 영역에 약간의 빨간색을 추가한다고 가정해보자. [Camera Calibration] 패널에서 [Red Primary]의 [Saturation] 슬라이더를 왼쪽으로 드래그해서 사진 전체의 빨간색 채도를 낮춘다. 만약 보정하려는 색상을 찾을 수 없다면 [Hue] 슬라이더로 색감을 조절한다(오른쪽으로 드래그 할수록 오렌지색이 된다).

Step 02

색상 교정이 필요한 카메라로 촬영한 사진을 Camera Raw에서 불러올 때 설정을 자동 적용하려면 패널 오른쪽 상단의 드롭 메뉴에서 'Save New Camera Raw Defaults'를 선택한다. Camera Raw는 사진의 EXIF 데이터를 읽어 촬영한 카메라를 알 수 있기 때문에 해당 카메라로 촬영한 사진을 불러오면 교정 설정을 자동 적용한다.

|NOTE|
파란색과 녹색의 색상 캐스트도 동일한 방법으로 교정한다.

Photoshop Killer **Tips**

포토샵의 Reduce Noise Filter

포토샵에는 두 개의 노이즈 보정 기능이 있다. Camera Raw의 Noise Reduction 기능은 탁월한 반면, 포토샵의 [Filter]–[Noise] 메뉴에 있는 Reduce Noise Filter는 사용하지 않는 편이 낫다. 노이즈 제거라기보다는 사진을 흐릿하게 만드는 기능 밖에 없으므로 Camera Raw의 [Detail] 패널에 있는 Noise Reduction 기능만 사용하기를 권한다.

사진 회전하기

L을 누르면 왼쪽(Left)으로 회전하고, R을 누르면 오른쪽(Right)으로 회전한다. 기억하기 쉬우며 절대 잊을 염려가 없는 단축키이다.

Camera Raw 창 전체화면으로 전환하기

Camera Raw 창을 전체화면으로 확장하려면 창 상단의 Full Screen 모드 아이콘을 클릭하거나 F를 누른다.

노이즈를 피하는 방법

사진을 보정할 때 노이즈는 일반적으로 음영 영역에 있다는 점을 기억하자. [Shadows], [Blacks] 혹은 [Exposure] 슬라이더로 음영 영역을 보정하면 더 잘 보이게 된다. 음영 영역을 밝게 보정하는 것을 피할 수 없다면 Camera Raw의 Noise Reduction 기능을 사용해 보이는 노이즈의 양을 줄이는 방법을 사용한다.

와콤 태블릿 사용자를 위한 팁

어도비사는 CS4 버전에서 태블릿을 무릎 위에 놓고 작업하기 수월하도록 태블릿의 현재 각도에 맞춰 화면이 회전하는 Fluid Canvas Rotation 기능을 소개했다. Hand 도구를 클릭하고 Rotate View 도구를 선택한 다음 시진을 클릭하고 드래그해서 캔버스를 회전하는 방법을 사용한다. 한 가지 문제점은 캔버스를 회전하면 브러시도 회전한다는 것이다. 다행히 최신 버전에서는 캔버스를 회전해도 브러시 방향은 그대로이다.

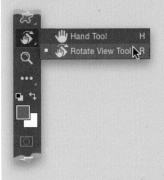

자동 보정 기능 사용하기

한 번의 클릭으로 사진을 보정하는 자동 보정 기능은 이전의 포토샵 버전들에서 많이 향상되었다. 그렇게 감탄사가 나올 정도로 뛰어난 결과는 얻을 수 없지만 나쁘지 않다. 사진을 불러올 때 자동으로 보정을 적용하도록 설정하려면 Camera Raw 화면 상단의 도구 바에서 오른쪽에서 세 번째의 Preferences 아이콘을 클릭하고 [Default Image Settings] 영역에서 'apply auto tone Adjustments'를 체크한다.

숨겨진 휴지통

Camera Raw에는 왜 휴지통이 없는지 의아하다면, 그것은 다수의 사진을 불러온 경우에만 도구 바 끝부분에 나타나기 때문이다. 휴지통 아이콘을 클릭하고 삭제할 사진을 선택한 다음 [Done] 버튼을 클릭하여 사진을 삭제한다. Camera Raw에서 삭제한 사진은 컴퓨터의 휴지통으로 이동한다.

장소: 모나코 | 노출: 1/1000초 | 초점거리: 28mm | 조리개: f/5.6

3 The Adjustment Bureau
Camera Raw의 보정 도구들

Camera Raw의 보정 도구들에 대한 챕터의 제목으로 "Adjustment Bureau(보정국)"보다 나은 제목은 없을 것이다. 지금까지 이보다 더 챕터의 내용에 들어맞는 제목을 찾은 경우가 없었다. "Adjustment"를 인터넷에서 검색했더니 가장 먼저 나온 결과가 톰 행크스와 맥 라이언의 주연 영화인 "Adjustment Bureau"였다. 진지한 성격으로 농담을 잘하지만 자신의 현실에 만족하지 않는 텍사스 보안관 대리인 네이든 디트로이트역을 맡은 숀 코너리의 밋밋한 연기를 제외하면 꽤 괜찮은 영화였다. 어쨌든 영화의 배경은 어도비사의 포토샵 제조 공장으로 오하이오의 페어뷰 파크에 있는 폐기된 미사일 사일로이다. 물론 필자가 그 영화에서 좋아하는 부분은 그들이 포토샵 CC 2017 버전을 출시하는 장면이다. 그러려면 두 명의 어도비사 기술자가 각자 가진 열쇠를 동시에 돌려야 하는데, 한 명이 열쇠를 찾을 수가 없었다. 그리고 당연히 그때 톰 행크스가 침을 여기저기 흘리는 대형견과 함께 나타나고 결국은 개가 열쇠를 찾는다. 하지만 열쇠를 삼켜버리고...어쨌든 정말 웃긴 장면이다. 물론 "Avoir un Nom à Coucher Dehors"(간단히 번역하자면 "바삭한 전체를 피하라"이다)라는 제목으로 개봉한 프랑스 버전에서는 그런 유머가 제대로 전달되지 않는다. 문제는 프로듀서가 프랑스 버전을 프랑스어로 더빙을 하지 않고 자막을 넣기로 결정했을 때부터 생겼다. 물론 자막을 넣는 사람이 포토샵의 "pompitous"와 같은 포토샵의 기능을 프랑스어로 뭐라고 하는지 알 리가 없다. 그래서 그는 커트 칼훈의 "Nakes(Boom Boom Boom)"라는 랩에서 들은 네 글자의 단어를 대신 써넣었다. 그 때문에 영화는 NC-17 등급을 받아 흥행에 실패하고 만다. 그것이 지금까지 톰 행크스의 영화가 프랑스에서 금지되고 있는 이유이다. 실화이다(믿지 못하겠다면 아무한테나 물어보기 바란다). C'est vrai!

닷징과 버닝 그리고 부분 보정하기

필자가 좋아하는 Camera Raw 기능들 중 하나는 사진을 손상시키지 않고 선택 영역을 보정하는 능력이다(어도비사는 이 기능을 "국소 보정"이라고 부른다). 이 기능을 추가한 것은 매우 현명한 처사였다고 생각한다. 포토샵의 브러시 기능과는 다르지만 사용해보면 더 마음에 들 것이다. 먼저 닷징과 버닝 효과부터 알아보자.

Step 01

예제 사진의 경우 두 영역에 서로 다른 보정이 필요하다. 하늘은 더 어둡게 만들고, 색상도 더 선명하게 보정해야 한다. 바위는 더 밝고 쨍하게 보정해야 한다. 먼저 화면 상단의 도구 바에서 Adjustment Brush를 클릭하거나 [K]를 누른다. 그러나 그 전에 [Basic] 패널에서 노출이나 대비 등의 기본 보정을 먼저 적용하는 것이 좋다.

Step 02

브러시를 클릭하면 [Basic] 패널과 유사한 슬라이더들이 있는 [Adjustment Brush] 패널이 열린다. 먼저 하늘을 어둡게 보정해보자. 보정 방법은 다음과 같다. ❶ 필요한 보정 항목을 선택한다. ❷ 브러시를 드래그해서 보정 영역을 선택한다. ❸ 슬라이더를 드래그해서 적용하는 효과의 강도를 조절한다. 이제 [Exposure] 슬라이더 왼쪽의 [−]를 클릭해서 모든 슬라이더 설정을 '0'으로 리셋한다. 정확한 보정 설정을 미리 알 수 없으므로 [Exposure] 슬라이더를 '−0.50'으로 설정하고 변화를 본 다음 추가 조절을 한다.

Step 03

[Adjustment Brush] 패널 하단에는 Auto Mask라는 놀라운 보정 브러시 기능이 있다. 이 기능은 브러시가 실수로 다른 영역을 침범하지 않도록 돕는데, 특히 피사체의 경계선을 드래그할 때 유용하다. 그러나 예제 사진의 하늘처럼 넓은 영역을 드래그할 때에는 계속 경계선을 탐색하기 때문에 오히려 방해가 된다. 그러므로 이번에는 'Auto Mask'를 체크하지 않고 바위의 경계선에 너무 근접하지 않도록 주의하며 드래그한다. 브러시로 하늘을 드래그하면 선택 영역이 어두워지는 것이 보인다.

Step 04

하늘 대부분을 드래그한 다음에는 밝기를 조절한다. [Exposure]를 '−1.00'하자 선택 영역이 더 어두워진다. 또한 사진에 현재 활성화된 보정 영역을 표시하는 빨간색 핀이 나타난다(여러 개의 분리된 보정 영역을 설정할 수 있다. 이 기능에 대해서는 곧 알아볼 것이다).

- -

TIP 보정 삭제하기
보정 사항을 삭제하려면 해당 영역의 보정 핀을 클릭하고 핀 중앙이 검은색으로 바뀌면 Delete(PC: Back Space)를 누른다.

- -

Step 05

다음은 Auto Mask 기능을 이용해서 브러시로 드래그하지 않은 바위 경계선 주변을 보정할 차례이므로 'Auto Mask'를 체크해서 활성화한다. 그러면 바위까지 드래그하는 실수를 방지할 수 있다. 사용법은 간단하다. 브러시 중앙의 작은 십자선이 바위에 닿지 않도록 주의하면서 드래그한다. 이 작은 십자선이 바위에 닿으면 보정 영역에 포함되기 때문이다. 바깥쪽의 원은 바위에 닿아도 상관없다.

Step 06

브러시 도구로 드래그한 영역에서 놓친 부분이 없는지 확인하려면 패널 하단의 'Mask'를 체크해서 활성화한 후 드래그한 영역에 예제 사진과 같이 색상 마스크를 적용한다. 이 색상 마스크는 체크박스 오른쪽의 [Color] 스위치를 클릭해서 원하는 색상을 선택할 수 있다. 마스크가 항상 보이는 것이 싫다면 Y를 누를 때마다 번갈아가며 켜거나 끌 수 있다. 또한 커서를 비활성화 된 보정 핀 위에 놓으면 해당 핀의 해당하는 영역에 마스크를 일시적으로 적용한다. 이제 놓친 영역을 드래그한다.

Step 07

이번에는 다른 슬라이더들을 조절하면서 Adjust-ment Brush의 탁월한 기능에 대해 더 알아보자. 브러시로 드래그해서 영역을 선택한 다음에는 패널의 슬라이더들로 다양한 보정 설정이 가능하다. 예제 사진의 경우 하늘에만 설정을 적용한다. 가장 먼저, 상단의 [Exposure] 슬라이더를 '-1.05'로 설정해 약간 어둡게 만들고, 구름의 디테일이 나타나도록 [Highlights]를 '+48'로 높인다. 다음은 하단의 [Saturation]을 '+64'까지 드래그해서 구름 낀 하늘의 색상을 선명하게 보정한다. 특정 영역을 선택해서 다양한 보정을 적용할 수 있는 기능이 Adjustment Brush의 장점이다.

Step 08

다음은 바위를 보정해보자. 먼저 새로운 영역 선택을 위해 패널 상단의 [New] 버튼을 클릭한다. 그렇지 않으면 하늘에도 설정이 적용된다. [Exposure] 슬라이더 오른쪽의 [+]를 클릭해서 모든 슬라이더를 '0'으로 리셋한 다음 [Exposure] 슬라이더를 '+1.00'으로 설정한다. 이제 'Auto Mask'를 활성화하고 바위가 있는 영역을 드래그하면 드래그한 영역이 밝아진다. 사진을 보면 두 개의 보정 핀이 있는데, 하늘의 핀은 흰색으로 현재 비활성화 되어 있다는 의미이다. 다시 하늘을 보정하려면 핀을 클릭해서 활성화한다.

Step 09

나머지 바위와 반영 그리고 오른쪽의 작은 바위까지 마저 드래그한 다음 대비를 높여보자. 먼저 [Exposure]를 '+0.85'로 설정한 다음 [Contrast] 설정을 '+53'으로 높인다. [Shadows] 슬라이더를 오른쪽으로 약간 드래그해서 음영 영역을 밝게 보정하고(여기서는 '+8'로 설정했다), [Highlights] 설정을 '+39'로 높인다. 그리고 [Clarity]를 '+61'로 설정해서 쨍하게 보정하고, 'Saturation: +64, Tint: -35'로 설정해서 바위의 녹색을 더 강조한다. 이제 바위가 더 선명하게 두드러지지만 브러시 중앙의 십자선이 바위 상단의 경계선을 넘어서 드래그 했기 때문에 효과가 하늘에도 영향을 미치기 시작했으므로 보정이 필요하다.

TIP 보정 영역 선택하기

사진에 여러 개의 보정 핀이 있다면 Camera Raw는 현재 활성화된 핀의 해당 영역에 보정 설정을 적용한다. 다른 선택 영역을 보정하려면 해당 영역의 핀을 클릭하고 보정을 시작한다.

Step 10

브러시를 드래그할 때 실수로 다른 영역을 침범했다면 Option(PC: Alt)을 눌러 브러시를 Erase 모드로 임시 전환한 다음 침범한 영역을 드래그해서 지운다. 또는 [Adjustment Brush] 패널 상단의 [Erase] 버튼을 클릭해서 Erase 모드로 전환할 수 있으며, 브러시의 크기, 강도, 세기 등도 설정할 수 있다. 그러므로 [Erase] 버튼을 클릭해서 선호하는 브러시를 선택하고 이후에는 필요할 때 Option(PC: Alt)을 눌러 브러시를 불러온다.

Step 11

[Adjustment Brush] 패널에서 알아두면 좋은 추가사항들이 있다. [Feather] 슬라이더는 브러시의 경계를 조절하며, 설정이 높을수록 부드러운 경계를 만든다. 필자는 대부분 '90%'의 경계가 부드러운 브러시를 사용한다. 경계선이 선명한 브러시를 원한다면 [Feather]를 '0'으로 설정한다. 브러시는 여러 번 겹쳐서 드래그할 수 있도록 기본 설정되어 있으므로 한 번의 보정으로 효과가 충분하지 않다면 반복한다. 브러시의 강도는 패널 하단의 [Flow]와 [Density] 슬라이더로 조절한다. [Density] 슬라이더는 포토샵 브러시 도구의 에어브러시 기능과 유사하지만 설정이 높아도 차이가 크지 않으므로 기본 설정인 '100'을 그대로 유지하는 경우가 많다. [Flow] 슬라이더는 브러시를 적용하는 강도를 조절하며, 필자는 대부분의 경우 '100'으로 유지하지만 여러 번 드래그해서 효과를 추가하는 경우에는 '50'으로 설정한다. 예제 사진의 보정 전과 후를 비교해보면 Adjustment Brush를 사용한 닷징과 버닝 효과가 얼마나 유용한지 볼 수 있다.

보정 전

보정 후

Camera Raw에서 인물사진 보정하기

이전에는 인물사진을 보정할 때 항상 포토샵을 사용했지만, 이제는 Camera Raw의 Spot Removal 도구와 Adjustment Brush 도구로 Camera Raw에서도 사진의 손상 없이 다양한 보정을 쉽게 실행할 수 있다.

Step 01

예제 사진에서는 다음 세 가지를 중심으로 보정할 것이다. ❶ 피부의 잡티를 제거하고 부드러운 피부 만들기 ❷ 눈의 흰자위 밝게 만들기 ❸ 눈과 눈썹 부분 선명하게 만들기

Step 02

먼저 피부의 잡티를 제거한다. 잡티가 보이는 영역을 확대한 후 상단의 도구 바에서 Spot Removal 도구(B)를 선택한다. 브러시 크기를 잡티보다 약간 큰 크기로 설정한다. 이제 커서를 잡티에 놓고 클릭한다. 브러시처럼 드래그하지 않아도 되며, 한 번 클릭하면 잡티가 사라진다. 잡티가 깔끔하게 제거되지 않았다면 Camera Raw가 샘플 영역을 잘못 선택했기 때문이다. 그러므로 녹색 원을 클릭하고 드래그해서 샘플 영역을 이동한다. 같은 방법으로 다른 잡티들도 제거한다.

Step 03

다음은 피부를 부드럽게 보정한다. 도구 바에서 Adjustment Brush를 선택하고 [Clarity] 슬라이더 왼쪽의 □를 네 번 클릭해서 '–100'으로 설정한다. 그리고 [Sharpness] 슬라이더를 '+25'로 설정한다. [Size] 슬라이더나 □를 눌러 브러시 크기를 크게 설정한 후 피부를 드래그해서 부드럽게 보정한다. 이때 눈썹, 눈꺼풀, 입술, 콧구멍, 머리카락 등 선명해야 하는 영역은 침범하지 않도록 주의한다. 브러시를 드래그할 때 변화가 없다고 느낄 수도 있는데 □를 눌러 미리보기로 번갈아 비교해보면 효과를 알 수 있다. 물론 영역 선택을 마친 후 피부가 너무 부드럽다면 [Clarity]를 '–75~–50'으로 높여 약간 더 선명하게 조절한다.

Step 04

이번에는 눈을 보정한다. 패널 상단의 [New] 버튼을 클릭하고 [Clarity]와 [Sharpness] 슬라이더의 노브를 더블클릭해서 설정을 '0'으로 리셋한다. 그리고 [Exposure] 슬라이더를 약간 오른쪽으로 드래그하고(여기서는 '+35'로 설정했다), 작은 브러시 크기를 선택해서 눈의 흰자위를 드래그한다. 예제 사진의 경우 [Exposure] 슬라이더를 '+25'로 재조절했다. [New] 버튼을 다시 클릭하고 모든 슬라이더를 '0'으로 리셋해서 눈동자의 대비와 밝기를 보정해보자.

Step 05

눈동자의 대비를 높이기 위해 [Contrast] 슬라이더를 오른쪽으로 드래그한다. 여기서는 '+73'으로 설정했다. 눈동자를 밝게 만들고 질감을 높이기 위해 'Exposure +85, Clarity 18'로 설정한 다음 눈동자를 드래그한다. 마지막으로 눈과 눈썹에 샤프닝을 추가한다. 다시 [New] 버튼을 클릭하고 [Sharpness] 슬라이더 오른쪽의 ⊕를 클릭해서 '+25'로 설정하고 다른 슬라이더는 '0'으로 리셋한다. 그리고 눈동자의 경계선에 닿지 않게 주의하면서 동공과 홍채를 드래그한다. 속눈썹과 눈썹도 드래그해서 샤프닝을 적용해 선명하게 만들어 보정을 마무리한다. 보정 전과 후의 사진을 비교해보자.

보정 전

보정 후

Graduated Filter는 실제 촬영에 사용하는 ND 필터와 동일한 기능이다. ND 필터는 풍경사진가들이 많이 사용하며, 유리나 플라스틱으로 만들어진 윗부분은 어둡고 하단으로 내려오면서 점진적으로 밝아지다가 가장 하단은 투명해 빛이 투과되는 양을 조절하는 기능성 필터이다. 풍경사진을 촬영할 때 하늘과 지면의 노출을 모두 적정으로 맞출 수 없기 때문에 ND 필터를 사용하면 두 영역을 적정 노출로 만들 수 있다. Camera Raw의 Graduated Filter는 단순한 그라데이션 효과 외에도 다양하게 활용할 수 있다.

Graduated Filter로 하늘 보정하기

Step 01

상단의 도구 바에서 Graduated Filter(G)를 선택한다. 클릭하면 예제 사진과 같이 Adjustment Brush와 같은 방식의 [Graduated Filter] 패널과 조절 기능들을 불러온다. ND 필터 효과를 적용해 하늘을 짙게 보정해보자. 먼저 [Exposure] 슬라이더를 왼쪽으로 드래그하거나 -를 두 번 클릭해서 '-1.00'으로 설정한다.

Step 02

Shift를 누른 채 사진 상단의 중앙 지점을 클릭하고 다리의 도로까지 수직으로 드래그한다. 일반적으로 하늘이 있는 영역에만 효과를 적용하기 위해서는 지평선에 닿기 전까지 필터를 드래그한다. 그러지 않으면 적정 노출인 전경이 어두워지기 때문이다. 그라데이션 필터를 적용하자 하늘이 짙어져 사진이 조금 더 자연스럽게 균형을 이룬다.

|NOTE|
수직이 아닌 다른 방향으로 필터를 드래그하려면 Shift를 누르지 않고 드래그한다.

Step 03

그라데이션 효과의 시작 지점에 녹색 핀이 나타나고, 끝나는 지점에는 빨간색 핀이 나타난다. 예제 사진의 하늘을 더 짙게 만들려면 [Exposure] 슬라이더를 왼쪽으로 드래그해서 하늘의 중간 밝기 영역을 조절한다. Graduated Filter 역시 Adjustment Brush와 마찬가지로 동일한 선택 영역에 다른 효과를 추가 적용할 수 있다. 더 파란 하늘을 원한다면 패널 하단의 [Color] 스워치를 클릭해 [Color Picker]에서 파란색을 선택하고 적용해서 작업을 마무리한다.

TIP 그라데이션 조절 팁

녹색 핀과 빨간색 핀을 연결하는 선을 클릭하고 드래그하면 그라데이션 효과 전체의 위치를 이동할 수 있다. 핀 하나를 클릭해 회전하면 필터의 방향을 회전할 수 있고, 필터를 여러 개 설정할 수도 있다. 패널 상단의 [New] 버튼을 클릭한 다음 새로운 필터를 만들어 조절한다. 적용한 효과를 삭제하려면 해당 그라데이션 효과를 선택하고 Delete(PC: Back Space)를 누른다.

필터 효과 적용 전

필터 효과 적용 후

Camera Raw에는 브러시로 화이트 밸런스를 적용할 수 있는 기능이 있다. 아마도 수년 동안 Camera Raw에 추가된 기능들 중 가장 빈번히 사용하게 될 것이다. 자연광으로 촬영한 사진에서 음영 영역이 푸른색으로 나타나는 사진을 흔히 보았을 것이다(특히 Auto White Balance 기능을 사용한 경우 많이 나타나는 현상이다). 화이트 밸런스 브러시 기능을 사용해 사진 전체 색상의 균형을 맞추는 방법을 알아보자.

Adjustment Brush로 화이트 밸런스 적용하기

Step 01

야외에서 촬영한 예제 사진은 오프 카메라 플래시에 오렌지색 젤을 사용했기 때문에 인물의 피부는 따뜻한 색을 띄고 있지만 배경은 그늘에 묻혀 해질녘에 촬영했음에도 불구하고 푸른색으로 나타난다. 화이트 밸런스를 조절해서 사진 전체를 보정한다면 피부색은 노란색이 강해진다. 다행히 일부 영역만 선택해서 화이트 밸런스를 조절하는 방법이 있다.

Step 02

Adjustment Brush(K) 도구를 선택하고 [Temperature] 슬라이더 오른쪽의 +를 클릭하면 '+25'로 설정되고 나머지 슬라이더는 '0'으로 리셋된다. 브러시로 푸른색의 배경을 드래그해서 보정 영역을 선택한 다음 [Temperature] 슬라이더로 색온도를 조절한다(오른쪽으로 드래그해서 따뜻한 색상으로 보정하거나 기본 설정인 '+25'로 그대로 둔다. 여기서는 '+51'로 설정했다). Adjustment Brush 기능의 장점은 영역을 선택한 다음 슬라이더로 미세한 화이트 밸런스 조절이 가능하다는 것이다. 예제 사진을 보정한 후의 배경은 훨씬 자연스러워 보인다. 또한 필자는 [Highlights] 설정을 약간 높여 하이라이트 영역도 보정했다.

음영 영역의
노이즈 보정하기

ISO를 고감도로 설정하고(800 이상) 촬영하는 경우, 카메라 기종에 따라 차이가 있지만 사진에 노이즈 현상이 나타날 확률이 높다. 그러나 노이즈가 가장 두드러지게 나타나는 곳은 음영 영역이다. 게다가 음영 영역을 밝게 보정하면 노이즈는 더 확연하게 드러난다. Camera Raw는 노이즈 보정 기능이 탁월하지만 모든 노이즈 보정 기능과 마찬가지로 노이즈를 제거하는 대신 선명도를 포기해야 한다. 이번에는 사진의 화질은 유지하면서 일부 영역의 노이즈만 보정하는 기법에 대해 알아보자.

Step 01

가장 먼저 예제 사진의 바닥과 벽을 밝게 보정한다. 예제 사진은 ISO 6400으로 촬영했기 때문에 밝게 보정하면 음영 영역의 노이즈가 두드러지게 나타난다. Adjustment Brush(K) 도구를 선택하고 [Shadows] 슬라이더 오른쪽의 + 를 클릭해 나머지 슬라이더를 '0'으로 리셋한 다음 슬라이더를 드래그해서 '+53'로 설정하고 바닥과 벽을 드래그한다. 그러나 설정을 적용한 다음에도 약간 어두우므로 'Highlights +57, Exposure +0.20'으로 설정해 하이라이트 영역과 전체 노출을 밝게 보정한다. 마지막으로 [Clarity] 슬라이더를 '+28'로 설정해 질감을 표현한다. 사진은 훨씬 나아보이지만 어두울 때 보이지 않았던 노이즈 현상이 심하게 나타난다.

Step 02

사진을 100% 줌인하면 음영 영역의 노이즈를 더 분명히 볼 수 있다. 사진의 노이즈를 지켜보면서 [Noise Reduction] 슬라이더를 오른쪽으로 드래그한다. 슬라이더를 계속 드래그하면서 노이즈는 감소하고 음영 영역이 과도하게 흐릿해 보이지 않는 적정 지점을 찾는다. 이 기능은 노이즈 감소 기능일 뿐 노이즈 제거 기능이 아니다). 노이즈 감소 효과는 브러시로 드래그한 선택 영역에만 적용되고 나머지 영역의 화질은 그대로 유지한다.

사진의 일부 영역만 선명하게 만들기 위해 [Clarity] 슬라이더를 '100'으로 설정하고 브러시로 드래그했다. 보정 후 사진을 보고 조금 더 선명했으면 좋겠다는 생각이 든다. 이러한 경우에 사용할 수 있는 비법을 알아보자.

Adjustment Brush 효과 최대한 활용하기

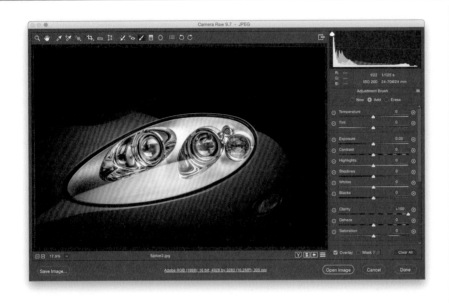

Step 01

예제 사진의 경우 자동차 전조등의 디테일이 더 드러나게 만드는 것이 목표이다. 먼저 Adjustment Brush 도구(K)를 선택하고 [Clarity] 슬라이더 오른쪽의 +를 클릭해서 나머지 슬라이더를 '0'으로 리셋한 다음 슬라이더를 '+100'으로 설정한다. 그리고 브러시로 전조등을 드래그한다. 보정을 적용한 후에도 전조등의 디테일을 더 두드러지게 만들고 싶다면 어떻게 해야 할까? 슬라이더는 '+100'이 최대 설정이기 때문에 그 이상의 강한 효과는 추가할 수 없다. 물론 해결책이 있다.

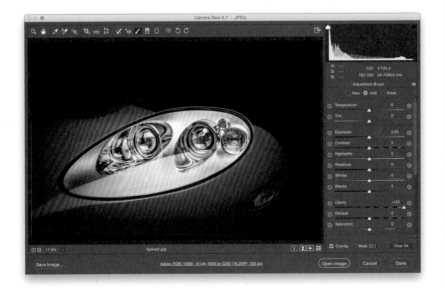

Step 02

방법은 간단하다. Command+Option(PC: Ctrl+Alt)을 누른 채 보정 핀을 클릭하고 드래그해서 보정 설정을 복사해서 적용하는 것이다. 즉, 동일한 영역에 두 개의 보정 핀이 있고 설정을 두 번 적용하는 것이므로 200%의 [Clarity] 효과를 적용하는 것과 마찬가지이다. 물론 [Clarity] 슬라이더뿐만 아니라 [Adjustment Brush] 패널에 있는 모든 슬라이더들도 동일한 방법으로 추가 보정을 적용할 수 있다.

Photoshop Killer **Tips**

Gaussian Blur 효과 만들기

실제 Gaussian Blur 효과는 아니지만 Camera Raw에서 [Adjustment Brush] 패널의 [Sharpness] 슬라이더를 '0' 이하로 낮추면 동일한 효과를 만들 수 있다. 이 효과는 피사계 심도가 낮은 사진으로 만들거나, 특정 피사체를 흐릿하게 만들고 싶은 경우 유용하다. 필자는 효과를 높이기 위해 [Sharpness] 슬라이더를 '−100'까지 설정하기도 한다.

두 개의 커서

Adjustment Brush 도구에는 두 개의 커서가 있다. 내부의 작은 커서는 [Size] 슬라이더로 선택한 브러시이며, 바깥쪽의 점선으로 된 원형 커서는 브러시에 적용한 [Feather] 설정을 표시한다.

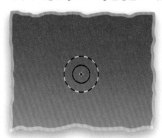

브러시 색상 무색으로 설정하기

Adjustment Brush의 [Color Picker] 창에서 색상을 선택해 사용한 후 기본 설정인 무색으로 복구하는 방법이 분명하지 않다. 그 방법은 [Adjustment Brush] 패널 하단의 [Color] 스워치를 클릭해 [Color Picker] 창을 다시 불러온 다음 [Saturation] 슬라이더를 '0'까지 드래그하면 패널의 [Color] 스워치에 "X" 표시가 나타나 무색이라는 것을 알려준다.

한 개의 레이어만 보기

Option(PC: Alt)을 누른 채 보려는 레이어 옆에 있는 Eye 아이콘을 클릭하면 나머지 레이어를 모두 숨긴다. 숨긴 레이어는 Option(PC: Alt)을 누른 채 [/]를 눌러 위/아래로 이동하면서 볼 수 있다. 그리고 다시 Option(PC: Alt)을 누른 채 Eye 아이콘을 클릭하면 모든 레이어가 보인다.

직선으로 드래그하기

Adjustment Brush 도구를 직선으로 드래그하려면 포토샵의 브러시 도구와 같은 방법을 사용한다. 시작 지점을 클릭한 다음 Shift를 누른 채 선택 영역이 끝나는 지점을 클릭하면 두 지점 사이가 직선으로 연결된다. 건물과 하늘이 만나는 경계선 같은 직선을 드래그할 때 유용하다.

Camera Raw의 스냅샷 기능

포토샵의 [History] 패널에 익숙하다면 어느 편집 단계에서든 스냅샷을 저장하면 언제든지 한 번의 클릭으로 그 단계로 돌아갈 수 있는 기능에 대해 알 것이다. Camera Raw에도 스냅샷 기능이 있다. 어느 패널에서나 Command+Shift +S(PC: Ctrl+Shift+S)를 눌러 스냅샷을 저장하면 필요할 때 [Snapshot] 패널에서 클릭해 볼 수 있다.

처음부터 다시 시작하기

Adjustment Brush 도구로 여러 가지 보정을 적용한 후 보정 내용을 모두 삭제하고 처음부터 다시 시작하고 싶다면 핀을 하나씩 선택하고 Delete (PC: Back Space)를 눌러 삭제하는 대신 패널 하단의 [Clear All] 버튼을 클릭한다.

마우스로 브러시 크기 조절하기

Camera Raw의 Adjustment Brush 도구에서 마우스 오른쪽 버튼을 누르고 있으면 브러시 중앙에 크기를 조절할 수 있는 쌍방향 화살표가 나타난다. 화살표를 오른쪽으로 드래그하면 크기가 커지고, 왼쪽으로 드래그하면 작아진다.

드래그하고 있는 영역 확인하기

보통 Adjustment Brush로 드래그할 때 변화를 동시에 확인할 수 있는데, 설정이 미세한 경우 드래그하는 영역에 설정이 제대로 적용되고 있는지 잘 보이지 않을 수 있다. 이때 [Adjustment Brush] 패널 하단의 'Mask'를 체크하면 설정을 적용하는 영역을 볼 수 있다(마스크의 색상도 선택이 가능하다). Y 를 누르면 기능이 해제된다.

[Color] 스워치에 색상 추가하기

[Adjustment Brush] 패널의 [Color]를 클릭해 [Color Picker] 대화창을 실행하면 오른쪽 하단에 5개의 색상 스워치가 있는데, 자주 사용하는 색상을 저장하면 필요할 때 한 번의 클릭으로 사용할 수 있다. 색상 스워치에 색상을 저장하려면 먼저 원하는 색상을 선택한 다음 Option(PC: Alt)을 누른 채 아무 색상 스워치에 커서를 놓으면 물감통 형태의 아이콘으로 바뀐다. 아이콘을 원하는 스워치에서 클릭하면 현재 선택한 색상을 저장한다.

보정 핀 숨기기

Adjustment Brush 도구를 사용할 때 V 를 누르면 임시로 보정을 숨길 수 있다. V 를 다시 누르면 숨기기가 해제된다.

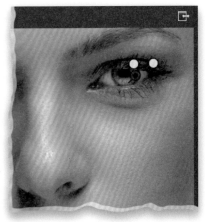

장소: 레이크스뮈세윔 연구도서관, 암스테르담, 네덜란드 | 노출: 1/5초 | 초점거리: 14mm | 조리개: f/8

4 Lens
렌즈에 의한 문제점 보정하기

CHAPTER

상당히 짧지만 앨라니스 모리셋의 싱글 제목인 "Lens"는 이번 챕터의 제목으로 꽤 괜찮다. 어도비 레코드사의 "Lens Correction(렌즈 보정)"이라는 곡이 존재하지 않는 이상 이 제목을 능가하는 노래 제목을 찾을 수 없을 것이다. 설마 어도비 레코드사가 있을까라는 생각으로 Discog.com에서 검색해보았는데 정말 어도비 레코드사가 있으며, 두 곡이 등록되어 있다. 한 곡은 조지아 주, 아테네 출신 밴드 REM의 곡이었는데, 밴드 이름이 아이러니하게도 Rasterize Extra Masks(추가 마스크를 래스터화하다)의 약자이다. 포토샵에서 픽셀 기반 레이어에 추가한 벡터 마스크가 있는 경우에 적용하면 마스크를 그대로 유지하기 위해 패스에서 픽셀로 변환하고 레이어들을 하나의 레이어로 병합하는 기능이다. 이 기능이 복잡하게 들린다면 그것은 필자가 지어냈기 때문이며, 우리는 해답을 모르는 포토샵 질문을 받았을 때 이처럼 황당한 말을 지어내기도 한다. 포토샵은 사용법이 까다로울 때가 간혹 있다. 포토샵에는 무슨 역할을 하는지 또는 다른 기능들과 실제로 연관성이

있는지 아무도 모르는 기능들이 있다. 심지어 어도비사 조차 알지 못한다. 그 이유는 포토샵의 역사가 벌써 25년 이상 되었고, 그 동안 포토샵 기술자들이 재미로 교란용 명령어들과 기능들을 추가했기 때문이며, 사용자들이 컴퓨터 오류에 대한 우려 때문에 그런 기능들을 절대 시도하지 않을 것이라고 확신했다. 예를 들어, 포토샵의 [Image]-[Mode] 메뉴 하단에는 'Release Virus to OS(OS에 바이러스 풀기)'라는 선택 항목이 있다. 그 항목을 선택할 사용자는 아무도 없을 것이다. 혹은 [File]-[Stylize] 메뉴에는 'Erase Hard Drive(하드 드라이브 지우기)'라는 필터가 있다. 하드 드라이브를 지운다니 누가 그런 기능을 선택하겠는가. [File] 메뉴에는 심지어 'Open'이 있다. 제정신이라면 그런 기능을 선택할 사람은 아무도 없다. 도대체 무엇을 연다는 말인가. 스파이웨어? 악성코드? 그릇 뚜껑? 유리병? 그럴 일은 절대 없다. 어도비사는 언젠가 그런 것들을 없애야 할 것이다. 그렇지 않으면 누군가 실수로 'Quit'을 선택해서 실직하게 될 것이다.

렌즈 왜곡 현상 자동 보정하기

Camera Raw는 술통 변형이나 핀 쿠션, 가장자리의 비네팅 현상과 같은 일반적인 렌즈 왜곡 현상 보정을 자동으로 적용한다. Camera Raw가 사진에 기록된 촬영에 사용한 카메라 기종과 렌즈의 데이터를 읽은 다음 내장된 렌즈 프로필 데이터베이스에서 렌즈 프로필을 찾아 적용해서 문제점을 보정하며 탁월한 결과를 얻을 수 있을 뿐 아니라 속도도 매우 빠르고 체크박스 히나만 선택하면 된다. 하지만 카메라와 렌즈 프로필을 찾을 수 없거나, 사진에 EXIF 데이터가 없는 경우(스캔한 사진의 경우) 직접 보정하는 방법에 대해서도 알아볼 것이다.

Step 01

카메라 왜곡 현상이 있는 사진을 Camera Raw에서 불러온다. 포토샵 사용 경험이 있면 [Filter] 메뉴에 Lens Correction 필터가 있다는 사실을 알고 있을 것이다. Camera Raw 버전에서는 동일한 기능을 업데이트했기 때문에 다음과 같은 장점들이 있다. ❶ 비파괴적이며, ❷ Camera Raw에는 더 나은 선택 기능들이 있고, ❸ 속도가 훨씬 빠르다. 그러므로 필자는 렌즈 왜곡 현상을 항상 Camera Raw에서 보정한다.

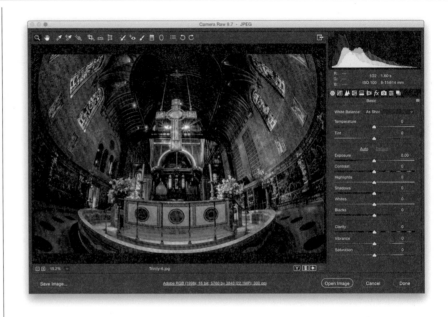

Step 02

패널 상단에서 오른쪽에서 다섯 번째의 Lens Corrections 아이콘을 클릭하고, [Profile] 탭 상단의 'Enable Profile Corrections'를 체크해서 활성화한다. 그것만으로 렌즈 왜곡 현상을 보정할 수 있다. 위에서 언급했듯이 사진에 기록된 데이터를 읽고 촬영에 사용한 카메라와 렌즈 기종을 파악하고 내장된 데이터베이스에서 렌즈 프로필을 찾아 사진을 즉시 보정하기 때문이다. 프로필을 찾지 못하면 패널 하단에서 알려준다. 또한 필자는 일반적으로 어안 렌즈로 촬영한 사진은 자동 보정을 적용한 후 [Distortion] 슬라이더를 왼쪽으로 약간 드래그해서 설정을 낮춘다.

Step 03

사진을 불러온 후 렌즈 프로필을 찾을 수 없거나 파일에 EXIF 데이터가 없는 경우가 있다(예를 들어, 스캔한 사진이나 다른 파일에서 복사해서 붙인 사진의 경우). 예제 사진을 보면 Camera Raw가 프로필을 찾을 수 없어서 [Lens Profile] 영역의 [Make]는 'None'으로 나타나고 [Model]과 [Profile] 팝업 메뉴를 비활성화 했다. 이러한 경우 촬영에 사용한 장비의 기종을 직접 설정해야 하며, 장비에 대한 정보가 없다면 최대한 추측을 해서라도 정보를 입력한다.

Step 04

예제 사진은 Canon 카메라로 촬영했으므로 [Make] 영역에서 'Canon'을 선택하자 프로필을 찾아 보정을 자동 적용했다. 그러나 사용한 렌즈 기종을 정확하게 맞추지 못하는 경우 렌즈 기종 목록을 제시한다. [Model] 팝업 메뉴에서 직접 다른 렌즈를 선택해서 적용해보고 더 나은 결과를 얻을 수 있는지 확인해보자. 대부분은 Camera Raw의 자동 보정만으로도 만족스러운 결과를 얻기 때문에 다른 렌즈를 선택하는 경우가 거의 없지만, 다른 렌즈 프로필이 사진을 더 낮게 만든다면 반드시 촬영에 사용한 렌즈 프로필을 선택할 필요는 없다. 예제 사진은 15mm 렌즈로 촬영했으며, 팝업 메뉴에서 실제로 사용한 렌즈를 선택하고 [Distortion]을 약간 재조절 했다.

Upright 기능으로
렌즈 왜곡 현상
자동 보정하기

이번에 알아볼 Upright 기능은 지난 몇 년간 어도비사가 Camera Raw에 추가한 가장 탁월한 기능들 중 하나이며, 버전이 높아지면서 CC 버전까지 계속 업데이트되어 점점 더 탁월해졌다. Upright 기능은 기본적으로 자동 렌즈 왜곡 현상 보정 과정에 추가 보정을 적용한다. 게다가 한 번의 클릭으로 적용하는 자동 기능이다.

Step 01

예제 사진은 14mm 렌즈로 촬영했으며 내부와 기둥이 뒤로 기울어져 하단은 넓고 상단으로 갈수록 폭이 좁아진다. 다행히 이런 문제점은 두어 번의 클릭으로 쉽게 보정할 수 있다. 패널 상단의 왼쪽에서 여섯 번째 Lens Corrections 아이콘을 클릭한 다음 [Profile] 탭을 클릭하고 'Enable Profile Corrections'를 체크해서 활성화한다. 예제 사진은 자동 프로필 보정을 적용한 결과이지만 체크박스를 번갈아 클릭해서 비교해보면 모서리의 비네팅 현상과 술통 변형이 어느 정도 제거되었다. 추가 보정이 필요하다면 [Manual] 탭을 클릭하고 [Distortion] 슬라이더를 오른쪽으로 드래그한다.

Step 02

Upright 기능을 사용하기 위해 도구 바에서 Transform 도구를 클릭하여 오른쪽에 [Transform] 패널을 불러온다. 한 번의 클릭으로 적용할 수 있는 Upright 자동 보정 기능은 패널 상단에 있다. 90%의 경우 [A] 버튼을 클릭하는 것만으로도 자연스럽고 균형이 맞는 보정 결과를 얻을 수 있다. 물론 완벽하지는 않으며, 예제 사진의 경우 오히려 약간 과도한 보정 설정을 적용했지만 완벽에 근접한 결과를 보여준다. 다른 10%의 경우, 필자는 오른쪽의 [Level]을 클릭해 바로잡는데 이 역시 100% 완벽하지는 않다.

Step 03

필자는 [Vertical]과 [Full] 기능은 거의 사용하지 않는데, 대부분의 경우 결과가 부자연스럽기 때문이다. 보통은 자동 보정 기능인 [A] 버튼을 클릭하는 것만으로 충분하다. 그러나 예제 사진의 경우는 약간 과도한 보정 설정으로 인해 기둥의 하단이 상단의 폭보다 좁아졌다. 그래서 [Vertical] 슬라이더를 '+18'까지 드래그해서 균형을 맞추었다.

TIP 포토샵의 Lens Correction 필터

포토샵에는 동일한 기능을 가진 Lens Correction 필터가 있지만 다음과 같은 이유로 Camera Raw에서의 보정을 권장한다. ❶ Camera Raw는 비파괴적이고, ❷ Camera Raw에는 추가 보정 기능들이 있으며, ❸ 처리 속도가 훨씬 빠르다.

Step 04

렌즈 왜곡 현상을 보정할 때 추가 조절이 필요하다면 [Transform] 패널에서 설정한다. 각 슬라이더가 어떤 기능인지 모르겠다면 ❶ 슬라이더 왼쪽과 오른쪽에 있는 아이콘을 보면 알 수 있다. ❷ 슬라이더를 양쪽으로 드래그해보면 사진에 적용하는 효과를 파악할 수 있다. 예제 사진을 촬영할 때 필자의 위치가 정중앙이 아니었기 때문에 [Horizontal] 슬라이더를 '–5'까지 왼쪽으로 드래그해서 원근감을 보정했다. 다시 한 번 강조하지만 대부분의 경우 슬라이더까지 조절해야 할 필요가 없지만 만약을 위해 알아두면 도움이 될 것이다. 그리고 [Aspect] 슬라이더 역시 편리한 기능이다. [Transform] 패널의 슬라이더를 드래그했는데 사진이 위로 잡아당겨 늘인 것처럼 보이거나 폭이 좁아졌다면 [Aspect] 슬라이더로 보정한다(반대로 폭이 넓어진 경우에도 사용할 수 있다).

Step 05

이번에는 렌즈 왜곡 현상 보정으로 생긴 사진의 빈 공간을 크로핑해보자. 도구 바에서 Crop 도구를 클릭하고 'Constrain to Image'를 선택하면 Camera Raw가 원본 사진을 최대한 유지하도록 돕는다. 이제 Crop 도구를 드래그해서 사진을 자르면 빈 공간을 포함하지 않도록 경계선을 자동 설정한다. 예제 사진의 경우, 크로핑 크기를 자동 조절해서 잘려나가는 영역을 최소화했지만 그 대신 타일 바닥이 많이 잘려나가므로 다른 방법을 모색해보자.

|NOTE|
마지막 선택 항목인 'Guided' 기능은 다음 기법에서 알아볼 것이다.

Step 06

또 다른 크로핑 방법은 'Constrain to Image'를 체크 해제하고 사진 상단은 크로핑하고 하단의 빈 공간은 그대로 두는 것이다(타일 바닥이 잘리는 것을 방지하기 위해 필자는 이 방법을 사용할 것이다). 그리고 Content-Aware Fill 기능으로 빈 공간을 채운다(이 기능에 대해서는 챕터 9에서 더 알아볼 것이다). 이제 [Open Image] 버튼을 클릭하고 Magic Wand 도구(Shift+W)를 선택한 다음 하단의 빈 공간을 클릭해서 선택한다. 다음은 [Select]-[Modify] 메뉴에서 'Expand'를 선택하고 [Expand Selection] 대화창에서 '4'를 입력한다. 그리고 [Edit]-[Fill] 메뉴의 [Contents] 팝업 메뉴에서 'Content-Aware Fill'을 선택하고 [OK] 버튼을 클릭한다. 옆의 예제 사진에서 결과를 확인해보자. 왼쪽 선택 영역은 결과가 좋지만, 오른쪽 선택 영역은 소화기가 두 개가 되었다. 이 문제점은 Clone Stamp 도구(S)를 사용해서 간단하게 보정할 수 있다. 다음 페이지의 보정 후 사진을 보면 알 수 있듯이 두 개의 소화기를 모두 지웠다. 하지만 완벽한 결과는 아니므로 너무 가까이 보지 않길 바란다.

보정 전

보정 후: Upright 보정과 크로핑 그리고 서투른 복제 작업을 적용한 후의 최종 결과이다.

Guided Upright 기능으로 렌즈 왜곡 현상 보정하기

Upright의 자동 보정 기능을 적용해도 만족스러운 결과를 얻지 못하는 사진의 경우, Guided Upright 기능으로 더 나은 결과를 얻을 수 있다. 이 기능은 수평이나 수직으로 나타나야 할 부분을 직접 클릭하고 직선을 드래그하면, 설정한 직선을 기반으로 Camera Raw가 보정을 자동 적용한다(하나의 사진에 네 개의 선을 설정할 수 있다).

Step 01

예제 사진은 흔들리는 곤돌라 위에서 저가 렌즈로 촬영했기 때문에 왜곡 현상이 심하다. 먼저 패널 상단의 Lens Corrections 아이콘을 클릭하고 [Profile] 탭에서 'Enable Profile Corrections'를 체크해서 활성화한다(이 기능을 먼저 활성화하면 Upright 자동 보정 기능이 더 효과적이다).

Step 02

Shift + T 를 누르거나 도구 바에서 Transform 도구를(예제 사진에 빨간색 원으로 표시한 도구) 클릭한 다음 [Upright] 영역에서 오른쪽 끝에 있는 아이콘을(오른쪽에 빨간색 원으로 표시한 도구) 클릭한다. 여기에서 할 일은 두 개의 수직선을 드래그해서 수직 왜곡 현상을 보정하고, 두 개의 평행선을 드래그해서 수평 왜곡 현상을 보정하는 것이다. 네 개의 직선을 드래그하면 왜곡 현상이 사라진다. 먼저 수직선을 드래그해보자. 뒤로 기울어진 건축물을 보정하기 위해 가장 왼쪽에 있는 파이프를 따라 수직선을 드래그했다(파이프 오른쪽에 빨간 점선이 보인다). 두 번째 수직선을 드래그할 때까지 아무 변화가 없을 것이다. 그러므로 사진 오른쪽에 있는 창문 옆의 파이프를 따라 두 번째 수직선을 드래그했다.

Step 03

두 번째 수직선을 드래그하고 마우스 버튼을 놓으면 예제 사진과 같이 보정을 즉시 적용한다. 수평 왜곡을 보정하기 전이기 때문에 사진이 완벽해 보이지는 않는다. 양옆의 빈 공간은 조금 후에 보정할 것이다.

TIP Adaptive Wide Angle 기능

Guided Upright 기능으로 보정한 결과가 마음에 들지 않는다면 포토샵의 [Filter] 메뉴에 있는 Adaptive Wide Angle 기능을 사용해보자. Guided Upright와 유사한 기능으로 필자는 거의 사용하지 않지만 더 나은 결과를 얻을 수도 있다. 스마트 필터 형식으로 적용하면 후에 필터 설정을 조절할 수 있다.

Step 04

이번에는 수평선을 드래그해보자. 앞에서 이미 수직선을 추가했으므로 그냥 수평선만 드래그하면 된다. 여기서는 사진 가운데에 있는 창문들 하단을 따라 수평선을 드래그하자 녹색 점선이 나타났다. **Step 03** 예제 사진의 창문들과 비교해보면 보정 결과를 확인할 수 있다. 다음은 사진 상단에 있는 창문들 하단을 따라 수평선을 드래그해서 나머지 왜곡 현상을 보정한다. 사진에 적용한 직선들은 언제든지 클릭하고 드래그해서 위치를 이동할 수 있으며, 이동한 선에 맞춰 보정을 다시 적용한다. 또는 선을 클릭하고 Delete (PC: Back Space)를 누르면 선을 삭제하고 다시 드래그할 수 있다.

Step 05

보정 후에도 아직 사진 양옆에 빈 공간이 남아 있다. 빈 공간은 포토샵의 Content-Aware Fill 기능으로 채우거나 잘라내야 한다. 필자는 빈 공간이 꽤 넓다는 점을 알고 있지만, 사진을 포토샵으로 불러와 Content-Aware Fill 기능을 적용해보았다 (자세한 사용법은 챕터 9에서 알아볼 것이다). 결과가 만족스럽지 않기 때문에 잘라내는 방법 외에는 없다. 또는 빈 공간을 어느 정도 잘라낸 후 Content-Aware Fill 기능으로 남아 있는 작은 빈 공간을 채우는 방법을 사용하면 만족스러운 결과를 얻을 확률이 크다. 필자는 이 방법도 시도해 보았는데, 한쪽은 만족스러운 결과였지만 나머지 부분은 그렇지 않았다. 복제 기능으로 한쪽의 빈 공간의 보정을 시도할 수도 있지만 예제 사진의 경우는 크로핑이 최선의 선택이다.

Step 06

도구 바에서 Crop 도그를 클릭하고 누른 채 팝업 메뉴에서 'Constrain to Image'를 선택해서 잘려나가는 영역을 최소화한다. 크로핑 경계선을 드래그해서 사진 전체를 드래그하면 빈 공간을 제외한 크로핑 영역을 자동 선택한다. 그리고 크로핑을 적용하면 빈 공간이 없는 구도로 사진을 자른다.

Step 07

이제 Crop 도구로 사진 전체를 드래그하면 예제 사진과 같이 크로핑 구도를 자동 설정한다. Return(PC: Enter)을 눌러 크로핑 설정을 고정한다. 아래의 보정 전과 후의 사진을 비교해보자. 꽤큰 공간을 크로핑했음에도 불구하고 전체적으로 괜찮아 보인다(필자는 사진의 왼쪽과 하단을 약간 더 잘라냈다).

보정 전

보정 후

색수차 현상 제거하기

색수차(Chromatic aberration) 현상이란 사진에서 피사체의 경계선을 따라 나타나는 가는 색상 띠를 말한다. 띠의 색상은 빨간색, 녹색, 보라색, 파란색 등 다양하지만 어떤 색상이든 제거해야 하는 요소이다. 다행히 Camera Raw에 내장된 보정 기능으로 색수차를 제거할 수 있다.

Step 01

색수차 현상이 있는 사진을 불러온다. 색수차 현상은 주로 윤곽을 경계로 대비가 큰 경우에 나타난다. 예제 사진의 경우 건축물의 경계선에 색수차 현상이 나타난다.

Step 02

Z를 눌러 Zoom 도구를 선택한 다음 색수차 현상이 보이거나 있다고 생각되는 영역을 줌인해서 확대한다. 예제 사진의 경우 오른쪽 상단을 줌인하자 경계선에 빨간색과 녹색의 띠가 보인다. 색수차 현상을 제거하기 위해 패널 상단의 왼쪽에서 네 번째의 Lens Correction 아이콘을 선택한 다음 [Profile] 탭을 클릭한다.

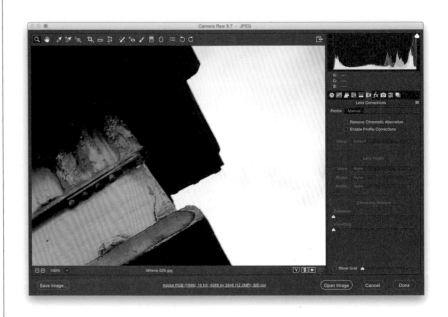

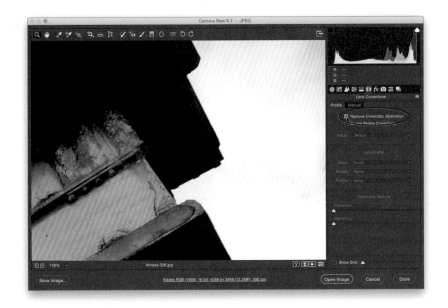

Step 03

대부분의 경우 'Remove Chromatic Aberration'을 체크하는 것만으로도 색수차 현상을 제거할 수 있다. Camera Raw가 사진의 메타데이터를 읽어 촬영에 사용한 렌즈의 기종을 기반으로 색수차 현상을 제거한다. 그러나 자동 보정만으로 색수차 현상을 완전히 제거하지 못하는 경우 [Manual] 탭의 [Defringe] 영역에 있는 슬라이더들을 직접 조절해서 제거한다. **Step 04**에서 수동 보정 방법을 보기 위해 'Remove Chromatic Aberration'을 체크 해제한다.

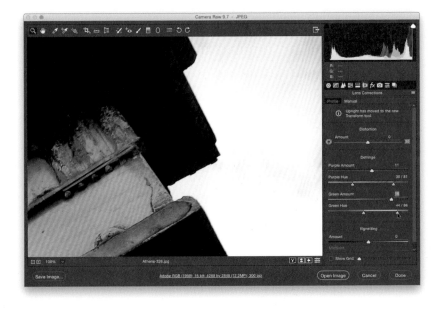

Step 04

먼저 [Purple Amount] 슬라이더를 오른쪽으로 드래그하고, [Purple Hue] 슬라이더도 빨간색 선이 보이지 않을 때까지 드래그한다. 예제 사진의 경우 빨간색 색수차 현상이 깔끔하게 제거되었다. 녹색의 색수차 현상도 동일한 방법으로 [Green Amount] 슬라이더를 오른쪽으로 드래그하고, 여전히 색수차 현상이 남아 있다면 [Green Hue] 슬라이더를 녹색 색상 띠가 사라질 때까지 오른쪽으로 드래그한다. 필자는 대부분의 경우 'Remove Chromatic Aberration'을 체크하는 것만으로도 충분하지만, 자동 보정으로 충분하지 않은 경우를 위해 수동 보정 방법도 알아두면 좋을 것이다.

가장자리의 비네팅
현상 보정하기

사진의 가장자리가 어둡게 나타나는 것을 렌즈 비네팅이라고 한다. 필자의 견해로는 일반적으로 사진의 모서리에만 약간 어둡게 나타나는 비네트 현상은 보정해야 할 문제점이다. 그러나 간혹 특정 피사체에 시선을 집중시키기 위해 의도적으로 비네트 효과를 만드는데, 그러한 경우에는 모서리에서 더 확산된 부드러운 스포트라이트 효과처럼 만든다. 이번에는 비네트 현상의 보정 방법에 대해 알아보고 다음 챕터에서 효과로 추가하는 방법에 대해 알아볼 것이다.

Step 01

예제 사진의 모서리에 보이는 비네트 현상은 보정이 필요한 나쁜 비네팅이다. 대부분의 비네트 현상은 렌즈에 의해 생기며, 저가의 렌즈일수록 비네팅 현상이 심하다. 비네팅 현상을 제거하기 위해 패널 상단의 왼쪽에서 여섯 번째의 Lens Corrections 아이콘을 클릭한다. [Profile] 탭에서 'Enable Profile Corrections'를 체크해서 활성화하면 사진의 EXIF를 분석해 렌즈의 기종 정보에 근거해서 비네팅 현상을 자동 보정한다. 추가 보정이 필요하다면 [Correction Amount] 영역의 [Vignetting] 슬라이더로 조절한다.

Step 02

자동 보정 기능으로 비네팅 현상을 제거할 수 없다면 [Manual] 탭에서 직접 보정한다. [Vignetting] 영역의 [Amount] 슬라이더를 클릭하고 오른쪽으로 드래그하면 모서리의 비네트 현상이 사라진다. [Amount] 슬라이더를 조절하면 아래의 [Midpoint] 슬라이더가 활성화 된다. [Midpoint] 슬라이더로 네 모서리를 중심으로 비네팅 제거 영역의 넓이를 설정한다. 슬라이더를 오른쪽으로 드래그할수록 사진의 중앙 영역을 향해 보정 영역이 확산된다.

Tab 기능 설정하기

Tab 기능을 사용해서 여러 개의 문서를 가지고 작업하는 경우, 탭에 있는 사진을 불러오려면 상단의 탭을 클릭하거나 Ctrl+Tab 을 누르면 하나씩 번갈아 볼 수 있다. 탭 기능을 비활성화하려면 [Photoshop(PC: Edit)]–[Preferences]–[Interface] 메뉴를 선택하고 'Open Document as Tabs'를 체크 해제한다. 또한 한 개의 사진 파일을 창에 도킹하는 것을 방지하기 위해 'Enable Floating Document Window Docking'을 체크 해제하는 것이 좋다.

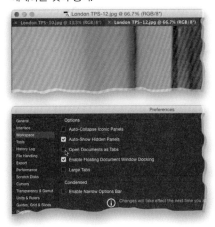

나만의 작업 공간 설정하기

포토샵에는 자신의 작업 방식에 따라 필요한 패널만 보이게 만든 여러 개의 작업 공간 레이아웃이 있으며, 옵션 바의 오른쪽 끝에 있는 팝업 메뉴를 클릭해서 선택한다. 자신만의 작업 공간 레이아웃을 직접 만들고 싶다면 패널을 클릭하고 드래그해서 원하는 위치로 이동하면 된다. 패널들이 겹치도록 만들고 싶다면 한 개의 패널을 다

른 패널 위로 드래그해서 파란색 선이 나타나면 마우스 버튼을 놓는다. [Window] 메뉴에서 다른 패널들을 더 찾을 수 있다. 모든 패널의 위치를 설정한 다음 [Window]–[Workspace]–[New Workspace] 메뉴를 선택해서 새로 만든 레이아웃을 저장한다. 또한 작업 공간 레이아웃을 사용하면서 패널의 위치를 변경하면 포토샵이 바뀐 레이아웃을 기억한다. 이전의 레이아웃으로 복구하려면 팝업 메뉴에서 'Reset[설정한 레이아웃의 이름]'을 선택한다.

Stroke 레이어 효과의 경계선 선명하게 만들기

[Edit] 메뉴에서 선택한 'Stroke' 레이어 효과나 [Layers] 패널의 Add a Layer Style 아이콘을 클릭하고 팝업 메뉴에서 'Stroke'를 선택해서 Stroke 레이어 스타일을 적용할 때 Stroke의 크기가 클수록 경계선이 부드러워진다고 느꼈을 것이다. 이때 [Stroke] 대화창에서 [Location]을 'Inside'로 설정하면 경계선이 선명해진다.

간편하고 빠른 화이트 밸런스 수정 비법

RAW 형식으로 촬영하지 않은 사진에 극심한 화이트 밸런스 문제가 있다면 다음 방법을 시도해보자. [Image]–[Adjustment]–[Match Color] 메뉴를 선택한다. [Match Color] 대화상자에서 [Image Options] 영역의 'Neutralize'를 체크해서 활성화한다. 대부분의 화이트 밸런스 문제에 의외로 만족스러운 보정 결과를 얻을 수 있다. 게다가 설정을 액션으로 저장해서 간편하게 적용할 수도 있다.

눈금자 단위 변경하기

눈금자 단위를 빠르고 간편하게 변경하려면 눈금자 안에서 마우스 오른쪽 버튼을 클릭하고 팝업 메뉴에서 원하는 단위를 선택한다.

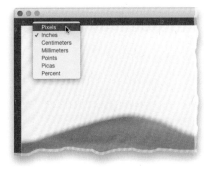

간편한 조절값 설정 방법

포토샵에서 [Layers] 패널의 [Opacity]와 같이 숫자 입력란이 있는 경우, 직접 숫자를 입력하지 않아도 작은 슬라이더를 드래그해서 설정이 가능하다. 그 대신 이름을 클릭하고 왼쪽/오른쪽으로 드래그하면 슬라이더와 동일한 기능을 한다. 게다가 Shift 를 누른 채 드래그하면 더 빨리 움직인다. 아직 사용해보지 않았다면 시도해보자. 곧 중독될 것이다.

장소: 암스테르담, 네덜란드 | 노출: 0.5초 | 초점거리: 35mm | 조리개: f/2.8

5 CHAPTER

Special Effects
Camera Raw를 사용한 특수 효과

챕터의 내용과 완벽히 맞는 제목을 찾았을 때 마치 성배를 찾은 것과 같은 환희를 느끼는 순간이 된다. 테크 나인의 앨범 제목을 보자마자 바로 인터넷을 접속해 챕터 제목 명예의 전당에 등재 후보로 등록했다. 명예의 전당 컬렉션은 워싱턴 D.C.의 스미소니언 미국 역사박물관에 영구 전시되며, 컬렉션에는 필자의 챕터 제목들의 기록과 각 제목에 얽힌 역사, 청사진, 동굴 벽화와 구술 역사가 포함된다. 어쨌든 이처럼 신망이 있는 스미소니언 미국 역사박물관의 챕터 제목 명예의 전당에 챕터 제목이 받아들여지는 것 자체는 두 말할 필요 없이 그다지 대단한 일은 아니지만 시상식은 최고다. 워싱턴 D. C.의 메르디안 하우스에서 열리는 시상식에는 정장을 입어야 하며, 헐리우드 유명인사들도 초대되는데, 마이크 존슨, 앤 존슨과 그들의 아들 조쉬 존슨뿐만 아니라 유모인 에이미 윌리암스, 정원과 수영장을 관리하는 알란 클라크 그리고 그들의 저택과 근접한 아메리카 은행의 지점장인 빌 "스쿠터" 데이비스까지 필자를 위해 레드 카펫을 밟는다니 헐리우드 최고의 인사들이 모인 것이나 마찬가지이다. 그러나 이 행사에서 가장 주목을 받는 것은 역시 게스트들에게 나누어주는 선물 가방이다. 그 안에는 다양한 선물들이 들어 있는데, 애플비 패밀리 레스토랑의 20달러 기프트 카드, "공부벌레 편으로 와요. 우리에겐 원주율이 있어요"라는 문장과 원주율 기호가 찍힌 밝은 하늘색 티셔츠(사이즈는 XL와 S), 가이코 보험사 열쇠고리, 콘에어사의 1875와트 중형 헤어드라이어 그리고 5달러짜리 30센티미터 길이의 서브웨이 샌드위치를 반값에 살 수 있는 쿠폰이 들어 있다. 그럼 2.50달러라는 의미인데 어디에서 30센티미터 서브웨이 샌드위치를 그 가격에 먹을 수 있겠는가.

비네팅 효과
추가하기

비네팅 효과는 사진의 가장자리를 어둡게 만들어 중앙부로 시선을 집중시키는 역할을
하는데, 호불호가 갈리는 효과들 중 하나이다(필자의 경우 매우 좋아하는 효과이다).
이번에는 간단한 비네팅 효과를 적용하는 방법과 사진의 크로핑 후에도 효과를 유지
하는 방법 그리고 다른 비네팅 기능들의 사용법에 대해 알아보자.

Step 01

가장자리에 비네팅 효과를 추가하려면 패널 영역
상단의 왼쪽에서 여섯 번째의 Lens Corrections
아이콘을 클릭하고 [Manual] 탭을 클릭한다.

Step 02

[Vignetting] 영역의 [Amount] 슬라이더를 왼쪽으
로 드래그하면 사진의 모서리에 비네팅 현상이 나
타난다. 그러나 네 모서리에만 나타나기 때문에 보
정하지 않은 사진처럼 보이므로 부드러운 스포트
라이트를 사용한 것 같은 자연스러운 비네팅 효과
를 만들어보자. [Midpoint] 슬라이더를 왼쪽으로
드래그해서 비네팅 효과 영역을 넓게 설정하면 부
드러운 효과를 만들어 인물사진이나 피사체에 시
선을 유도하고 싶을 때 유용하게 사용할 수 있다.

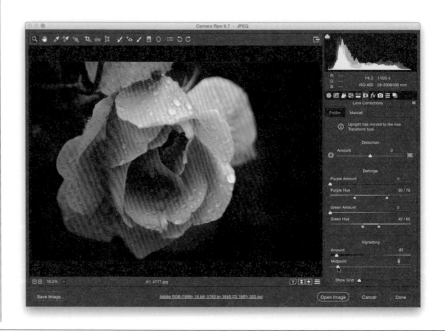

Step 03

지금까지 알아본 비네트 효과를 추가하는 방법은 슬라이더 두어 개만 드래그하면 되므로 꽤 쉽다. 그러나 사진을 크로핑할 때 비네트 효과까지 잘리는 것과 같은 문제점은 어떻게 해결해야 할까? 비네트 효과는 사진의 가장자리에 적용하기 때문에 사진을 크로핑하면 Camera Raw가 자른 사진에 비네팅 효과를 다시 자동으로 효과를 적용하지 않지만 해법은 있다. 우선 사진에 비네트 효과를 적용해보자.

Step 04

도구 바에서 Crop 도구(ⓒ)를 선택하고 사진을 크로핑하면 예제 사진과 같이 비네트 효과도 함께 잘려나간다.

Step 05

이제 크롭 후 비네팅 효과를 추가하기 위해 패
널 영역 상단의 오른쪽에서 네 번째 Effects 아
이콘을 클릭하고 [Post Crop Vignetting] 영역의
[Amount] 슬라이더를 왼쪽으로 드래그해서 사진
가장자리에 비네트 효과를 추가한 다음 [Midpoint]
슬라이더를 오른쪽으로 드래그해서 비네팅 효과
영역을 더 넓게 설정한다. [Post Crop Vignetting]
영역의 팝업 메뉴를 열어보면 세 종류의 비네팅 효
과가 있다. [Highlight Priority]는 하이라이트 영역
의 디테일을 그대로 유지하면서 사진의 가장자리
를 어둡게 만든다. 필자의 생각으로는 가장 탁월한
효과를 만들며, Step 03에서 적용한 비네팅 효과
와 가장 근접하다. 'Color Priority'는 색상을 최대
한 그대로 유지하면서 사진의 가장자리를 어둡게
만드는데 그럭저럭 괜찮은 결과를 얻을 수 있다.
'Paint Overlay'는 과거의 CS4에서 사용하던 방
식인데 아직도 남아 있는 것을 보면 아직 사용하
는 사람들이 꽤 있는 모양이다. 당시에는 모든 사
용자들이 싫어했으므로 권하고 싶은 비네팅 효과
는 아니다.

Step 06

[Midpoint] 슬라이더 아래에 있는 [Roundness] 슬
라이더는 비네팅의 둥근 정도를 조절한다. [Feather]
슬라이더를 '0'으로 설정하고 [Roundness] 슬라이
더를 드래그해서 효과를 확인해보자. 오른쪽으로
드래그할수록 비네트의 형태가 둥글어지고, 왼쪽
으로 드래그할수록 모서리가 둥근 사각형이 된다.
[Feather] 슬라이더는 비네팅 효과 가장자리의 부
드러운 정도를 조절한다. 필자는 주로 오른쪽으로
슬라이더를 드래그해서 부드러운 스포트라이트 효
과처럼 보이게 만든다. 예제 사진의 경우 '73'까지
설정했는데 사진에 따라 설정을 더 높이기도 한다.

앞에서 배운 사진의 가장자리를 어둡게 만드는 방식의 비네트 효과는 피사체가 사진의 중앙에 있어야 한다. 이때 Radial Filter를 사용하면 비네트의 위치 조절이 가능해서 원하는 위치에 효과를 적용할 수 있으며, 여러 개의 광원 효과를 추가할 수 있기 때문에 스포트라이트 효과로 사용할 수도 있다.

직접 만든 비네트와 스포트라이트 효과 추가하기

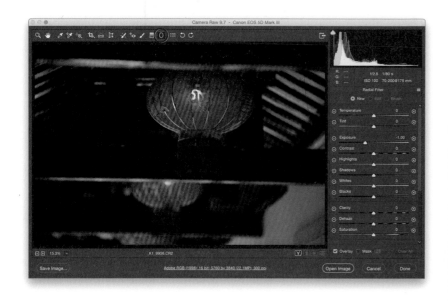

Step 01

예제 사진에서는 시선을 사진의 가장자리보다는 초점이 맞은 등으로 유도하기 위해 도구 바에서 Radial Filter(J)를 클릭한다. 경계선 외부를 어둡게 만들어야 하므로 [Exposure] 슬라이더 왼쪽의 ─를 두어 번 클릭해서 사진 전체를 어둡게 만들면 추가하는 효과를 더 쉽게 확인할 수 있다(나중에 언제든지 적정 노출로 다시 재조절할 수 있다).

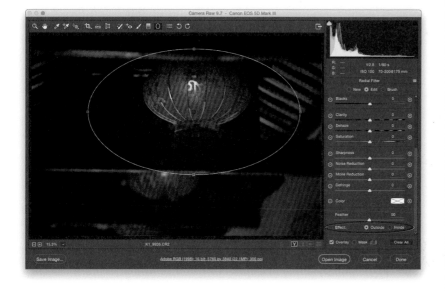

Step 02

패널 하단의 [Effect] 항목에서 선택 영역 내부나 외부에 효과를 적용하도록 선택할 수 있다. 예제 사진의 경우 선택 영역은 그대로 두고 외부를 어둡게 만들어야 하므로 [Outside] 버튼을 클릭한다. 이제 도구를 원하는 방향으로 드래그해서 타원형이나 원형의 선택 영역을 설정한다. 예제 사진에서는 효과를 적용할 영역의 중앙을 드래그해서 선택 영역을 설정했다.

TIP 드래그해서 선택 영역 이동하기
Space Bar를 누른 채 선택 영역을 드래그해서 이동하면 위치를 재조절할 수 있다.

Step 03

선택 영역의 위치를 설정한 다음 커서를 녹색의
타원형 외부에 놓고 클릭한 다음 원하는 방향으
로 드래그하면 회전할 수 있다. 경계선에 있는 작
은 핸들 하나를 클릭하고 내부나 외부로 드래그해
서 타원형의 크기를 조절한다. 타원형을 이동하려
면 내부를 클릭하고 원하는 위치로 드래그한다. 이
제 [Exposure] 슬라이더를 왼쪽으로 드래그해서
선택 영역 외부를 어둡게 만든다. 예제 사진에서는
'-1.75'로 설정했다.

TIP 편리한 단축키

[V]를 누르면 녹색 오버레이를 숨기고 한 번 더 누
르면 다시 불러온다. [X]를 누르면 효과를 적용한
영역을 뒤집는다. 즉, 외부에 효과를 적용했다면 반
대로 내부에 적용해서 타원형 내부가 어둡고 외부
는 그대로 있다.

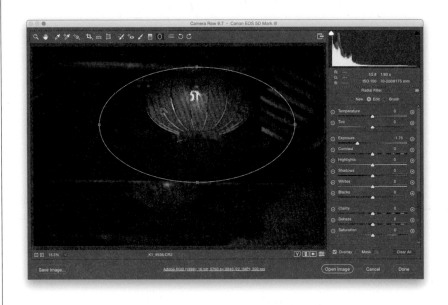

Step 04

이 필터 기능의 장점은 [Exposure] 외의 효과도 적
용할 수 있다는 것이다. 예를 들어, [Contrast] 슬라
이더를 오른쪽으로 드래그하면 외부 영역의 대비
를 더 강하게 만든다. 예제 사진에서는 '+34'로 설
정했다. 또한 [Saturation] 설정을 낮추면 외부 영
역을 어둡게 만들뿐 아니라 흑백으로 나타난다(설
정을 높이면 그 반대의 효과가 나타난다). 이제 앞
페이지에서 설명했듯이 이 필터 기능을 사용해서
하나의 사진에 여러 가지 필터 효과를 추가하면 효
과적인 광원 효과를 적용할 수 있다.

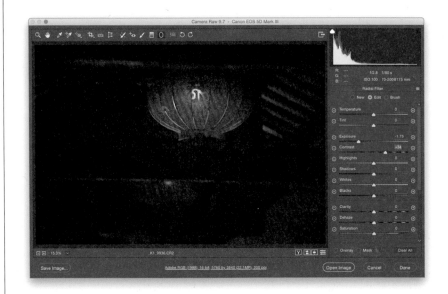

Step 05

이번 예제 사진에서는 Radial Filter를 사용해서 광
원을 재조절해보자. 우리의 시각은 사진에서 가장
밝은 영역을 먼저 본다. 예제 사진의 경우 인물을
비추는 광원이 배경의 스테인드 글라스를 통해 들
어오는 광원보다 어둡기 때문에 인물의 얼굴로 가
야 할 시선을 빼앗는다. 인물을 비추는 방향광의
질은 부드럽고 만족스럽지만 조금 어둡다.

Step 06

앞의 예제 사진과 동일한 방법으로 시작한다.
Radial Filter 도구를 원하는 방향으로 드래그해서
선택 영역을 설정한다. 여기서는 인물은 그대로 유
지하고 주변을 어둡게 만들고 싶다. 그러므로 선택
영역 외부에 설정을 적용하도록 [Outside Effect]
버튼을 선택하고 [Exposure] 슬라이더를 왼쪽으로
드래그해서 선택 영역 외부를 어둡게 보정한다. 여
기서는 '-1.40'으로 설정했다.

TIP 타원형 삭제하기

설정한 타원형을 삭제하려면 타원형을 클릭하고
Delete (PC: Back Space)를 누르거나, 커서를 중앙 포인
트에 놓고 Option(PC: Alt)을 누르고 있으면 커서
가 가위 형태 아이콘으로 전환된다. 그리고 중앙 포
인트를 클릭하면 타원형을 삭제한다.

Step 07

또 다른 선택 영역을 추가하려면 패널 영역 상단의 [New] 버튼을 클릭한 다음 패널 하단의 [Effect]를 'Inside'로 전환한다(혹은 앞에서 알려 준대로 단축키 x를 누른다). 이번에는 신부가 들고 있는 부케를 밝게 보정해보자. 도구를 드래그해서 부케를 선택한 다음 [Exposure] 슬라이더를 오른쪽으로 드래그해서 밝게 설정한다(여기서는 '+1.10'으로 설정했다).

Step 08

이번에는 Step 07의 선택 영역과 똑같은 크기의 타원형으로 얼굴을 밝게 보정해보자. 이때 새로운 선택 영역을 설정하는 것보다 Step 07에서 만든 타원형을 복제하는 방법을 사용한다. Command+Option(PC: Ctrl+Alt)을 누르고 커서가 양방향 화살표로 전환하면 두 번째 타원형을 클릭하고 원하는 위치로 드래그한 다음 마우스 버튼을 놓으면 복제한 세 번째 타원형이 생긴다. 타원형을 얼굴에 놓고, 필요하다면 타원형을 회전하거나 크기를 재조절한다. [Exposure] 슬라이더를 '+1.15'까지 드래그해서 설정을 약간 높이고, 디테일이 더 나타나도록 [Shadows] 슬라이더를 '+14'로 설정한다. 패널에 있는 모든 슬라이더의 사용이 가능하다는 점을 기억하자. 또한 필자는 또 다른 타원형을 복제해서 약간 어두운 꽃과 왼쪽 팔이 있는 영역을 선택했다.

- - - - - - - - - - - - - - - -

TIP 경계의 블렌딩 조절하기

타원형의 중앙과 슬라이더 설정의 영향을 받는 영역 사이의 전환을 부드럽게 조절하는 것은 [Feather] 슬라이더이다. '100'으로 설정하면 두 영역 사이의 전환을 가장 부드럽게 만든다. 설정을 낮출수록 전환 영역이 선명해지고, '0'으로 설정하면 선명한 경계선이 된다.

Step 09

유념해야 할 점이 한 가지 있다. 예제 사진에서는 몇 군데 작은 영역을 제외하고는 피사체 주변을 어둡게 만드는 설정을 적용했다. 그러나 인물 전체를 밝게 보정하고 싶다면 다시 [Basic] 패널로 돌아가 [Exposure] 슬라이더를 오른쪽으로 드래그한다. 그러면 인물은 밝게 보정되지만 사진 전체가 밝아진다. 그 결과 사진의 가장자리가 과도하게 밝아지면 Radial Filter 도구로 돌아가 첫 번째 선택 영역을 클릭하고 [Exposure] 슬라이더 설정을 더 낮춘다. 하단의 보정 전과 후의 사진을 비교해보면 Radial Filter 기능으로 사진의 광원을 극적으로 조절할 수 있다는 점을 확인할 수 있다.

보정 전

보정 후

Camera Raw에서 파노라마 사진 만들기

이제는 포토샵으로 전환할 필요 없이 Camera Raw에서도 여러 개의 사진을 붙여 파노라마 사진을 만들 수 있다. 그리고 필자는 훨씬 더 빠르고 쉽게 파노라마 사진을 만들 수 있는 Camera Raw의 방식을 선호한다.

Step 01

Bridge에 붙여서 파노라마 사진으로 만들 사진들을 선택한 다음 Command+R(PC: Ctrl+R)을 눌러 Camera Raw에서 불러온다.

Step 02

사진들은 Camera Raw 창 왼쪽의 [Filmstrip] 영역에 나타난다. 파노라마 사진을 만들기 전에 사진들에 필요한 보정을 설정한 다음 [Filmstrip] 상단 오른쪽에 있는 작은 아이콘을 클릭해서 'Select All'을 선택하거나 Command+A(PC: Ctrl+A)를 눌러 사진들에 자동으로 일괄 적용한다. 예제 사진의 경우 'Exposure: −0.50, Contrast: +23, Highlights: −93, Shadows: +95'를 적용했다. 또한 Shift를 누른 채 [Whites]와 [Blacks] 슬라이더 노브를 더블클릭해서 화이트 포인트와 블랙 포인트를 설정하고, [Clarity]를 '+41'로 설정해서 질감을 높이고, [Vibrance]를 '+30'로 설정했다. 보정을 마친 다음 모든 사진이 선택된 채 [Filmstrip]의 드롭 메뉴에서 'Merge to Panorama'를 선택하거나 Command+M(PC: Ctrl+M)을 누른다.

Step 03

'Merge to Panorama'를 선택하면 [Panorama Merge] 대화창을 불러온다. 사진을 붙일 수 없는 경우에는 예제 사진과 같은 [Error] 대화창이 나타난다. 그 이유는 촬영할 때 프레임끼리 겹치는 부분이 충분하도록 구도를 잡지 않았거나, 카메라가 심하게 기울어졌기 때문이다. 이러한 경우에는 재촬영 외에는 해결 방법이 없다.

Step 04

사진을 붙일 수 있다면 실행 중이라고 알려주는 알림창이 나타난 후 [Panorama Merge Preview] 대화창을 불러온다. 대화창은 크기 조절이 가능하므로 하단의 경계선을 클릭하고 오른쪽으로 드래그해서 횡구도 파노라마 사진 형태에 맞도록 조절한다.

Step 05

창 오른쪽의 [Options] 영역에는 여러 장의 사진들을 하나의 파노라마 사진으로 붙이면서 생기는 가장자리의 흰색 여백을 자동으로 크로핑하는 'Auto Crop' 기능이 있다. 크로핑하는 영역을 직접 설정하고 싶다면 'Auto Crop' 기능을 체크하지 않고 [Boundary Warp] 슬라이더를 사용해서 캔버스를 최대한 채운다. 그런 다음 'Auto Crop'을 체크해서 남은 여백을 자동으로 크로핑한다. 파노라마 사진을 만든 후 Camera Raw로 돌아가 Crop 도구를 클릭하면 잘려나간 영역을 보여주므로 필요한 경우 다시 크로핑할 수 있다.

Step 06

상단에는 Camera Raw가 파노라마 사진을 만드는 방식을 선택할 수 있는 [Projection] 영역이 있다. 'Perspective'는 파노라마 사진의 중앙에 놓이는 사진을 중심 영역이라고 가정하고 그 사진을 중심으로 필요한 설정을 적용한다. 'Cylindrical'이 파노라마 사진에 가장 적합한 방식이라고 생각한다. 모든 사진들을 최대한 동일한 높이로 맞춰서 파노라마 사진 양쪽 끝의 높이가 높고 중앙을 향할수록 낮아지는 나비 넥타이 효과가 나타나는 것을 방지한다. 'Spherical'은 360도 파노라마 사진을 만드는 방식으로 예제 사진의 경우 가장 탁월한 결과를 보여주었기 때문이 이 방식을 선택했다. 선택을 마치면 [Merge] 버튼을 클릭해서 파노라마 사진을 렌더링한다. 처리 시간은 1분에서 2분 정도 걸리지만 사진에 따라 그보다 오래 걸릴 수도 있다.

Step 07

렌더링을 마친 최종 결과는 [Filmstrip]에서 (RAW) DNG 파일 형식으로 볼 수 있으며, 파일은 파노라마 사진을 만드는데 사용한 사진들과 동일한 폴더에 자동 저장한다. 파노라마 사진도 일반 사진과 마찬가지로 보정이 가능하다.

|NOTE|
파노라마 사진 파일 이름 끝에는 'Pano'를 자동으로 추가해서 저장한다.

TIP HDR 파노라마 사진 만들기
파노라마 사진을 만들기 위한 사진들을 브라케팅 촬영했다면 일단 먼저 Photo Merge HDR 기능을 사용해서(자세한 방법은 챕터 8 참고) 각각의 브라케팅 사진 세트를 개별 HDR 사진으로 합성한 다음 모든 HDR 사진들을 일괄 선택하고 Camera Raw로 불러온다. 그리고 [Filmstrip]의 드롭 메뉴에서 'Merge to Panorama'를 선택해서 HDR 파노라마 사진으로 만든다.

이중 프로세스로
촬영이 불가능한
사진 만들기

디지털 카메라 기술이 아무리 발전했어도 노출에 관한한 아직 인간의 눈과 견줄 수 없다. 그렇기 때문에 역광 속의 피사체를 촬영할 때 우리의 시각은 피사체를 볼 수 있지만 촬영한 사진에는 실루엣으로 나타난다. 또는 일몰 때 촬영하는 경우 카메라는 모든 영역을 적정 노출로 맞출 수 없기 때문에 땅이나 하늘 둘 중 하나에 맞춰 노출을 설정하는 선택을 해야 한다. 이번에는 Camera Raw를 사용해서 노출의 제약을 극복할 수 있는 방법을 알아보자.

Step 01

이중 프로세스를 적용할 사진을 불러온다. 예제 사진의 배경의 경우 하늘은 적정 노출이지만 전경의 건물들과 강은 노출 부족이다. 물론 목표는 우리의 눈은 볼 수 있지만 카메라는 불가능한 배경과 전경 모두 적정 노출을 가진 사진으로 만드는 것이다. RAW 사진을 두 번 편집하는 이중 프로세스라는 방법을 사용하면 전경과 배경을 개별 선택해서 보정 설정을 적용해 원하는 적정 노출의 사진을 만들 수 있다.

|NOTE|

Camera Raw의 Adjustment Brush를 사용해도 가능하다(자세한 방법은 챕터 3 참고).

Step 02

먼저 전경을 적정 노출로 보정해보자. [Shadows] 슬라이더를 오른쪽으로 드래그해서 '+37'로 설정하고, [Exposure] 슬라이더도 오른쪽으로 드래그해서 '+0.65'로 설정한다. 강가 건물들의 대비가 낮아 밋밋해 보이므로 [Contrast] 슬라이더를 '+45'로 설정한다. 마지막으로 벽돌로 지은 건물들의 질감을 강조하기 위해 [Clarity] 슬라이더를 드래그해서 '+32'로 설정하고, [Vibrance] 슬라이더를 '+28'로 설정해서 더 선명한 색상을 만든다. 이제 [Shift]를 누르고 있으면 예제 사진과 같이 [Open Image] 버튼이 [Open Object] 버튼으로 전환한다.

Step 03

[Open Object] 버튼을 클릭하면 사진을 포토샵에서 스마트 오브젝트 형식으로 불러온다(레이어 섬네일의 오른쪽 하단 모서리에 작은 페이지 아이콘으로 알 수 있다). 사진에서 하늘이 밝아보이므로 두 번째 버전을 만들어 보정한다. 이 RAW 파일의 두 번째 버전은 하늘만 집중할 것이다. 평상시처럼 Create New Layer 아이콘을 클릭해서 복제 레이어를 만들면 복제 레이어와 원본 레이어가 연결되어 있기 때문에 복제 레이어에 적용한 설정은 원본에도 그대로 적용되므로 이중 프로세스를 적용할 수 없다. 레이어에 각각 다른 설정을 적용해야 하므로 두 레이어 사이의 연결을 해제해야 한다. [Layers] 패널에서 레이어를 마우스 오른쪽 버튼으로 클릭하고 팝업 메뉴에서 'New Smart Object via Copy'를 선택하면 원본 레이어와 복제 레이어 사이의 연결을 해제한다.

Step 04

이제 복제 레이어 섬네일을 더블클릭하면 복제한 사진을 Camera Raw에서 불러온다. 여기에서 전경에는 신경 쓰지 않고 하늘을 보정한다. 전경이 과도하게 어두워지겠지만 이미 전경을 보정한 사진의 레이어를 가지고 있으므로 상관없다. 그러므로 먼저 [Default] 버튼을 클릭해서 모든 슬라이더 설정을 '0'으로 리셋하고 [Exposure] 슬라이더를 왼쪽으로 드래그해서 '−0.30'으로 설정하고, [Contrast] 슬라이더를 '+31'로 설정해서 구름을 선명하게 보정한다. 또한 [Temperature] 슬라이더를 약간 왼쪽으로 '5050'까지 드래그해서 하늘을 더 파랗게 만들고, 마지막으로 'Clarity: +54, Vibrance: +38'로 설정을 높였다. 보정을 완료하면 [OK] 버튼을 클릭한다.

Step 05

이제 건물과 강이 있는 전경에 노출을 맞춰 보정한 사진과 하늘에 노출을 맞춰 보정한 두 버전의 사진이 두 개의 레이어에 각각 있으며, 두 개의 사진은 동일한 사진을 보정한 것이기 때문에 완벽하게 병합할 수 있다. 동일한 사진을 두 개의 레이어로 만들어 각각 다르게 편집했기 때문에 이중 프로세스라고 부르는 것이다. 다음에 할 일은 두 개의 레이어를 병합해 하나의 사진으로 만드는 것이다. 전경을 보정한 레이어가 위에 있다면 매우 쉬운 과정이 될 것이다. 먼저 전경을 보정한 레이어를 클릭하고 드래그해서 하늘을 보정한 레이어 위에 놓는다. 여기서는 레이어 마스크를 사용할 것이다. 귀찮게 일일이 마스크 영역을 드래그하는 대신 Quick Selection 도구(W)를 사용하므로 도구상자에서 도구를 선택한 다음 하늘을 드래그하면 몇 초 안에 영역을 자동 선택한다.

Step 06

Command+Shift+I(PC: Ctrl+Shift+I)를 누르면 선택을 반전해 전경 영역을 선택한다. 다음은 [Layers] 패널 하단의 Add Layer Mask 아이콘을 클릭하면(예제 사진에 빨간색 원으로 표시한 아이콘) 선택 영역을 레이어 마스크로 변환해서 보정 전의 밝은 하늘을 숨기고 새로운 적정 노출의 하늘이 보인다.

Step 07

이제 상위 레이어의(밝은 전경의 레이어) 투명도를 낮춰서 어두운 하늘의 레이어와 균형을 이루도록 만든다. 예제 사진의 경우 [Opacity]를 '80%'로 설정하자 색상이 훨씬 더 잘 맞는다.

- -

TIP 사진을 항상 스마트 오브젝트 형식으로 불러오기
편집한 RAW 사진을 포토샵에서 항상 스마트 오브젝트 형식으로 불러오고 싶다면, Camera Raw 창에서 미리보기 영역 하단에 있는 밑줄 친 텍스트를 클릭해서 [Workflow Options] 대화창을 불러온 다음 하단의 'Open in Photoshop as Smart Objects'를 체크해서 활성화한다.

Step 08

이제 사진에는 우리가 흔히 마주치는 문제점이 있다. 전경을 밝게 보정하자 드러나는 노이즈이다(예제 사진은 노이즈가 잘 보이도록 100% 크기로 줌인했다). 다행히 Camera Raw에서 쉽게 보정할 수 있다. 먼저 [Layers] 패널 상단 오른쪽에 있는 팝업 메뉴에서 'Flatten Image'를 선택해서 레이어를 병합하고 사진을 저장한다.

Step 09

[Filter] 메뉴에서 'Camera Raw Filter'를 선택해 사진을 다시 Camera Raw로 불러온다.

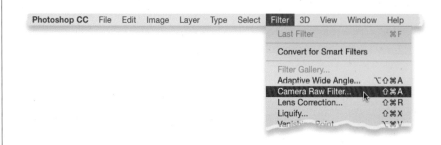

Step 10

[Detail] 패널(패널 영역 상단의 왼쪽에서 세 번째 아이콘)의 [Noise Reduction]에 있는 [Luminance] 슬라이더를 노이즈가 사라질 때까지 오른쪽으로 드래그한다. 여기서는 '20'으로 설정했다.

Step 11

노이즈를 제거하자 경계선들이 약간 부드러워졌으므로 [Sharpening] 영역의 [Amount] 슬라이더를 오른쪽으로 약간 드래그한다(여기서는 '34'로 설정). 그리고 샤프닝 효과를 경계선에만 적용하기 위해 Option(PC: Alt)을 누른 채 [Masking] 슬라이더를 오른쪽으로 드래그한다. 마지막으로 [Lens Corrections] 패널(패널 영역 상단의 오른쪽에서 네 번째 아이콘)에서 [Defringe] 슬라이더를 사용해서 건물 경계선들 일부에 나타난 보라색의 색수차 현상을 제거했다. 보정을 마치면 [OK] 버튼을 클릭한다. 하단에서 원본과 이중 프로세스를 적용한 후의 사진을 비교해보자.

보정 전

보정 후

Camera Raw의
선택 색상 조절 기능

Camera Raw에도 특수 효과 기능들이 있으며, 일부는 포토샵에서 레이어와 마스크를 사용하는 복잡한 방식보다 훨씬 쉽게 사용할 수 있다. 이번에 알아볼 기능은 흔히 인물사진과 웨딩사진에서 많이 사용하는 기법으로 중심 피사체는 컬러로 유지하고 나머지 영역은 모두 흑백으로 만들어 중심 피사체로 관심을 유도하는 사진이다(사진가들은 유치하다고 싫어하지만 의뢰인들은 매우 좋아한다).

Step 01

중심 피사체는 컬러로 두고 나머지 영역을 흑백으로 바꾸는 효과를 만드는 방법은 Adjustment Brush로 드래그하는 영역이 흑백으로 변환하도록 설정하는 것이다. 먼저 도구 바에서 Adjustment Brush(K)를 선택하고 [Adjustment Brush] 패널의 [Saturation] 슬라이더 왼쪽의 ㅡ를 클릭해 다른 슬라이더들의 설정을 '0'으로 리셋한 다음 [Saturation] 슬라이더를 '-100'으로 설정하면, 브러시로 드래그하는 영역은 흑백으로 변환된다.

Step 02

이제 사진 대부분의 영역을 브러시로 드래그해야 하는데, 그 전에 패널 하단으로 드래그할 때 경계선을 자동 감지하는 'Auto Mask' 기능을 체크 해제하면 훨씬 빠르게 드래그할 수 있다. 다음은 브러시를 크게 설정하고([Size] 슬라이더를 오른쪽으로 드래그하거나]를 누른다) 부케의 경계선에 너무 근접하지 않도록 주의하면서 사진 대부분의 영역을 드래그한다. 여기서는 부케 주변을 1/2인치 정도 남기고 그 외의 영역을 모두 드래그했다.

Step 03

이제 두 가지 할 일이 있다. ❶ 작은 브러시 크기로 설정하고, ❷ 'Auto Mask'를 체크해서 활성화한다. Auto Mask는 브러시가 컬러로 남겨둘 영역을 침범하지 않도록 경계선을 감지하는 자동 기능으로 이번 기법에서 중요한 역할을 한다. 단, 한 가지만 명심하자. 브러시 중앙의 십자선이 컬러로 남길 영역에 닿지 않도록 드래그해야 한다. 작은 십자선이 닿는 영역은 모두 흑백으로 변하므로 부케 주위를 드래그할 때 십자선이 부케에 닿지 않도록 주의한다. 시도해보면 Auto Mask의 놀라운 기능에 감탄할 것이다.

Step 04

예제 사진을 보면 부케에 근접해서 드래그했음에도 불구하고 십자선이 닿지 않도록 주의했기 때문에 꽃과 녹색의 줄기 모두 그대로 컬러이다.

젖은 자갈길과 도로 표면 효과 만들기

이번에 알아볼 효과는 건조한 자갈길과 아스팔트 도로 표면이 젖어 있는 것처럼 만드는 방법이다. 이 기법을 여행사진 편집 기술에 대한 인터넷 방송에서 시연했는데 한 달이 지난 후에도 여전히 많은 사람들에게 이 기법에 대한 질문을 받았기 때문에 이 책에 포함하기로 결정했다. 이 기법은 빠르고 쉬우며 대부분의 경우 탁월한 결과를 얻을 수 있다.

Step 01

이 효과는 Camera Raw에서 만들어야 한다. 효과를 추가할 사진이 RAW 형식이 아닌 다른 형식 사진들도 Camera Raw에서 여전히 편집이 가능하므로 걱정할 필요가 없다(예제 사진은 아이슬란드에서 JPEG 형식으로 촬영했다). 일단 사진을 포토샵으로 불러온 다음 [Filter] 메뉴에서 'Camera Raw' 필터를 선택하고 Camera Raw에서 사진을 연다. 먼저 사진에 필요한 기본 보정을 [Basic] 패널에서 설정한다. 여기서는 [Exposure] 슬라이더 설정을 약간 높이고, Shift 를 누른 채 [Whites]와 [Blacks] 슬라이더를 클릭해 Camera Raw가 화이트와 블랙 포인트를 자동 설정하도록 했다. 또한 [Vibrance] 설정도 약간 높였다.

Step 02

도구 바에서 Adjustment Brush 도구(K)를 선택하고, [Adjustment Brush] 패널의 [Contrast] 슬라이더 오른쪽의 + 를 클릭해 나머지 슬라이더들의 설정을 '0'으로 리셋하고 [Contrast] 슬라이더는 '+25'로 설정한다. 슬라이더를 드래그해서 '+100'으로 설정한다. 이제 젖은 표면으로 만들 영역을 브러시로 드래그하면 된다. 그러면 드래그한 영역이 실제로 젖은 도로 표면처럼 보인다.

Step 03

보도와 연석을 드래그하는 것도 잊지 말자. 또한 드래그한 후에도 충분히 젖은 것처럼 보이지 않는다면 [Adjustment Brush] 패널 상단의 [New] 버튼을 클릭한 다음 동일한 영역을 드래그해서 효과를 한 번 더 적용한다. 높은 [Clarity] 설정에 의해 드래그한 영역이 과도하게 밝아질 수도 있다. 그러한 경우에는 각 핀을 클릭하고 [Exposure] 슬라이더 설정을 약간 낮춘다.

Step 04

이 기법은 자갈길에 특히 잘 어울린다. 효과를 적용하기 전과 후의 사진을 비교해보자. 간단한 설정으로 젖은 거리 표면으로 만들 수 있다.

흑백사진 변환

포토샵에도 흑백 변환 보정 레이어 기능이 있지만 필자는 절대 사용하지 않는다. 기능이 기대에 미치지 못하기 때문이기도 하지만, Camera Raw에서 흑백사진으로 변환하는 것이 훨씬 빠르고 더 우수한 흑백사진을 만들 수 있기 때문이다. 단, [HSL/Grayscale] 패널은 Camera Raw의 흑백 보성 레이어 기능과 같으므로 사용하지 않도록 주의만 하면 멋진 흑백사진을 만들 수 있을 것이다.

Step 01

흑백으로 변환할 컬러사진을 Camera Raw에서 불러온다. 컬러사진을 흑백으로 변환하는 방법은 간단하다. 패널 영역 상단의 왼쪽에서 네 번째 HSL/Grayscale 아이콘을 클릭하고 패널 상단의 'Convert to Grayscale'을 체크하면 된다. 이 패널에서는 그 외의 작업은 시도하지 않는 것이 바람직하다.

Step 02

'Convert to Grayscale'을 체크하면 예제 사진과 같이 밋밋한 흑백사진이 되기 때문에 패널에 있는 컬러 슬라이더들을 조절해 보정하고 싶을 것이다. 그러나 흑백으로 변환했기 때문에 어떻게 조절해야 할지 모를 것이다. 필자가 줄 수 있는 최고의 조언은 빨리 [HSL/Grayscale] 패널을 벗어나는 것만이 아름다운 흑백사진을 만들 수 있다는 사실이다.

Step 03

사진가들과 훌륭한 흑백사진에 대한 대화를 할 때 항상 언급되는 것이 고대비 흑백사진이다. 그러므로 우리는 대비 효과를 추가해야 한다는 점을 이미 알고 있다. 그것은 흰색을 더 하얗게, 검은색을 더 검게 보정해야 한다는 의미이다. 먼저 [Basic] 패널에서 [Exposure] 슬라이더를 조절하고(여기서는 '+0.25'로 설정), [Contrast] 슬라이더를 오른쪽으로 드래그해서 강한 대비 효과를 추가한다(여기서는 '+83'으로 설정). 사진이 훨씬 나아보이지만 아직 할 일이 더 남았다.

Step 04

이번에는 화이트와 블랙 포인트를 설정해보자. 먼저 하이라이트 클리핑 현상이 나타나지 않는 한도 내에서 [Whites] 슬라이더를 최대한 오른쪽으로 드래그한다. 즉, 히스토그램 오른쪽 상단 모서리에 클리핑 경고 아이콘인 흰색 삼각형이 나타날 때까지 슬라이더를 드래그한 다음 다시 검은색으로 바뀔 때까지 다시 왼쪽으로 약간 드래그한다. 여기서는 '+68'로 설정했다. 다음은 동일한 방법으로 [Blacks] 슬라이더를 왼쪽으로 드래그해서 블랙 포인트를 설정한다. 여기서는 '-37'로 설정했다. 사진이 전보다 훨씬 개선되었지만 아직 완벽하지는 않다.

Step 05

수면의 반영이 약간 어두우므로 [Shadows] 슬라이더를 오른쪽으로 '+19'까지 드래그해서 보정한다. 그리고 [Clarity] 설정을 '+35'로 약간 높여 중간 밝기 영역의 대비를 높이고 사진을 더 쨍하고 약간 밝게 보정한다. 또한 [Highlights] 슬라이더를 왼쪽으로 '−67'까지 약간 드래그해서 밝은 하늘을 보정한다. 그리고 클리핑 현상이 나타나지 않도록 [Whites] 슬라이더를 다시 약간 왼쪽으로 드래그했다.

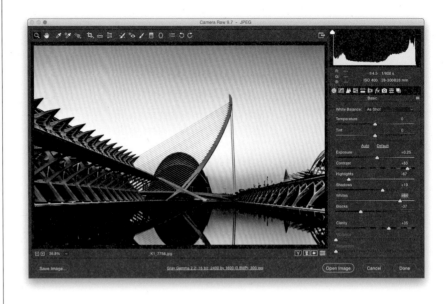

Step 06

아직 사진의 대비가 충분히 강하지 않다고 느낀다면 [Tone Curve] 패널(패널 상단의 왼쪽에서 두 번째 아이콘)의 [Point] 탭 상단에 있는 [Curve] 팝업 메뉴에서 'Medium Contrast'를 선택한다. 더 강한 대비를 원한다면 'Strong Contrast'를 선택한다. 다음 페이지의 변환 전과 후의 사진을 비교해보자.

변환 전

변환 후

분할톤 효과 만들기

분할톤은 전통적인 암실 특수 효과로 한 가지 색조를 하이라이트 영역에 적용하고 다른 색조를 음영 영역에 적용하고 각 색조의 채도를 조절할 뿐만 아니라 두 색조 사이의 균형까지 조절할 수 있는 흥미로운 효과이다. 분할톤 효과는 컬러사진과 흑백사진에 모두 적용할 수 있는데, 여러분은 주로 분할톤을 석용한 흑백사진을 많이 보았을 것이다. 그러므로 먼저 흑백사진에 분할톤을 적용하는 방법에 대해 알아보자.

Step 01

컬러사진을 Camera Raw에서 연 다음 패널 영역 상단의 HSL/Grayscale 아이콘을 클릭하고, 패널 상단의 'Convert to Grayscale'을 체크해서 흑백으로 변환한다(챕터 10에서 필자가 좋아하는 흑백 변환 방법들 중 하나 참고).

Step 02

패널 영역 상단의 왼쪽에서 다섯 번째인 Split Toning 아이콘을 클릭한다. 이 시점에서는 [Saturation] 슬라이더가 '0'을 기본으로 설정되어 있기 때문에 [Highlights]나 [Shadows] 슬라이더를 드래그해도 사진에 아무 변화가 나타나지 않는다. 그러므로 우선은 [Hue] 슬라이더를 드래그할 때 변화가 잘 보이도록 [Highlights] 영역의 [Saturation] 슬라이더를 '25'까지 드래그해서 채도를 높인다. 그러면 핑크색이 도는 [Hue]의 기본 색조가 나타난다.

TIP 색조 확인하기

Option(PC: Alt)을 누른 채 [Hue] 슬라이더를 클릭하고 드래그하면 임시로 색조의 채도를 100%로 확인할 수 있다. Step 02의 필자의 조언대로 [Saturation] 슬라이더를 '25'로 설정하고 싶지 않은 경우 이 방법을 사용하면 사진에 적용할 색조를 선택할 때 도움이 된다.

Step 03

이제 [Highlights] 영역의 [Hue] 슬라이더를 드래 그해서 마음에 드는 색조를 설정한다. 예제 사 진의 경우 [Hue] 슬라이더를 '50'으로 설정하고, [Highlights]의 [Saturation]을 '50'으로 설정해 색 조를 약간 더 짙은 색으로 설정했다.

Step 04

음영 영역에는 [Shadows] 영역의 [Saturation] 슬라이더를 '40'으로 설정하고, [Hue] 슬라이더를 '215'로 설정해서 비교적 많이 사용하는 색조 조합 인 암록색을 띤 청색을 추가한다. [Balance] 슬라 이더는 두 영역 사이의 균형을 조절한다. 슬라이더 를 왼쪽으로 드래그해보면 어떤 기능인지 바로 알 수 있다. 여기서는 [Balance] 슬라이더를 오른쪽으 로 드래그해서 '+25'로 설정하자 하이라이트 영역 에 노란색이 더 강해졌다. 마음에 드는 조합을 발 견하면 한 번의 클릭으로 적용할 수 있는 프리셋 으로 저장해두면 매번 긴 과정을 거칠 필요가 없 다(방법은 133페이지 참고).

간단하게 만드는 듀오톤 효과

이번에 알아볼 듀오톤 효과는 필자가 알고 있는 가장 쉽고 빠른 테크닉이지만 한 페이지만 할애했다고 대수롭지 않게 생각하지 않기를 바란다. 이전에는 훨씬 복잡한 방법을 사용했지만 동료인 테리 화이트가 이 방법을 알려주었으며 이제는 여러분께 전수한다.

Step 01

컬러사진을 Camera Raw에서 연 다음 패널 영역 상단의 HSL/Grayscale 아이콘을 클릭하고, 패널 상단의 'Convert to Grayscale'을 체크해서 흑백으로 변환한다(챕터 10에서 필자가 좋아하는 흑백 변환 방법들 중 하나 참고).

Step 02

패널 영역 상단의 왼쪽에서 다섯 번째의 Split Toning 아이콘을 클릭하고 [Shadows] 영역의 [Saturation]을 '25'로 설정한다. 다음은 [Shadows] 영역의 [Hue] 슬라이더를 드래그해서 세피아 색조를 만든다. 필자는 보통 '30' 정도로 설정하는데, 색상이 너무 짙다고 생각되면 [Saturation] 설정을 약간 낮춘다. [Highlights] 영역 설정은 필요 없다. 필자가 쉽다고 하지 않았는가.

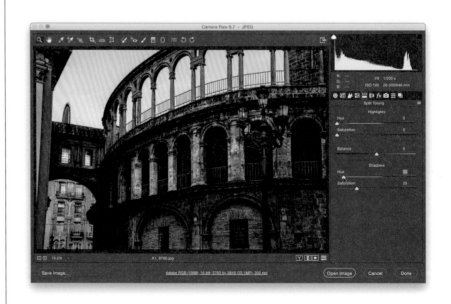

분할톤과 듀오톤 효과를 만들었으니 한 번의 클릭으로 적용할 수 있는 프리셋으로 만들 완벽한 타이밍이다. 그럼 다음에 동일한 효과를 적용하고 싶은 사진이 있을 때 언제든지 복잡한 과정을 거치지 않고 버튼 하나만 클릭해서 단번에 효과를 적용할 수 있다. 물론 분할톤과 듀오톤 뿐만 아니라 다시 사용하고 싶은 Camera Raw 설정도 프리셋으로 저장할 수 있다.

한 번의 클릭으로 적용 가능한 Camera Raw 프리셋 만들기

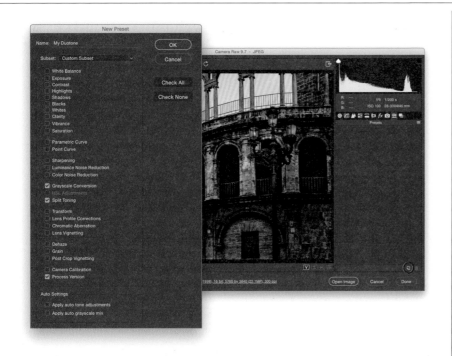

Step 01

앞에서 만든 듀오톤 효과 설정을 프리셋으로 만들어보자. Camera Raw에서 사진을 편집하다 마음에 드는 효과가 있다면 언제든지 프리셋으로 저장할 수 있다. 프리셋을 만들려면 패널 영역 상단의 오른쪽에서 두 번째 Presets 아이콘을 클릭하고 New Preset 아이콘을 클릭해서(예제 사진의 빨간색 원으로 표시한 아이콘) [New Preset] 대화창을 불러온다. 대화창에서 프리셋으로 복제하고 싶은 보정 기능들을 체크하고 상단에 이름을 입력한 다음 [OK] 버튼을 클릭해서 프리셋으로 저장한다.

Step 02

저장한 프리셋은 [Presets] 목록에서 찾을 수 있다. 프리셋 적용 방법은 정말로 한 번의 클릭이면 된다. 다른 사진을 불러와 [Preset] 패널에서 원하는 프리셋을 클릭하면 저장한 설정을 적용한다. 프리셋을 만들 때 유념해야 할 점이 있는데, 사진마다 다른 노출 설정을 가지고 있기 때문에 노출 보정 설정까지 프리셋으로 저장했다면 다른 사진에도 동일한 설정을 적용할 것이다. 그러므로 프리셋을 저장할 때에는 노출 보정 설정은 제외하고 저장하기를 권장한다.

Photoshop Killer **Tips**

[Fill] 대화창이 나타나는 경우

사진을 병합하고 'Background' 레이어 하나만 있을 때 영역을 선택하고 Delete(PC: Back Space)를 누르면 [Fill] 대화창이 나타나고 [Use] 팝업 메뉴에 'Content-Aware' 기능이 기본 선택되어 있다. 그러나 Delete(PC: Back Space)를 눌러도 [Fill] 대화창이 나타나지 않는 경우가 있다. 여러 개의 레이어를 가진 사진의 경우에는 [Fill] 대화창을 불러오는 대신 현재 선택한 레이어에서 선택 영역을 삭제해서 투명하게 만든다. 또한, 'Background' 레이어가 아닌 단일 레이어인 경우에도 마찬가지로 선택 영역을 삭제해서 투명하게 만든다. 선택 영역을 삭제하는 대신 [Fill] 대화창을 불러오려면 Shift + Delete(PC: Shift + Back Space)를 누르면 된다.

다른 문서의 같은 위치에 레이어 복제하기

하나의 사진에 있는 피사체를 다른 열린 문서에 복제할 때 동일한 위치에 나타나기를 원한다면, 먼저 Command(PC: Ctrl)를 누른 채 [Layers] 패널에서 레이어의 섬네일을 클릭해서 선택한 다음 Command+C(PC: Ctrl+C)를 눌러 복제한다. 그리고 다른 문서에서 [Edit]–[Paste Special]–[Paste in Place] 메뉴를 선택하면 동일한 위치에 붙이기 한다. 물론 두 개의 문서가 동일한 크기와 해상도인 경우에만 가능하다. 이 기능은 레이어 뿐만 아니라 선택 영역도 복사해서 동일한 위치에 붙이기할 수 있다.

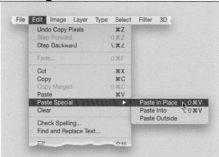

적목 현상 제거하기

적목 현상의 보정은 매우 간단하다. Zoom 도구(Z)로 눈이 있는 영역을 확대한 다음 도구상자에서 Red Eye를 선택한다(Spot Healing Brush 아래에 있다. 혹은 Shift + J를 누른다). 도구로 적목 현상이 있는 영역을 클릭하면 몇 초 만에 사라진다. 처음 클릭했을 때 적목 현상이 완전히 사라지지 않는다면 [Pupil Size] 설정을 높인다. 그리고 보정한 영역이 검은색이 아닌 회색으로 나타나면 옵션 바의 [Darken Amount] 설정을 높인다.

드래그해서 불러온 사진의 스마트 오브젝트 설정 해제하기

Bridge에서 사진을 드래그해서 드롭하는 방법으로 열 때 항상 스마트 오브젝트 형식으로 불러오도록 기본 설정되어 있다. 스마트 오브젝트 설정을 해제하려면 Command+K(PC: Ctrl + K)를 눌러 포토샵의 [Preferences]–[General] 메뉴를 선택한 다음 'Always Create Smart Objects When Placing in the Options'를 체크 해제한다.

부드럽게 줌인하기

또 다른 줌인 방식은 줌인하려는 위치에서 Zoom 도구를 클릭하고 누르고 있으면 부드럽게 줌인이 진행된다. 한 가지 단점은 속도가 느리다. 그래서 도구를 클릭하고 오른쪽으로 드래그하는 방법이 훨씬 낫다.

RAW 사진에 색상 프로필 지정하기

RAW 형식으로 촬영하는 사진의 경우 JPEG와 TIFF 형식과 달리 카메라에서 색상 프로필을 기록하지 않고, Camera Raw에서 설정한다. 모든 사진 편집에 Camera Raw를 사용하며 파일을 이메일로 전송하거나 웹에 올리기 위해 JPEG 형식으로 저장할 때 포토샵에서 보던 색상을 그대로 유지하기 위해 색상 프로필을 지정한다.

색상 프로필 설정은 Camera Raw 창 하단의 밑줄 친 텍스트 링크를 클릭해서 [Workflow Options] 대화창을 불러와 [Space] 팝업 메뉴에서 사진에 기록할 색상 프로필을 선택한다. 이메일 전송이나 웹 게시물 같은 경우 'sRGB' 색공간을 선택하면 Camera Raw에서 보는 색상을 그대로 유지한다('ProPhoto RGB'나 'Adobe RGB[1998]'과 같은 색공간 설정을 그대로 둔다면 웹이나 이메일로 보는 색상은 밋밋해진다).

UI 색상 변경 단축키

어도비사는 포토샵 1.0 버전부터 고수해오던 밝은 회색의 인터페이스 색상을 포토샵 CS6 버전부터 어두운 색상으로 변경했다. 그러나 더 밝거나 어두운 사용자 인터페이스 색상을 원하는 경우 Shift+F1을 한 번 누를 때마다 한 단계씩 어두워지고, Shift+F2를 한 번 누를 때마다 한 단계씩 밝아진다. 랩톱의 경우 환경설정에 따라 Fn을 단축키에 포함해야 한다(Fn+Shift+F1 혹은 Fn+Shift+F2).

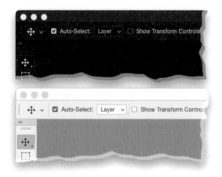

최상의 사진 빨리 찾기

저번 챕터에서 Camera Raw에서 다수의 사진을 한꺼번에 불러왔을 때 Bridge에서처럼 별점을 설정하는 방법에 대해 설명했다(단축키도 동일하다). [Filmstrip]의 드롭 메뉴에서 'Select Rated'를 선택하면 별점 등급을 가진 사진들을 자동으로 선택해서 최고의 사진들을 빨리 찾을 수 있다.

사진에서 중요한 부분의 히스토그램 보기

Camera Raw에서 인물사진을 편집할 때 사진에서 가장 중요한 부분은 물론 피사체이다. 그러나 Camera Raw의 히스토그램은 사진 전체의 데이터를 보여준다(그러므로 인물을 흰 배경에 놓고 촬영했다면 히스토그램은 피부색을 보정하는데 별 도움이 되지 않는다). 중요한 영역의 히스토그램만 보려면 Crop 도구(C)로 드래그해서 인물의 얼굴이 있는 영역만 선택한다(하지만 사진을 실제로 크로핑하지는 않는다). 그리고 상단의 히스토그램을 보면 크로핑 경계선 내부에 있는 영역의 데이터만 나타난다.

줌 배율 선택하기

Camera Raw 창에서 사진을 마우스 오른쪽 버튼으로 클릭하면 줌 배율을 선택할 수 있는 팝업 메뉴를 불러온다.

장소: 파리, 프랑스 | 노출: 1/800초 | 초점거리: 18mm | 조리개: f/4

Scream of the Crop
사진 크기 조절과 크로핑

필자가 주로 TV 프로그램, 노래 그리고 영화 제목을 검색하는 구글이나 아이튠즈 스토어에서 "crop"을 검색하면 검색 결과 대부분이 옥수수와 밀에 대한 것들이다. 솔직히 밝히자면 필자는 옥수수를 싫어한다. 무엇 때문에 싫은지 그 이유는 정확하게 모르겠지만 군이 꼽자면 아마도 냄새 때문인 것 같다. 우리가 좋아하는 음식과 싫어하는 음식을 생각해보면 보통 냄새가 불쾌한 음식을 싫어한다. 포크로 음식을 잔뜩 집어 들고 "우와, 이거 냄새가 진짜 안좋아!"라며 실제로 입에 넣어 먹은 적이 있는가? 게임 벌칙이 아닌 이상 그럴 일은 없을 것이다. 뭐라고? 먹은 적이 있다고? 사실 조금 놀랐다. 여러분이 그럴 줄은 몰랐다. 그래도 지금까지 우리 사이에는 일종의 공감대가 생겼다고 믿었다. 필자가 황당한 글을 써도 책을 환불하지 않고, 심지어 다음 챕터 도입문을 읽기 위해 챕터 본문을 건너 뛰지 않았는가. 우리는 친구라고 믿었는데...걱정이 되기 시작한다. 필자한테 밝히지 않은 것들이 더 있을 것 같다. 뭐라고? 말도 안돼! 아팠다고? 힘들었겠네. 경찰은 불렀는가? 왜 안 불렀지? 오, 그래서? 이럴 수가! 뭐라고? 뭐? 진짜? 이런. 이제 더 이상 우리가 챕터 도입문을 함께 보면 안 될 것 같다. 도입문을 읽는 것이 여러분에게 좋지 않을 것 같다. 여러분은 나락으로 추락하고 있다. 절대 여러분을 평가하는 것은 아니다. 음, 사실은 평가하는 것이 맞다. 하지만 여러분이 어떤 행동을 했는지 아는 사람이라면 누구든지 필자와 똑같이 경찰이나 변호사 혹은 족병 치료 의사나 박제사를 불러야 했다고 말했을 것이다. 그런데도 냄새나는 옥수수를 먹는 것이 괜찮다니. 위로가 될지 모르겠는데 필자는 밀도 먹지 않는다. 대체 어디에서 한 부셸의 밀을 사란 말인가. 식료품 상점? 애완동물 사료 상점? 지하철? 어, 50% 할인쿠폰이 있네!

기본 크로핑 기능 익히기

어도비사는 포토샵 CS6 버전에서 크로핑 기능을 완전히 재정비했다(몇 번의 부차적인 개선을 제외하면 기본적으로 1.0 버전과 거의 차이가 없었으므로 반드시 필요했다). 여기서는 새로운 방식을 포함한 다양한 기본 크로핑 기능에 대해 알아볼 것이며, 포토샵에는 여러 가지 다른 크로핑 빙식들이 있으므로 모두 소개하겠다. 라이트룸 사용자라면 유사한 방식을 사용하므로 쉽게 익힐 수 있다.

Step 01

Crop 도구(C)를 선택하면 과거의 버전과 다른 점이 보인다. 크로핑 도구를 선택하면 크로핑 경계선이 사진의 둘레에 맞춰 자동으로 추가되므로 전처럼 경계선을 드래그해서 사진에 맞출 필요가 없다. 이제 경계선의 모서리나 옆면의 핸들을 잡고 안쪽으로 드래그해서 원하는 구도로 설정한다. 사진 본래의 종횡비를 유지하고 싶다면 Shift 를 누른 채 크로핑 핸들을 드래그한다. 또한 크로핑 영역 내부를 클릭하고 드래그해서 크로핑하는 사진의 위치를 조절할 수 있다.

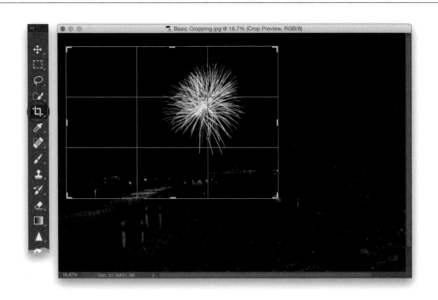

Step 02

Step 01의 예제 사진에서 본 삼등분할 그리드는 크로핑 핸들을 드래그하기 전에는 나타나지 않는다. 다른 종류의 오버레이가 나타난다면 상단의 옵션 바에서 Overlay Options 아이콘(Straighten 도구의 바로 오른쪽)을 선택하고 팝업 메뉴에서 원하는 오버레이를 선택한다. 어느 오버레이를 사용해야 하는지 잘 모르겠다면 O를 누를 때마다 바뀌는 오버레이를 확인하고 선택한다. 팝업 메뉴에는 세 종류의 오버레이 설정도 있는데, 'Always Show Overlay'는 크로핑을 하지 않을 때도 항상 오버레이가 보인다. 'Never Show Overlay' 그리고 필자가 선호하는 'Auto Show Overlay'는 실제로 크로핑할 때만 오버레이가 보인다.

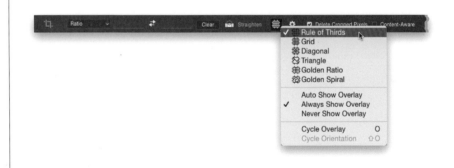

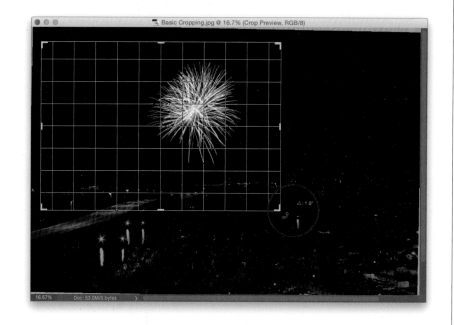

Step 03

크로핑 경계선의 크기와 위치를 설정한 다음 사진을 회전하려면 경계선 외부에 커서를 놓는다. 그러면 커서가 쌍방향 화살표로 바뀐다. 화살표를 클릭하고 위나 아래로 드래그하면 선택한 방향으로 사진이 회전한다. 이 새로운 크로핑 방식은 특히 지평선이나 건축물의 기울기를 조절해야 하는 경우에 유용하다. 사진을 회전할 때 회전 각도를 알려주는 작은 팝업이 나타난다(예제 사진에 빨간색 원으로 표시한 지점).

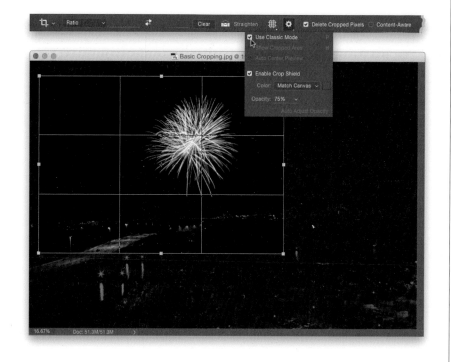

Step 04

사진 대신 크로핑 경계선을 회전하는 과거의 크로핑 방식이 더 편하다면 상단의 옵션 바에서 기어처럼 생긴 Crop Options 아이콘을 클릭한 다음 'Use Classic Mode'를 체크한다. 하지만 예전 방식을 활성화하기 전에 새로운 크로핑 기능을 시도해보기 바란다. 한 번 사용해보면 매우 유용하다는 것을 느낄 수 있다. Classic 모드를 사용하지 않는 경우, 옵션 메뉴에서 선택할 수 있는 두 가지 기능이 있다. 하나는 크로핑 경계선의 기본 위치를 중앙에 놓는 자동 설정을 해제할 수 있으며, 나머지는 다음 페이지에서 알아볼 것이다.

Step 05

다른 옵션은 라이트룸에서 빌려온 크로핑 기능이
다. 라이트룸에서 Lights Out 크로핑이라고 부르
는 이 기능은 크로핑 영역 외부를 완전히 어둡게
만들어 크로핑 후의 결과를 방해 요소가 없이 미
리 알기 쉽다. Set Additional Crop Options 아
이콘을 클릭하고 'Show Cropped Area'를 체크
해서 이 기능을 활성화/비활성화할 수 있지만 단
축키 H를 누르는 방법이 훨씬 편리하다. 게다가
Lights out 모드를 활성화하고 Tab을 누르면 도구
상자, 패널, 옵션 바 등 모든 인터페이스 구성 요소
들을 숨긴다. 또 다른 옵션들은 크로핑하는 영역을
어둡게 표시하는 Crop Shield 모드에서 사용하는
기능들이며, [Opacity]로 어두운 정도를 조절한다.
혹은 'Enable Crop Shield'를 체크 해제해서 비활
성화할 수 있다.

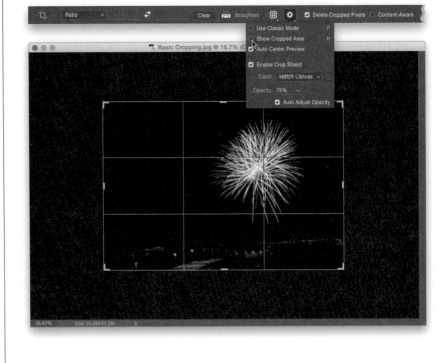

Step 06

작업 시간을 절약하고 싶다면 옵션 바 왼쪽 끝에
있는 팝업 메뉴에서 일반적인 크로핑 크기 프리셋
들 중 하나를 선택해서 적용할 수 있다. 원하는 종
횡비를 선택하면 예제 사진과 같이 크로핑 경계선
을 자동으로 재조절한다. 여기서는 '1 : 1' 종횡비
를 선택했다.

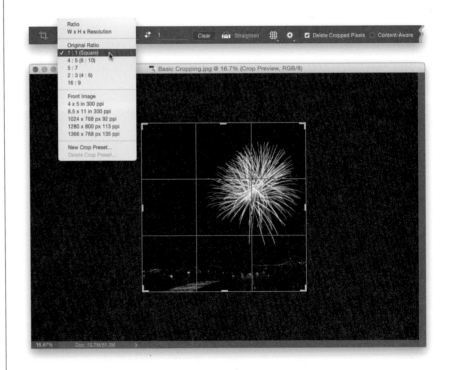

Step 07

크로핑 설정을 하던 중 마음이 바뀌어 사진을 크
로핑하고 싶지 않다면 Esc를 누르거나, 예제 사진
과 같이 옵션 바에서 금지 기호를 클릭하거나, 도
구상자에서 다른 도구를 선택하면 사진을 크롭할
지 묻는 대화창을 불러온다.

TIP 크로핑 경계선 방향 뒤집기

크로핑 경계선을 클릭해서 드래그한 다음 종횡비
는 그대로 유지한 채 횡구도 크로핑 경계선을 종
구도로 바꾸고 싶다면 X를 누른다.

Step 08

지금까지 도구를 선택하고 핸들을 드래그해서 설
정하는 일반적인 크로핑 방법을 살펴보았지만, 과
기의 포토샵 크로핑 기능과 같이 크로핑 도구를 클
릭하고 원하는 영역을 드래그하는 프리스타일 크
로핑 기능도 사용할 수 있다. 크로핑 경계선을 클
릭하고 원하는 구도로 드래그하면 새로 설정한 크
로핑 경계선이 나타난다. 그 후에는 물론 앞에서 배
운 것처럼 핸들을 재조절할 수 있다.

Step 09

또한 Crop 도구를 사용해서 사진 둘레에 캔버스 영역을 추가할 수 있는데, 그 전에 할 일이 있다. 흰색의 캔버스 영역을 원한다면(대부분의 경우 흰색을 원할 것이라고 생각한다) Crop 도구를 클릭하기 전에 D를 눌러 배경 색상을 흰색으로 설정한다. 그리고 Crop 도구를 선택한 다음 옵션 바 왼쪽 끝의 팝업 메뉴에서 'Ratio'를 선택하고 [Clear] 버튼을 클릭해서 [Width]와 [Height] 영역을 비운다. 그렇지 않으면 사진의 종횡비에 맞춰 크로핑 경계선을 자동 설정한다(예제 사진의 경우 사진의 하단의 캔버스 영역을 옆면과 상단보다 더 넓게 설정하려고 한다). 이제 크로핑 핸들을 잡고 외부로 드래그해서 캔버스 영역을 추가한다. 여기서는 왼쪽 상단 핸들을 클릭하고 왼쪽 상단 방향으로(45° 각도) 드래그해서 사진 둘레에 캔버스 영역을 추가했다.

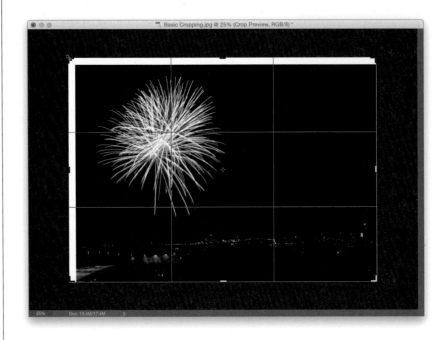

Step 10

동일한 방법으로 사진의 오른쪽과 하단에도 캔버스 영역을 추가한다. 하단의 경우 예술 포스터와 같은 느낌을 주기 위해 캔버스 영역을 더 넓게 설정한다.

TIP Shift **사용하지 않기**

Shift를 누른 채 경계선을 드래그하면 크로핑 종횡비를 유지한다는 점은 이미 알고 있을 것이다. 다시는 Shift를 누를 필요 없이 종횡비를 유지하는 비법을 알려주겠다. 열려있는 모든 사진을 닫고 Crop 도구를 선택한 다음 옵션 바 왼쪽 끝의 팝업 메뉴에서 'Original Ratio'를 선택하면 기본 설정으로 저장한다.

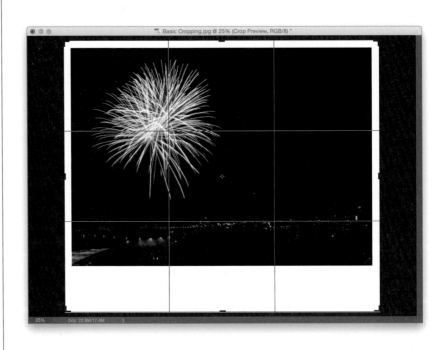

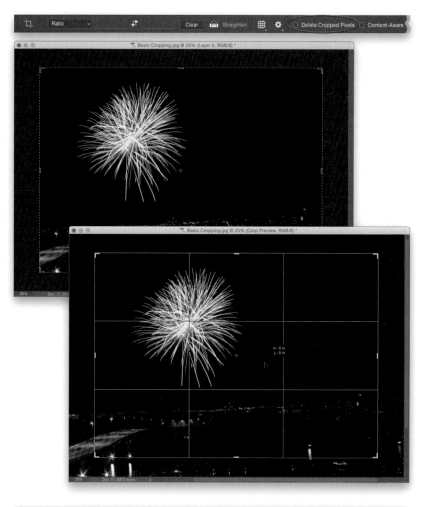

Step 11

사진을 실제로 자르기 전에 결정해야 할 사항이 있다. 다행히 자신의 작업 방식을 기반으로 한 번만 설정하면 된다. 그것은 잘라내는 영역의 처리 방식으로 ❶ 영원히 삭제하거나, ❷ 보이지만 않도록 숨기고 필요하다면 다시 불러올 수 있도록 설정하는 것이다. 설정은 옵션 바에서 'Delete Cropped Pixels'를 체크하거나 해제한다. 이 항목을 체크하면 잘려나가는 경계선 외부의 영역을 삭제하고 파일 크기는 작아진다. 체크 해제하면 잘려나가는 영역을 볼 수 없어도 파일에 그대로 남아 있다(Crop 도구를 다시 클릭하고 경계선을 바깥 방향으로 드래그하면 잘려나간 영역을 볼 수 있다). 특정 크기의 사진이 필요하지만 설정한 크로핑 구도가 마음에 들지 않는다면 Move 도구(V)로 사진의 위치를 재조절하거나, Crop 도구가 활성화된 상태에서 크로핑 경계선을 클릭하고 사진을 클릭해서 위치를 이동한다.

Step 12

크로핑 경계선의 위치 설정을 마친 다음 Return (PC: Enter)을 눌러 적용한다. 예제 사진의 경우 하단의 전경 대부분을 크로핑했다.

특정 크기로 크로핑하기

크로핑할 때 기본 크기나 Crop 도구의 팝업 메뉴에서 크로핑 종횡비 프리셋을 사용한다면 상관없지만 팝업 메뉴에서 선택할 수 있는 크기는 제한되어 있으므로 이번에는 필요한 크기를 직접 설정하는 방법과 직접 설정한 크로핑 크기를 매번 처음부터 설정할 필요가 없도록 팝업 메뉴에 저장하는 방법에 대해 알아보자. 또한 다른 크로핑 방법도 소개할 것이다. 그다지 자랑할 만한 방식은 아니지만 많은 사진가들이 사용하는 방법이다.

Step 01

예제 사진은 20×16인치 크기로 출력하려고 한다. 일반적인 디지털 사진 크기가 아니라 과거의 필름 크기에 기반을 두었지만 현재도 일반적으로 많이 사용하는 크기이다. 그러므로 사진을 크로핑해야 한다. 먼저 도구상자에서 Crop 도구(C)를 클릭한 다음 옵션 바 왼쪽 끝의 팝업 메뉴에서 'W x H x Resolution'을 선택한다.

Step 02

이 항목을 선택하면 [Width]와 [Height] 입력란 옆에 [Resolution] 입력란이 추가된다. 여기에 원하는 크기를 입력하면 된다. 예제 사진의 경우, 크기는 20×16인치로 설정하고 해상도는 대부분의 컬러 잉크젯 출력에 적합한 '240ppi'로 설정한다. 직접 설정한 크기 설정을 이후에 다시 사용할 계획이라면, 팝업 메뉴를 클릭하고 'New Crop Preset'을 선택한 다음 프리셋 이름을 입력하고 [OK] 버튼을 클릭해서 저장하여 팝업 메뉴에 새로 만든 크기를 추가한다. 사진을 클릭하고 오른쪽이나 왼쪽으로 드래그해서 원하는 구도를 설정한 후 Return(PC: Enter)을 눌러 사진을 크로핑한다.

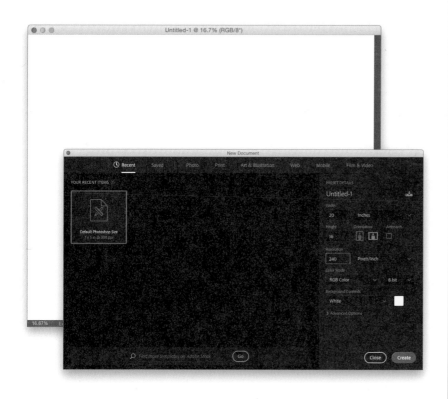

Step 03

이번에는 위에서 얘기한 또 다른 크로핑 방법을 알아보자. [File] 메뉴에서 'New'를 선택하거나 Command+N(PC: Ctrl+N)을 눌러 [New Document] 대화창에서 사진 크기를 20×16인치, 해상도 240ppi로 설정한 다음 [OK] 버튼을 클릭해 크로핑하려는 사진 크기와 동일한 빈문서를 만든다.

TIP 다른 사진과 동일한 크기로 크로핑하기

다른 사진과 똑같게 사진의 크기를 설정하고 싶다면 그 사진의 설정을 크로핑 크기로 사용할 수 있다. 먼저 크기를 변경할 사진을 불러온 다음 원하는 크기와 해상도의 사진을 불러온다. Crop 도구를 선택하고 옵션 바 왼쪽 끝의 팝업 메뉴에서 'Front Image'를 선택하면 포토샵이 나중에 불러온 사진의 크기를 [Width], [Height], [Resolution]에 자동 입력한다. 그리고 다른 사진을 다시 선택하면 크기 설정을 빌려온 사진의 크기와 동일한 크기의 크로핑 경계선이 사진에 추가되어 있다.

Step 04

Move 도구(V)를 선택한 다음 크로핑하려는 사진을 클릭하고 새문서로 드래그해서 드롭한다. Move 도구를 선택한 상태에서 사진을 클릭하고 드래그해서 원하는 구도로 맞추고 Command+E(PC: Ctrl+E)를 눌러 사진이 있는 레이어를 'Background' 레이어와 병합한다. 두 가지 방법 모두 똑같은 기능을 하므로 자신의 취향에 맞는 방법을 사용하면 된다.

자신만의 Crop
도구 만들기

자신만의 도구를 만드는 것은 상급의 테크닉이지만 방법이 복잡하지 않다. 사실 한 번 설정해놓으면 시간과 비용을 절약할 수 있다. "도구 프리셋"이라고 부르는 기능은 일련의 도구들인데(이번 경우에는 Crop 도구들) 모든 선택 항목을 미리 설정해서 5×7인치, 6×4인치 혹은 원하는 크기의 Crop 노구를 만드는 것이다. 그러면 사진을 5×7인치로 크로핑하고 싶을 때 5×7인치 Crop 도구 프리셋을 선택해서 적용할 수 있다.

Step 01

ⓒ를 눌러 Crop 도구로 전환한 다음 [Window] 메뉴에서 'Tool Preset'을 선택해서 [Tool Preset] 패널을 불러온다. 목록에 이미 다섯 개의 Crop 도구 프리셋이 있다. 하단의 'Current Tool Only'를 체크해서 현재 선택한 도구의 프리셋만 보이도록 설정한다. 그렇지 않으면 모든 도구의 프리셋들이 나열된다.

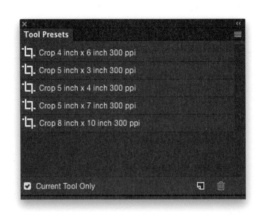

Step 02

상단에 있는 옵션 바의 팝업 메뉴를 'Ratio'로 설정하고 만들려는 도구의 크기를 입력한다. 여기서는 지갑사진 크기의 Crop 도구 프리셋을 만들기 위해 [Width]에 '2인치'를 입력하고 Tab을 눌러 [Height] 입력란으로 건너뛰어 '2.5인치'를 입력한 다음 Return(PC: Enter)을 누른다.

|NOTE|
도구 프리셋에 해상도 설정도 포함할 수 있다. 팝업 메뉴에서 'W×H×Resolution'을 선택한 다음 너비, 높이, 해상도를 입력하고 Return(PC: Enter)을 누른다.

Step 03

[Tool Presets] 패널 하단의 휴지통 옆에 있는 'Create New Tool Preset' 아이콘을 클릭하고, [New Tool Preset] 대화창에서 새로 만든 프리셋의 이름을 설정한다. 이름을 입력하고 [OK] 버튼을 누르면 새로운 도구를 [Tool Presets] 패널에 추가한다. 이 과정을 반복해서 가장 빈번히 사용하는 크기들을 Crop 도구 프리셋으로 만들어 저장한다. 프리셋의 이름은 서술적인 것이 좋다(예를 들어, "인물사진"이나 "풍경사진"과 같은 설명을 추가한다). 프리셋 이름을 변경하려면 패널에서 프리셋 이름을 더블클릭한 다음 새 이름을 입력한다.

Step 04

[Tool Presets] 패널을 열지 않고 더 쉽게 도구 프리셋을 사용할 수 있는 방법이 있다. Crop 도구를 선택하고 옵션 바 왼쪽 끝의 Crop 아이콘을 클릭하면 도구 프리셋 드롭 메뉴가 열린다. 프리셋을 클릭해서 선택하면 설정한 크기의 크로핑 경계선을 사진으로 불러온다.

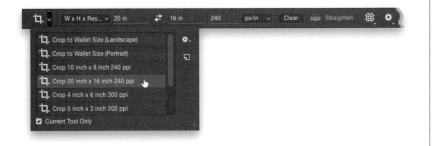

Step 05

[Tool Presets] 패널을 닫고 훨씬 더 쉬운 프리셋 선택 방법을 사용해보자. Crop 도구를 선택하고 옵션 바 끝 부분의 Crop 아이콘을 클릭하면 프리셋 항목이 열린다. 원하는 프리셋을 클릭하면 해당 크기의 크로핑 경계선을 불러온다.

새 문서 크기
프리셋 만들기

포토샵의 새 문서 대화창에는 다수의 프리셋 크기들이 있다. 여러분은 아마 "4×6인치, 5×7인치, 8×10인치 프리셋이 있네. 그것으로 충분해"라고 생각하고 있을 것이다. 문제는 이 프리셋들의 해상도 설정을 변경할 방법이 없다는 점이다('Portrait, 4×6'은 해상도가 항상 300ppi일 것이다). 그러므로 사진만의 새 문서 크기를 만드는 것이 중요하며, 이번에는 그 방법에 대해 알아보자.

Step 01

[File] 메뉴에서 'New'를 선택하거나 Command+N(PC: Ctrl+N)을 누른다. [New Document] 대화창 상단의 [Photo]를 클릭하면 종구도와 횡구도의 4×6인치, 5×7인치, 8×10인치 크기의 프리셋 목록을 불러온다. 이 프리셋들의 문제점은 해상도가 '300ppi'로 기본 설정되어 있다. 그러므로 해상도가 그보다 낮은 프리셋을 원하는 경우 직접 프리셋을 만들어 저장해야 한다.

Step 02

예를 들어, 횡구도의 5×7인치 크기 문서를 원한다고 가정하자. [Photo]를 클릭하고 'Landscape, 5×7' 프리셋을 클릭한다(프리셋 영역 가운데의 'View All Presets'를 클릭하면 더 많은 프리셋을 볼 수 있다). 대화창 오른쪽에 [Resolution] 아래의 [Color Mode]에서 원하는 색상 모드와 [Color Profile]에서 색상 프로필을 설정한 다음 [Resolution]에 해상도를 입력한다(여기서는 고화질 인쇄기에서 출력하기에도 충분한 '212'를 입력했다). 설정을 마치면 패널 오른쪽 상단의 'Save Document Preset' 아이콘을 클릭한다.

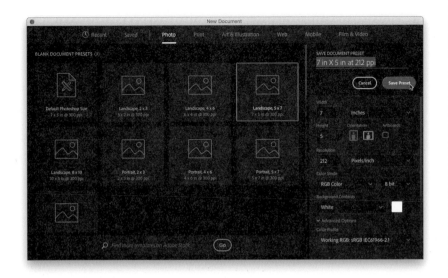

Step 03

오른쪽 상단의 [Save Document Preset] 영역이 나타나면 프리셋 이름을 입력하고(크기와 해상도를 이름으로 설정했다) [Save Preset] 버튼을 클릭해서 프리셋을 저장한다.

TIP 새 문서 템플릿 사용하기

어도비사는 빈 문서 프리셋들 하단에 각 종류의 새 문서를 위한 무료 템플릿을 제공한다. 프리셋 하나를 클릭하고 대화창 오른쪽에 있는 [See Preview] 버튼을 클릭해서 템플릿들을 보고 마음에 들면 다운로드한다.

Step 04

직접 만들어서 저장한 프리셋은 [New Document] 대화창의 [Saved Blank Document Presets] 영역에서 찾을 수 있다(대화창 상단의 [Saved]를 클릭한다). 이 과정은 한 번만 거치면 된다. 포토샵이 설정을 기억하므로 앞으로 항상 새 문서 대화창에서 볼 수 있다.

Step 05

프리셋을 삭제하는 방법은 간단하다. [New Document] 대화창에서 [Saved]를 클릭한 다음 삭제할 프리셋을 선택한다. 오른쪽 상단 모서리에 있는 휴지통 아이콘을 클릭하여 프리셋을 삭제한다.

TIP 과거의 [New] 대화창 사용하기

과거의 [New] 대화창을 사용하는 것이 편리하다면 Command+ⓚ(PC: ⒸⓉⓇⓁ+ⓚ)를 눌러 포토샵의 [Preferences] 대화창을 불러온 다음 [General] 영역에서 'Use Legacy "New Document" Interface'를 체크한다. [New] 대화창에서 프리셋을 사용하려면 [Document Type] 팝업 메뉴에서 'Photo'를 선택한 다음 [Size] 팝업 메뉴를 클릭하면 프리셋 목록을 볼 수 있다.

스캔한 사진의 크기를 재조절한 경험이 있다면 디지털 카메라로 촬영한 사진의 크기를 재조절하는 것은 사뭇 다르다는 점을 알 것이다. 그 이유는 스캐너는 일반적으로 300ppi 이상의 해상도로 사진을 스캔하지만 디지털 카메라의 경우, 사진의 크기 자체는 크지만 해상도는 일반적으로 72ppi가 기본 설정이다. 디지털 카메라로 촬영한 사진 크기의 재조절 비법은 화질의 손실 없이 사진 크기를 줄이고 해상도를 높이는 것이다.

사진 크기 재조절하기

Step 01

크기를 재조절할 디지털 사진을 불러온다. Command+R(PC: Ctrl+R)을 눌러 포토샵의 눈금자를 불러온다. 예제 사진에서 눈금자를 보면 사진의 크기는 폭이 59인치이고 높이가 39인치이다.

Step 02

[Image]-[Image Size] 메뉴를 선택하거나 Command+Option+I(PC: Ctrl+Alt+I)를 눌러 [Image Size] 대화창을 불러온다. 예제 사진을 보면 [Resolution] 설정이 '72'이다. 72ppi는 저해상도에 속하며, 인터넷이나 슬라이드 쇼 등과 같이 화면에서 보기에는 적합하지만 컬러 잉크젯 프린터나 인쇄기에서의 고화질 사진 출력용으로는 적합하지 않다.

Step 03

사진을 프린터나 인쇄기에서 출력할 계획이라면 좋은 결과를 얻기 위해 해상도를 높여야 한다. 원하는 해상도를 [Resolution]에 입력하는 간단한 방법이라면 좋겠지만 저해상도 사진을 흐릿하고 픽셀이 보이게 만드는 리샘플링 기능을 비활성화해야 한다. 그러면 해상도를 설정할 때 포토샵이 사진의 [Width]와 [Height]을 동일한 비율로 자동 조절한다. 리샘플 기능을 해제하고 사진의 크기를 조절하면 해상도가 높아진다. 게다가 화질의 손실도 전혀 없다.

Step 04

'Resample'을 체크 해제하고 잉크젯 프린터 출력을 위해 [Resolution]에 '240'을 입력했다. 더 높은 해상도 설정이 필요하다는 생각이 들겠지만 사실은 그렇지 않다. 필자는 240ppi 이상으로 사진을 출력한 경우가 없다. 예제 사진의 경우, 240ppi 설정으로 18×12인치 크기까지 출력할 수 있다.

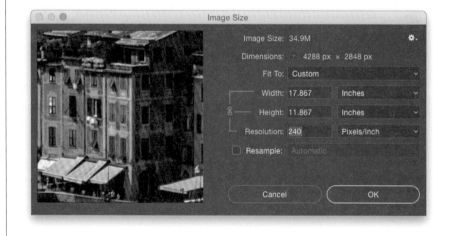

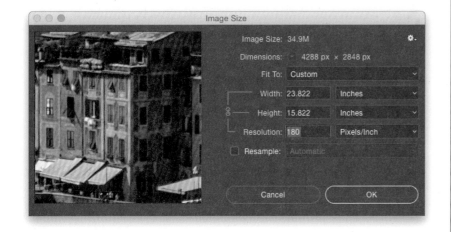

Step 05

이번에는 [Resolution] 설정을 '180ppi'로 설정했다. 180ppi는 컬러 잉크젯 프린터로 출력할 때 최하로 낮출 수 있는 설정이다. 사진의 크기를 살펴보면 [Width]는 거의 '24인치'에 [Height]는 '16인치'가 된다. 그리고 'Resmaple' 기능을 해제했기 때문에 화질 손실이 전혀 없다.

Step 06

[OK] 버튼을 클릭해도 사진은 전과 똑같아 보이며 아무 변화가 없다. 그러나 눈금자를 확인해보면 사진의 크기가 거의 16x24인치가 되었다. 지금까지 알아본 사진 크기 재설정 방법을 사용하면 다음 세 가지 결과가 나타난다. ❶ 사진의 실제 크기를 축소한다(이제 사진을 16×24인치 크기의 출력 용지에 맞출 수 있다). ❷ 컬러 잉크젯 프린터에서 출력하기에 충분하도록 해상도를 높인다. ❸ 'Resample'을 체크 해제했기 때문에 화질을 그대로 유지한다.

|NOTE|
스캐너로 스캔한 사진은 본래 고해상도로 설정되어 있으므로 'Resample'을 해제하지 않는다. 디지털 카메라로 촬영한 저해상도인 경우에만 'Resample'을 체크 해제한다.

자동 저장과 크기 재조절 기능

크기를 재조절하거나 TIFF에서 JPEG 형식으로 변환 혹은 PSD에서 JPEG 형식으로 변환해야 할 다수의 사진이 있다면 내장된 Image Processor 기능을 사용하면 편리하다. 예상하지 못한 장소인 [Scripts] 메뉴에 숨겨져 있지만 겁먹을 필요는 없다. 매우 편리하고 사용법도 간단하면 작업 시간을 절약할 수 있는 자동화된 도구이다.

Step 01

[File]–[Scripts] 메뉴에서 'Image Processor'를 선택한다. 포토샵이 아닌 Bridge를 사용한다면 Image Processor 기능을 적용하려는 모든 사진들을 Command+클릭(PC: Ctrl+클릭)으로 선택한 다음 [Tools]–[Photoshop] 메뉴에서 'Image Processor'를 선택한다. 그러면 [Image Processor] 대화창을 불러올 때 선택한 사진들이 이미 설정을 적용하도록 지정되어 있다.

Step 02

[Image Processor] 대화창에서 가장 먼저 해야 할 일은 기능을 실행할 사진 폴더를 선택한다. [Select Folder] 버튼을 클릭해서 원하는 폴더를 찾은 다음 [Open(PC: OK)]을 클릭한다. 이미 사진들을 포토샵으로 불러왔다면 [Use Open Image] 버튼을 클릭한다. Bridge에서 'Image Processor'를 선택했고 [Select Folder] 버튼이 없으면, 그 대신 Bridge에서 선택한 사진들이 몇 장인지 알려준다. 다음은 두 번째 영역에서 새로운 복사본들을 동일한 폴더에 저장할지 혹은 다른 폴더로 복사할지 선택한다.

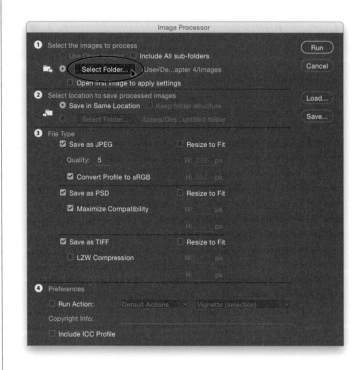

Step 03

세 번째 영역에서는 복사본의 개수와 형식을 선택한다. 'Save as JPEG', 'Save as PSD', 'Save as TIFF'를 모두 체크하면 세 가지 형식의 복사본을 세 개 만드는 것이다. 'Resize to Fit'을 체크하고 [Width]와 [Height]를 입력하면 복사본들의 크기도 재설정한다. 왼쪽의 예제의 경우, 각 파일을 작은 크기의 JPEG 형식과 큰 크기의 TIFF 형식으로 복사하도록 설정했으므로 원본 폴더를 열어보면 각 선택 파일마다 작은 크기의 JPEG 파일과 큰 크기의 TIFF 파일이 있을 것이다.

Step 04

복사본에 적용할 액션을 만들었다면 자동 적용하도록 네 번째 영역에서 설정할 수 있는데, 'Run Action'을 체크한 다음 팝업 메뉴에서 실행할 액션을 선택하면 된다. 복사본에 저작권 정보를 자동으로 기록하고 싶다면 [Copyright Info] 영역에 정보를 입력한다. 마지막으로 'Include ICC Profile'을 체크하면 각 사진에 ICC 프로필을 포함한다(물론 필자는 이 항목을 체크하라고 설득할 것이다. 이 책의 웹페이지에 올린 출력에 대한 보너스 챕터에 포토샵의 색상 관리 설정 방법에 대한 설명을 포함했기 때문이다). 이제 [Run] 버튼을 클릭하고 기다리면 잠시 후 여러 개의 복사본을 얻을 수 있다.

포스터 크기 출력을 위한 사진 크기 설정

앞에서 설명한 사진 출력에 적절한 해상도에 대해 기억할 것이다. 그렇다면 프로 사진 가들은 어떻게 초고도 메가픽셀 카메라가 없어도 포스터 크기의 사진들을 출력할 수 있는 것일까? 그것은 매우 쉽다. 포토샵에서 사진 크기를 늘리면 되며, 사진 크기를 300% 이상으로 설정하는 경우가 아니라면 별도의 크기 재조절 플러그인을 구입하지 않고 포토샵에서 크기를 재조절할 수 있다(사진 크기를 300% 이상 크게 만들려면 OnOne Software사의 Resize와 같은 플러그인의 사용을 추천한다).

Step 01

크기를 재조절할 사진을 불러온 다음 [Image] 메뉴에서 'Image Size'를 선택하거나 Command +Option+I(PC: Ctrl + Alt + I)를 눌러 [Image Size] 대화창을 불러온다. [Width] 영역 오른쪽의 팝업 메뉴를 보면 'Inches'가 기본으로 선택되어 있다. 메뉴를 클릭하고 'Percent'를 선택하면 [Width]와 [Height]의 단위를 백분율로 변경한다. 그리고 하단의 'Resample'을 체크한다.

Step 02

이제 [Width] 영역을 '200%'나 '300%'로 설정한다 (다양한 논쟁이 있지만 100% 단위로 설정하는 것이 가장 효과적인 듯하다). [Width]와 [Height]는 연결되어 있기 때문에 한 영역만 설정해도 나머지 영역은 자동으로 설정이 변경된다.

Step 03

대화창 하단에는 사진의 크기를 늘리는데 사용할 알고리즘을 선택하는 팝업 메뉴가 있다. 기본 설정은 'Automatic'이며, 필자는 일반적인 사진 크기 재조절에 사용한다. 그러나 사진의 크기를 200% 또는 300% 크게 늘리는 경우에는 어도비사에서 '확대에 최적'이라고 주장하는 'Bicubic Smoother'를 선택한다.

Step 04

빈센트 베르사체는 이 법칙을 깼다. 그의 연구에 의하면 그가 사용하는 사진 크기 재조절 테크닉의 핵심은 어도비사가 추천하는 샘플링 방식인 'Bicubic Smoother'를 사용하지 않고 그 대신 'Bicubic Sharper'를 선택하면 더 나은 결과를 보이는 것 같다. 자신에게 맞는 설정을 찾기 위해서는 동일한 사진으로 두 방식을 모두 적용해서 테스트 출력을 해보고 차이점이 보이는지 비교해보자. 예제 사진은 38×25인치로 크기를 재조절한 결과이다(Command+R)(PC: Ctrl+R)을 눌러 눈금자로 크기를 확인할 수 있다).

비뚤어진 사진
바로잡기

어도비사는 몇 개의 포토샵 버전을 거치면서 비뚤어진 사진을 바로잡는 방식을 개선해왔다. 최신 버전에서는 가장 쉽고 빠른 기능을 가지고 있으며 Crop 도구를 사용해 비뚤어진 사진을 바로잡을 수 있다.

Step 01

비뚤어진 사진을 불러온 다음 도구상자에서 Crop 도구(C)를 선택하고 옵션 바에서 Straightening 도구를 클릭한다.

Step 02

이제 사진에서 수평이 되어야 할 곳이나 비교적 수평에 가까운 부분을 찾는다. Straightening 도구를 클릭하고 그 부분을 따라 왼쪽에서 시작해서 오른쪽으로 수평선을 드래그한다.

Step 03

마우스 버튼을 놓으면 설정에 맞춰 사진의 기울기를 바로잡는다. 이 기능의 장점은 사진을 바로잡으면 모서리에 회색의 빈 공간이 포함되지 않도록 크로핑 경계선을 자동 조절한다. 예제 사진의 회색 삼각형 영역이 보이는가? 포토샵이 이 영역을 잘라내지 않는다면 사진에 흰색으로 나타난다. 이제 Return(PC: Enter)을 눌러 설정을 적용하면 비뚤어진 사진을 바로잡는 동시에 크로핑까지 적용해서 하단의 예제 사진과 같은 결과가 된다.

사진 크기 축소하기

원본의 화질을 최대한 유지하면서 사진의 크기를 축소하려면 따라야 하는 규칙과 방법이 몇 가지 있는데 주로 사용하는 두 가지 방법을 알아볼 것이다. 다행히 사진을 크게 만드는 경우보다 축소할 때 화질을 유지하기가 훨씬 쉽다. 필자가 소개하는 방법을 따른다면 축소한 사진의 화질이 극적으로 개선된 것처럼 보이며, 훨씬 선명해 보일 것이다.

해상도가 이미 300ppi인 사진 크기 축소하기

앞에서 72ppi의 해상도와 큰 크기의 디지털 카메라로 촬영한 사진(예를 들어, 24×42인치 크기)의 크기를 재조절하는 방법에 대해 알아보았다. 만약 그 반대로 300ppi의 해상도와 크기가 작은 (예를 들어, 12×8인치) 사진을 촬영했다면 어떻게 할 것인가? 기본적으로 [Image Size] 대화창에서 'Resample'을 체크하고 원하는 크기를 입력하고 [OK] 버튼을 클릭하면 된다(예제 사진의 경우 사진을 4×6인치 크기로 설정하려고 한다). 이때 해상도는 변경하지 않는다. 그러면 설정한 크기로 사진을 축소하고 해상도는 유지한다. 이 방법으로 사진을 축소하는 경우, 사진이 약간 부드러워진다. 그러므로 크기를 변경한 다음 Unsharp Mask 필터를 적용해서 샤프닝 효과를 추가하는 것이 좋다(자세한 설정 방법은 챕터 11 참고).

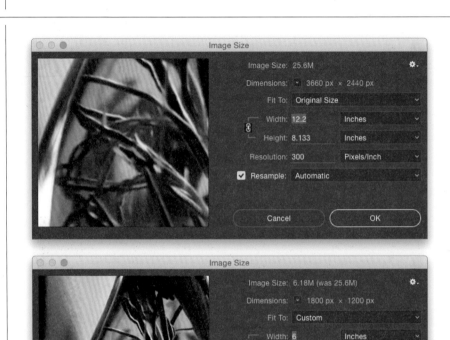

문서 전체를 축소하지 않고
하나의 사진 크기만 축소하기

여러 개의 사진이 있는 하나의 문서를 가지고 작업하는 경우, 다른 방법으로 사진의 크기를 변경한다. 먼저 [Layers] 패널에서 크기를 변경할 사진의 레이어를 선택한 다음 Command+T(PC: Ctrl+T)를 눌러 Free Transform 기능을 불러오면 Crop 도구처럼 사진의 둘레에 작은 핸들들을 추가한다. 사진의 종횡비를 유지하기 위해 Shift를 누른 채 모서리의 핸들을 클릭한 다음 안쪽으로 드래그해서 크기를 축소한다. 재조절한 크기가 마음에 든다면 Return(PC: Enter)을 눌러 설정을 적용한다. 크기를 변경한 후 화질이 부드러워졌다면 Unsharp Mask 필터로 샤프닝 효과를 적용한다(자세한 설정 방법은 챕터 11 참고).

TIP Free Transform 핸들 잡기
예제 사진에서처럼 사진을 다른 문서로 드래그한다면 드래그한 사진의 크기를 다른 사진에 맞도록 변경해야 할 가능성이 크다. 그리고 다른 사진보다 크다면 Free Transform 기능을 불러왔을 때 크기를 조절하는 핸들이 보이지 않아 잡을 수 없는 경우가 있다(예제 사진에서는 사진이 오른쪽 경계선을 벗어나 있다). 이때 Command+0(PC: Ctrl+0)를 누르면 핸들이 보이도록 창의 크기를 자동 조절한다. 유념해야 할 점이 두 가지 있다. ❶ Free Transform을 활성화해야 한다. ❷ 알파벳 O가 아니라 숫자 0이다.

문서들 사이에서 드래그한 사진의 크기 변경에 대한 문제점

얼핏 보면 이해가 되지 않기 때문에 많은 사용자들을 곤혹스럽게 만드는 문제점이 있다. 동일한 크기로 보이는 두 개의 열린 문서가 있는데, 에펠탑 사진을 빈 문서로 드래그하자 하단의 예제 사진과 같이 크기가 작게 나타난다. 그 이유는 두 문서의 실제 크기가 다르기 때문이다. 에펠탑 사진은 저해상도인 72ppi이지만 빈문서는 고해상도인 300ppi이다. 두 문서 크기에 대한 단서는 상단의 타이틀 바에 있다. 에펠탑 사진은 100% 크기이지만, 'Untitled-1' 문서는 25% 크기이기 때문에 실제 크기는 에펠탑 사진보다 훨씬 크다. 사진을 다른 문서로 드래그하는 경우 두 문서의 크기는 같아야 한다.

TIP 크로핑&기울기 자동 보정 기능

사진을 스캔할 때 작업 시간을 단축하고 싶다면 스캐너 베드에 최대한 많은 사진들을 놓고 단일 사진으로 스캔하는 방법을 사용해보자. 그리고 포토샵이 각 사진을 자동으로 기울기 보정을 실행해서 각각 분리된 문서에 저장하도록 설정한다. [File]-[Automate] 메뉴에서 'Crop and Straighten Photos'를 선택한다. 이 메뉴를 선택하면 대화창을 불러오는 대신 포토샵이 사진들의 경계선을 탐색해 기울기를 보정하고 각 사진을 복사해서 별도의 문서를 만든다.

간혹 사진이 원하는 사진 크기 전체를 채우지 못하는 경우가 있다. 예를 들어, 디지털 카메라로 촬영한 사진을 전통적인 8×10인치 크기에 맞추려면 상단이나 하단에 (혹은 상단과 하단 모두) 빈 공간이 남는다. 이때 Content-Aware Scale 기능을 사용해서 중요한 부분은 그대로 유지하고 일부 영역의 크기를 재조절한다(기본적으로 사진을 분석해서 중요하지 않다고 생각되는 영역을 늘리거나 줄이는 기능이다). 이번에는 Content-Aware Scale 기능의 사용법에 대해 알아보자.

Content-Aware Scale 기능으로 일부 영역 크기 조절하기

Step 01

8×10인치 크기와 240ppi의 새 문서를 만든다. 사진을 불러와 Move 도구(V)를 선택하고 새 문서로 드래그한 다음 Command+T(PC: Ctrl+T)를 눌러 Free Transform 기능을 불러온다(핸들이 보이지 않는다면 Command+0(PC: Ctrl+0)를 누른다). Shift를 누른 채 모서리의 핸들을 잡고 안쪽으로 드래그해서 사진을 8×10인치 크기로 맞추고 Return(PC: Enter)을 눌러 설정을 적용한다. 상단의 예제 사진을 보면 사진 아래와 위에 빈 공간이 생겼다. 빈 공간을 채우려면 Free Transform 기능으로 사진을 늘려서 채울 수도 있지만 그러면 하단의 예제 사진과 같이 피사체도 늘어나므로 Content-Aware Scale 기능을 사용해서 빈 공간을 채워보자.

Step 02

[Edit] 메뉴에서 'Content-Aware Scale'을 선택하거나 Command+Option+Shift+C(PC: Ctrl+Alt+Shift+C)를 누른다. 상단의 핸들을 잡고 위로 드래그하면 하늘이 있는 영역은 늘어나 빈 공간을 채우지만 SUV가 있는 영역은 변화가 거의 없다. 하단의 핸들을 잡고 아래로 드래그해서 하단의 빈 공간을 채우면 이번에도 역시 하늘이 있는 영역을 늘린다. 빈 공간을 채운 다음에는 Return(PC: Enter)을 눌러 설정을 적용한다.

|NOTE|

옵션 바에 있는 사람 형태의 버튼은 Content-Aware Scale 기능에게 사진에 인물이 있다고 알려주어 피부색이 있는 영역을 피해서 사진을 늘리도록 설정한다.

Step 03

알아두어야 할 두 가지 조절 기능이 더 있다. 첫째는 Content-Aware Scale 사용으로 원래 형태를 유지해야 하는 피사체가 예상보다 더 늘려졌다면 Lasso 도구(L)로 피사체와 근접한 주변 영역을 선택한 다음 [Select] 메뉴에서 'Save Selection'을 선택한다. [Save Selection] 대화창에서 [OK] 버튼을 선택하고 Command+D(PC: Ctrl+D)를 눌러 선택 영역을 해제해서 Content-Aware Scale을 다시 불러온다. 이번에는 옵션 바의 [Protect] 팝업 메뉴에서 위에서 설정한 보호 영역을 선택해서 포토샵에 피사체의 위치를 알려준다. 이제 사진을 드래그해서 빈 공간을 채워도 피사체의 형태를 최대한 유지한다. 또한 옵션 바의 [Amount]는 사진을 늘릴 때 피사체를 보호하는 강도를 조절한다. '100%'는 피사체의 형태를 최대한 유지하고 '50%'는 보호 기능과 일반적인 Free Transform 기능이 절반씩 섞인 기능과 같다. 어떤 사진의 경우에는 이 설정이 가장 탁월한 결과를 보여주기도 한다. [Amount] 조절 기능은 핸들들이 활성화된 상태에서는 언제든지 [Amount] 설정을 낮춰 어떤 효과가 있는지 실시간으로 화면에서 확인할 수 있다는 장점도 있다.

어도비사는 새로운 탐색 기능을 추가했으며, 원하는 기능이 어디에 있는지 모를 때 찾기 편리하다. 게다가 원하는 기능을 찾으면 탐색 대화창에서 기능을 바로 실행할 수도 있다. 그러나 단순히 도구나 기능을 탐색하는 것뿐 아니라 지도서와 팁들도 있으며, 어도비사의 스톡 사진들도 검색할 수 있다.

새로운 포토샵의 탐색 기능

Step 01

Command+F(PC: Ctrl+F)를 눌러 탐색 기능을 불러온다. 대화창에서 찾으려는 항목을 입력한다. 여기서는 "crop"을 입력하자 즉시 결과가 팝다운 메뉴에 나타난다.

TIP 새로운 마지막 필터 단축키
마지막으로 사용한 필터 기능을 다시 적용하는 Last Filter 기능의 단축키 Command+F(PC: Ctrl+F)가 Command+Control+F(PC: Ctrl+Alt+F)로 바뀌었다. 새로 바뀐 단축키가 헷갈린다면 [Edit] 메뉴의 [Keyboard Shortcut] 대화창에서 예전의 단축키로 변경할 수 있다.

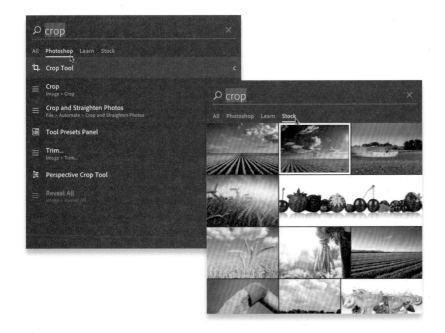

Step 02

대화창 상단에는 모든 탐색 결과를 보는 대신 탐색 범위를 좁힐 수 있는 선택 항목들이 있다. 그러므로 포토샵에 있는 Trim 명령어들만 보고 싶다면 [Photoshop]을 클릭한다. 크로핑에 대해 더 배우고 싶다면 [Learn]을 클릭하고, 크로핑과 관련된 스톡 사진들을 찾으려면 [Stock]을 클릭한다. Esc 를 누르면 대화창을 닫는다.

Photoshop Killer **Tips**

'Background' 레이어 잠금 해제하기

대화창을 불러오지 않고 'Background' 레이어를 일반 레이어로 변경하는 방법이 있다. 이름 옆에 있는 자물쇠 아이콘을 휴지통으로 드래그하면 잠금 설정이 해제된다.

과거의 채널 단축키로 변경하기

포토샵의 CS3와 모든 초기 버전에서는 단축키 Command+1(PC: Ctrl+1), Command+2(PC: Ctrl+2), Command+3(PC: Ctrl+3)을 눌러 각 색상 채널을 볼 수 있었다. 어도비사는 CS4에서 다른 단축키로 바꾸었는데 많은 사용자들을 당황하게 만들었다. 그러나 이제 다시 과거의 단축키를 사용할 수 있다. [Edit] 메뉴에서 'Keyboard Shortcuts'를 선택한 다음 'Use Legacy Channel Shortcuts'를 체크해서 활성화한다.

나만의 기본 레이어 스타일 설정하기

포토샵에서는 Drop Shadows나 Glow와 같은 레이어 스타일을 기본 설정으로 만들 수 있다. [Layers] 패널에서 Create New Icon을 클릭해 새 레이어를 만든 다음 Add a Layer Style 아이콘의 팝업 메뉴에서 원하는 레이어 스타일을 선택한다. [Layer Style] 대화창에서 레이어를 설정한 다음 [Make Default] 버튼을 클릭한다. 프로그램 기본 설정으로 다시 돌아오려면 [Reset to Default] 버튼을 클릭한다.

[Blend If] 슬라이더 사용 여부 확인 방법

[Layer Style] 대화창의 [Blending Options] 영역에서 [Blend If] 슬라이더를 조절한 레이어 오른쪽에는 작은 사각형 두 개를 겹친 형태의 아이콘이 있다. 이 아이콘은 버튼 역할도 하는데 더블클릭하면 [Layer Style] 대화창의 [Blend If] 슬라이더를 불러온다.

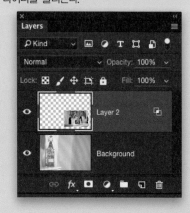

투명한 레이어에서 레이어 마스크 만들기

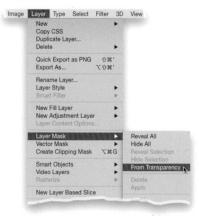

[Layer]-[Layer Mask] 메뉴에서 'From Transparency'를 선택하면 레이어의 투명한 영역을 한 번에 마스크로 만들 수 있다.

클릭 한 번으로 모든 탭 닫기

모든 사진을 각각의 탭에서 여는 Tabs 기능을 사용한다면 아무 탭이나 마우스 오른쪽 버튼으로 클릭한 다음 'Close All'을 선택하면 모든 탭을 닫을 수 있다.

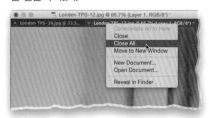

Camera Raw에서 크로핑 결과 보기

Camera Raw에서 사진을 크로핑할 때 사진을 포토샵으로 불러오지 않고 크로핑 결과를 볼 수 있다. 크로핑 설정 후 도구를 변경하면 크로핑을 적용한 결과를 볼 수 있다(일부 이전 버전에서는 잘려나가는 영역이 어둡게 나타난다).

16비트 사진 JPEG 형식으로 저장하기

예전의 CS4 버전에서는 16비트 모드의 사진을 [Save] 대화창에서 저장할 때 JPEG 형식으로 저장할 수 없었다. JPEG 형식은 8비트 모드여야 하기 때문에 대화창을 닫고 8비트로 전환한 다음 다시 [Save] 대화창에서 저장해야 했다. 이제는 16비트 모드를 저장할 때 JPEG 형식을 선택할 수 있다. JPEG 형식을 선택하면 파일의 복사본을 만들어 8비트로 전환해 저장한다. 16비트 사진은 아직 화면에 저장되지 않은 채로 남아 있다. 16비트 버전을 따로 저장하고 싶다면 PSD 나 TIFF 형식으로 저장해야 한다. 필자의 경우는 16비트 사진을 저장하지 않으므로 사진을 닫고 [Don't Save] 버튼을 클릭한다.

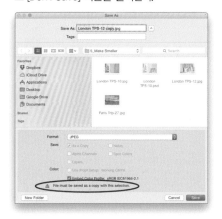

Lens Correction 그리드

건축물이나 휘어진 지평선 등을 보정하기 위해 Camera Raw의 [Lens Correction] 패널에서 [Distortion] 슬라이더를 사용할 때 Shift+G 를 누르면 사진에 그리드가 나타나 수평/수직을 맞추기 쉽다. Shift+G 를 한 번 더 누르면 그리드가 다시 숨겨진다.

Color Picker에 단축키 지정하기

[Foreground Color]와 [Background Color Picker]를 불러오는 단축키를 지정할 수 있다. [Edit]–[Keyboard Shortcut] 메뉴의 [Shortcuts For] 팝업 메뉴에서 'Tools'를 선택한다. 그리고 도구 단축키 목록에서 하단으로 스크롤해서 [Foreground Color]와 [Background Color Picker]를 찾은 다음 원하는 단축키를 입력한다. 하지만 대부분의 기억하기 좋은 단축키는 이미 다른 도구들의 단축키로 지정되어 있다. 그러나 필자의 친구 데이브 크로스가 좋은 해결책을 찾았다. 그는 Pen 도구를 거의 사용하지 않기 때문에 P 를 Color Picker의 단축키로 설정했다. "P"를 입력하면 이미 다른 도구의 단축키라고 경고하지만 왼쪽 하단의 [Accept and To Conflict] 버튼을 클릭하면 P 를 선택한 Color Picker의 단축키로 지정한 다음 Pen 도구의 새 단축키를 설정하라고 지시한다. Pen 도구의 단축키가 필요 없다면 빈칸으로 두고 [OK] 버튼을 클릭한다.

브러시 크기와 강도 조절 쉽게 확인하기

브러시 크기나 강도를 조절할 때 실제로 적용하기 전에는 정확한 크기와 강도를 가늠하기 어렵다. 이때 Option+Ctrl(PC: Alt+Ctrl)을 누른 채 클릭+드래그(PC: 마우스 오른쪽 버튼+클릭+드래그)하는 방법을 사용하면 확인하기 쉽다. 상/하로 드래그하면 브러시의 강도가 조절되고, 왼쪽/오른쪽으로 드래그하면 크기가 조절된다.

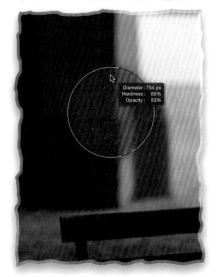

장소: 시드니 오페라하우스, 시드니, 오스트레일리아 | 노출: 1/2000초 | 초점거리: 116mm, | 조리개: f/6.3

7 Layers of Light
레이어, 영역 선택, 합성 기능

필자가 찾은 이번 챕터에 어울리는 제목은 "Layer Cake"뿐인데 이미 이 책 이전 버전에 사용했기 때문에 다시 사용할 수 없다. 그러므로 이번에는 닐스 랜드그랜과 에스비요른 스벤슨의 앨범 제목인 "Layers of Light"를 사용하기로 했다. 항상 그렇지는 않지만 이번에는 앨범에 수록된 곡들을 들어봤다. 지금까지 필자가 검색한 앨범들 중 모든 곡에 "유해 가사 경고"가 붙지 않은 경우는 거의 없었으므로 꽤 좋은 출발이다. 아이튠즈 스토어에서 "Songs from the Valley" "Calling the Goats" 그리고 "Kaut"를(이 제목은 소리를 내서 읽지 않기를 바란다) 포함해 몇 개의 트랙을 들어보았다. 가장 인기가 좋은 곡은 첫 번째의 "Songs from the Vally"인데 들어보니 동료 음악가이며 피아노 연주자로서 아이튠즈 대신 이 책에 짧은 평을 써보고자 한다. 그 이유는 앨범 전체를 8.99달러를 내고 다운로드해야 할지 고민하는 대중보다는 아티스트에게 필자의 진심을 전달하는 것이 더 의미가 있다는 생각 때문이다. 스웨덴의 작은 카페에서 해질녘에 아티스트를 직접 만나는 장면을 상상해보았다. 벽난로에서 나무가 타는 소리와 다른 손님들의 조용한 대화소리를 배경으로 2010 프랑수아 르끌레르 쥐브리 샹베르텡 버건디를 한 잔씩 마시며 두 사람에게 악기를 팔아야 할 필요성을 설득할 것이다. 모든 악기와 녹음 장비들을 즉시 팔고 다시는 연주를 하지 말라고 하고 싶다. 그들의 음악은 근처에서 누군가 살아 있는 바닷가재를 끓이는 동안 고양이가 아무 건반이나 밟으며 피아노 위를 걷고 있고, 벽에 걸린 접시들이 깨지는 소리와 같다고 말할 것이다. 모든 앨범들과 테이프를 모두 없애고 누군가 그들의 음악을 들을 수 있는 흔적을 남기지 말라고 할 것이다. 그 이유는....더 이상 못하겠다. 그들의 앨범은 훌륭했다. 필자에게 완전히 속은 것이다. 사실 그들의 음악은 정말 아름답다. 이제 그들과의 대화로 다시 돌아가서 와인 잔을 들고 건배를 하며 그들 앨범의 세 번째 곡 제목을 너무 크게 외쳐서 카페 매니저가 다가와 나가달라고 했다.

기본적인 레이어 기능

레이어는 다양한 활용성으로 인해 포토샵의 중심 기능들 중 하나이다. 레이어를 사용하면 사진 위에 다른 요소를 추가할 수 있으며 위치도 마음대로 설정이 가능하다. 예를 들어, 웨딩 포토북에 그래픽이나 텍스트를 추가하고 싶거나, 두 개의 사진을 합성해 예술 작품과 같은 효과를 만들고 싶을 때 레이어를 사용한다. 게다가 사진에 나타난 문제점의 보정(자세한 방법은 챕터 9 참고)부터 특수 효과(자세한 방법은 챕터 10 참고)까지 레이어를 사용한다. 우선 레이어의 기본 기능부터 알아보자.

Step 01

포토샵으로 사진을 불러오면 'Background' 레이어로 나타난다. 사진에 텍스트를 추가하려면 도구 상자에서 Horizontal Type 도구(T)를 선택한 다음 사진을 클릭하고 텍스트를 입력한다. 이때 텍스트는 옵션 바에서 선택한 글꼴과 크기로 입력된다. 텍스트의 폰트나 크기를 변경하려면 텍스트를 선택하고 옵션 바의 [Font] 팝업 메뉴에서 다른 폰트를 선택하고(여기서는 'Cezanne Regular'를 선택했다) [Font Size] 팝업 메뉴에서 폰트 크기를 선택한(여기서는 '60'을 선택했다) 다음 텍스트 박스 외부를 클릭해 적용한다. Move 도구(V)를 사용하면 텍스트를 원하는 위치로 이동할 수 있다.

Step 02

Step 01에서 입력한 검은색 텍스트는 잘 보이지 않으므로 텍스트 뒤에 흰색 바를 추가해서 텍스트가 잘 보이도록 만들어보자. 먼저 [Layer] 패널 하단의 'Create a New Layer' 아이콘을 클릭해서 새로운 빈 레이어를 텍스트 레이어 위에 만든다. 도구 상자에서 Rectangular Marquee 도구(M)를 선택한 다음 사진 한쪽 끝을 클릭하고 반대편 끝까지 드래그해서 가늘고 긴 직사각형을 만든다. D와 X를 차례로 눌러 'Foreground' 색상을 흰색으로 설정한 다음 Option+Delete(PC: Alt+Back Space)를 눌러 선택 영역을 흰색으로 채운다. Command+D (PC: Ctrl+D)를 눌러 선택을 해제한다.

Step 03

현재 흰색의 직사각형이 텍스트 위에 있기 때문에 텍스트가 보이도록 밑으로 보내야 한다. 그 이유는 하단의 레이어부터 차례로 레이어를 쌓기 때문이다. **Step 02**의 예제 사진에 있는 [Layers] 패널을 보면 'Background' 레이어 위에 텍스트 레이어가 있기 때문에 텍스트가 보인다. 그러나 다른 레이어를 그 위에 만들어 선택 영역을 흰색으로 채웠기 때문에 하단에 있는 텍스트와 사진의 일부를 가리고 있다. 흰색 바를 텍스트 밑으로 보내려면 [Layers] 패널에서 흰색 직사각형 레이어를 클릭하고 드래그해서 텍스트 레이어 하단으로 이동한다. 이제 레이어는 배경 사진, 흰색 직사각형, 텍스트의 순서가 되었다.

Step 04

Step 03의 예제 사신을 보먼 흰색 직사긱형이 커플의 사진 일부를 가리고 있는데, 불투명한 요소는 [Layers] 패널 하단에 있는 레이어를 가리기 때문이다. 그러나 모든 레이어는 투명도 조절이 가능하다. 투명도를 조절할 레이어를 클릭해서 선택하고 패널 상단의 [Opacity](기본 설정은 '100%'이다) 오른쪽의 아래를 향한 화살표를 클릭해서 슬라이더를 불러온 다음 '30%'까지 드래그하면 'Background' 레이어의 신부와 신랑의 사진이 비친다.

Step 05

다음은 또 다른 사진을 불러와 합성해보자. 예제 사진은 신부의 부케와 반지를 함께 촬영한 사진이다. 사진을 메모리에 복제하기 전에 먼저 사진 전체를 선택해야 한다. [Select] 메뉴에서 'All'을 선택하거나 Command+A(PC: Ctrl+A)를 누른다. 선택 영역을 설정한 후 Command+C(PC: Ctrl+C)를 눌러 사진을 메모리에 복제한다.

Step 06

신부와 신랑의 사진으로 돌아와 Command+V(PC: Ctrl+V)를 눌러 마지막으로 활성화되었던 레이어 상단에 복제한 사진을 붙이기 한다. 두 사진의 크기에 차이가 있다면 Command+T(PC: Ctrl+T)를 눌러 Free Transform 기능을 불러온 다음 종횡비를 유지하기 위해 Shift를 누른 채 모서리의 핸들을 잡고 사진의 크기를 재조절하고 Return(PC: Enter)을 눌러 설정을 적용한다. 흰색의 직사각형이 있는 레이어가 마지막으로 활성화되어 있던 레이어 이기 때문에 부케 사진 레이어가 그 위에 있다. 그러나 여기에서는 부케 사진 레이어가 신부와 신랑 사진 위에 있어야 두 개의 사진을 합성해도 흰색 직사각형과 텍스트 레이어가 상위에 있다. 그러므로 [Layers] 패널에서 부케 사진 레이어를 클릭하고 드래그해서 'Background' 레이어 위에 넣는다. 두 개의 사진을 합성하려면 투명도를 낮추면 되지만 더 흥미로운 레이어 블렌드 모드를 사용해보자.

Step 07

[Layers] 패널 상단의 왼쪽에 있는 팝업 메뉴에는 다양한 블렌드 모드들이 있으며(가장 왼쪽의 예제 사진), 각 모드는 레이어들의 합성 방식이다. 'Screen' 모드는 레이어들의 조합을 밝게 만들고, 'Multiply' 모드는 어둡게 만든다. 사진에 따라 적합한 블렌드 모드가 다르므로 단축키 Shift+ + 를 눌러 적용 결과를 미리 보고 필요한 모드를 찾는다. 단축키를 한 번 누를 때마다 메뉴의 다음 모드로 전환하므로 마음에 드는 모드를 발견했을 때 멈춘다. 예제 사진의 경우 'Soft Light'를 적용했으며, 효과가 너무 강해 투명도를 '90%'로 낮췄다.

Step 08

아직 한 가지 문제점이 남았다. 부케 사진 레이어가 두 인물의 얼굴에 비친다. 이때 레이어 마스크를 사용해서 레이어가 보이는 영역을 선택할 수 있다. 먼저 [Layers] 패널 하단의 Add Layer Mask 아이콘을(왼쪽에서 세 번째 아이콘) 클릭하면 사진 섬네일 오른쪽에 흰색 섬네일 마스크를 추가한다. 마스크가 흰색이므로 검은색으로 드래그해서 영역을 선택한다. 도구상자에서 Brush 도구(B)를 선택한 다음 옵션 바의 [Brush Picker]에서 크고 부드러운 브러시를 선택해서 얼굴을 드래그한다. 이 기능은 간단히 설명하자면 밑에 있는 레이어의 얼굴이 보이도록 부케 사진 레이어에 구멍을 뚫는 것이다. 이제 웨딩 앨범에 넣을 사진이 완성되었다.

정사각형, 직사각형 혹은 원형 영역 선택하기

사진의 특정 영역에만 설정을 적용하도록 지정하는 영역 선택은 포토샵에서 중요한 요소이다. 사진의 일부 영역을 다른 위치로 이동하거나, 단순히 시선을 집중시키거나, 특정 영역만 강화하려할 때 영역 선택 기능을 잘 다룰수록 원하는 결과를 얻을 가능성이 높아진다. 포토샵에는 쉽고 빠른 방법으로 기본적인 정사각형, 직사각형, 원형의 영역을 선택할 수 있는 기능들이 있으며, 영역을 선택할 때 가장 많이 사용하게 될 것이다.

Step 01

직사각형의 영역을 선택하려면 도구상자에서 Rectangular Marquee 도구를 선택하거나 M 을 누른다.

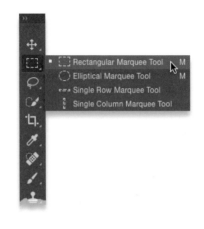

Step 02

먼저 사진에서 직사각형의 영역을 선택해보자. 커서를 문의 왼쪽 상단 모서리에 클릭하고 오른쪽 하단으로 드래그해서 왼쪽 문을 선택한 다음 마우스 버튼을 놓는다. 이제 선택 영역에만 설정을 적용해서 왼쪽 문에만 영향을 미친다.

Step 03

현재의 선택 영역에 다른 영역을 추가하려면 [Shift]를 누른 채 드래그해서 또 다른 직사각형 선택 영역을 만든다. 예제 사진에서는 문의 나머지 영역을 선택해보자. [Shift]를 누른 채 드래그해서 직사각형의 선택 영역을 만들어 반대편 문을 선택한 다음 마우스 버튼을 놓는다. 이제 문 전체가 선택되었다.

Step 04

이제 보정 설정을 해서 선택 영역에만 적용되는지 확인해보자. [Layers] 패널 하단의 Create New Adjustment Layer 아이콘을 클릭하고 팝업 메뉴에서 'Hue/Saturation'을 선택한다. [Properties] 패널에서 [Hue] 슬라이더를 왼쪽 끝까지 드래그해서 문의 색상을 녹색으로 바꾼다. 그러면 선택 영역인 문의 색상만 바뀌고 나머지 영역에는 어떤 변화도 나타나지 않는 것이 보일 것이다. 이처럼 특정 영역만 보정하는 기능 때문에 영역 선택이 중요한 것이다. [Saturation]이나 [Lightness] 슬라이더도 드래그할 수 있지만 예제 사진에서는 [Saturation] 슬라이더만 오른쪽으로 약간 드래그한다. 또한 보정 레이어를 적용하면 영역 선택 설정은 자동으로 사라지지만 직접 선택 해제해야 하는 경우에는 Command+[D](PC: [Ctrl]+[D])를 누른다.

Step 05

정사각형의 영역 선택 역시 도구 사용법은 동일하지만 Shift 를 누른 채 드래그한다. 한 번 시도해보자. 다른 사진을 불러와 Rectangular Marquee 도구를 선택하고 Shift 를 누른 채 정사각형의 선택 영역을 드래그한다. 예제 사진의 경우, 즉석 사진 프레임 중앙의 정사각형 영역을 드래그해서 선택한다.

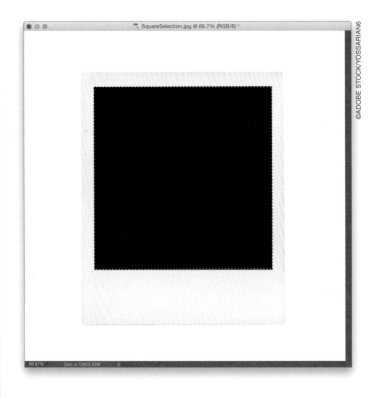

Step 06

선택 영역을 그대로 두고 선택 영역에 넣을 사진을 불러와 Select All 기능의 단축키인 Command+A(PC: Ctrl+A)를 눌러 사진 전체를 선택한다. 그리고 Command+C(PC: Ctrl+C)를 눌러 사진을 포토샵의 메모리로 복사한다.

Step 07

즉석 사진 프레임 이미지로 전환하면 선택 영역이 아직도 그대로 있다. [Edit]-[Paste Special] 메뉴에서 'Paste Into'를 선택하면 메모리에 있던 복사한 사진을 정사각형 선택 영역 안에 붙이기 한다. 만약 사진이 선택 영역보다 크다면 사진을 클릭하고 드래그해서 위치를 조절한다.

Step 08

또한 Free Transform을(Command+T(PC: Ctrl +T)) 사용해서 붙이기한 사진의 크기를 조절할 수 있다. 모서리의 핸들을 잡고 사진의 종횡비를 유지하기 위해 Shift를 누른 채 안쪽이나 바깥쪽으로 드래그한다(핸들이 보이지 않는다면 Command+0(PC: Ctrl+0)를 누른다). 크기가 올바르게 되면 Return(PC: Enter)을 누른다. 다음은 원형 영역을 선택하는 방법에 대해 알아보자.

Step 09

원형 영역을 선택해야 하는 사진을 불러온 다음 Shift+M을 눌러 Elliptical Marquee 도구로 전환한다(Shift+M은 기본적으로 Rectangular와 Elliptical Marquee 도구 사이를 전환하는 단축키이다). 이제 도구를 클릭하고 드래그해서 원형 영역을 선택한다. Shift를 누른 채 드래그하면 완벽한 원형을 만든다. 선택 영역이 선택하려는 영역과 정확하게 일치하지 않는다면 경계선 내부를 클릭하고 드래그해서 선택 영역의 위치를 조절한다. 또한 Space Bar를 누른 채 드래그하면 선택 영역을 이동할 수 있다. 영역 선택을 처음부터 다시 시작하려면 선택을 해제하고 다시 드래그한다. 원형 영역을 드래그할 때는 선택하려는 영역 왼쪽 상단에서 1/4인치 정도 떨어진 지점부터 시작하면 원하는 크기로 드래그하기 훨씬 쉽다.

Step 10

예제 사진에서는 볼을 선택했지만 사실 보정하려는 영역은 선택 영역 외부의 배경이며, 약간 어둡게 보정하면 사진이 더 나아보일 것이라는 생각이 든다. 그래도 걱정할 필요는 없다. [Select] 메뉴에서 'Inverse'를 선택하거나 Command+Shift+I(PC: Ctrl+Shift+I)를 누르면 선택 영역을 역으로 바꿔 배경이 선택 영역이 된다.

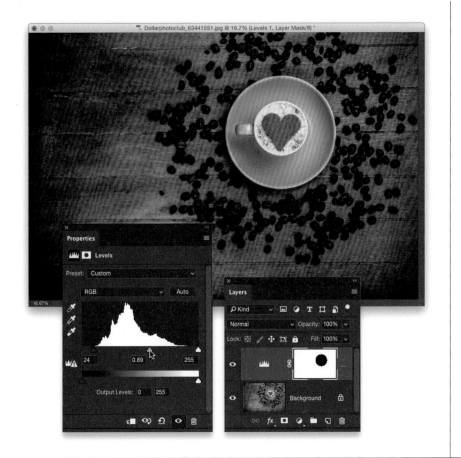

Step 11

이제 볼 주변 영역을 보정해보자. [layers] 패널 하단의 Create New Adjustment Layer 아이콘을 클릭하고 'Levels'를 선택한다. [Properties] 패널에서 히스토그램 하단에 있는 음영 영역을 조절하는 검은색 슬라이더를 오른쪽으로 드래그해서 '24'로 설정한 다음 중간 밝기 영역을 조절하는 회색 슬라이더도 오른쪽으로 약간 드래그해서 '0.89'로 설정해 배경의 대비를 높여 보정을 완료한다. 타원형이나 직사각형의 선택 영역을 설정하려면 도구를 그냥 드래그하면 되지만 완벽한 원형이나 정사각형의 선택 영역은 Shift 를 누른 채 드래그해야 한다는 점을 기억하자.

보정 전

보정 후

선택 영역 저장하기

15분에서 20분 혹은 그 이상의 시간을 들여 복잡한 영역 선택 설정을 했는데 한 번 선택 해제하면 설정은 사라진다. [Select] 메뉴에서 'Reselect'를 선택해 설정을 다시 복구할 수 있지만 설정 해제 후 다른 영역 선택 설정을 하지 않은 경우에만 가능하다. 그러나 선택 영역을 저장하면 필요할 때 언제든지 불러올 수 있다.

Step 01

사진을 불러온 다음 원하는 도구로 필요한 영역 선택 설정을 한다. 예제 사진의 경우, Quick Selection 도구(W)로 하늘과 수면을 선택한 다음 [Select] 메뉴에서 'Inverse'를 선택해서 건물들을 선택 영역으로 설정했다. 그리고 건물들의 상부를 클릭해서 선택 영역에 포함했다. 원하지 않는 영역까지 선택되었다면 Option(PC: Alt)을 누른 채 선택 영역에서 제외할 영역을 클릭한다. 설정을 마치고 선택 영역을 저장하려면 [Select] 메뉴에서 'Save Selection'을 선택해서 [Save Selection] 대화창을 불러온다. [Name] 영역에서 저장할 선택 영역의 이름을 입력하고 [OK] 버튼을 클릭해서 저장한다.

Step 02

이제 어제든지 [Select] 메뉴에서 'Load Selection'을 선택하면 저장한 선택 영역을 불러온다. 하나 이상의 선택 영역을 저장했다면 [Channel] 팝업 메뉴에 나열되어 있으므로 원하는 선택 영역을 선택한 다음 [OK] 버튼을 클릭하면 사진에 선택 영역이 나타난다.

선택 영역에 적용한 보정 설정은 선택 영역 내부에만 영향을 미친다. 훌륭한 기능이지만 보정을 적용한 후 선택을 해제하면 보정을 적용한 영역 경계선이 선명하게 나타나게 된다. 이번에는 보정한 흔적이 나타나지 않도록 선택 영역의 경계선을 부드럽게 만드는 방법에 대해 알아보자.

선택 영역 경계선 부드럽게 만들기

Step 01

예제 사진에서 꽃과 꽃병 주변을 어둡게 설정해 스포트라이트 효과를 만들어야 한다고 가정하자. Elliptical Marquee 도구를 선택해(도구가 선택될 때까지 Shift+M을 반복해서 누른다) 꽃과 꽃병 그리고 근접한 주변 영역까지 포함하는 크기의 타원형을 드래그한다. 다음은 선택 영역 외부에 보정 설정을 적용하기 위해 [Select] 메뉴에서 'Inverse'를 선택해서 타원형 외부를 선택 영역으로 설정한다(Command+Shift+I (PC: Ctrl+Shift+I)).

Step 02

[Layer] 패널 하단의 New Adjustment Layer 아이콘을 클릭한 다음 [Properties] 패널에서 'Levels'를 선택하고, 히스토그램 하단의 회색 슬라이더를(중간 밝기 영역 조절) 오른쪽으로 드래그해서 '0.54'로 설정한다. 그러면 타원형 경계선이 선명하게 나타나고 스포트라이트 효과처럼 전혀 보이지 않기 때문에 밝은 타원형과 어두운 주변 영역 사이의 전환이 자연스럽게 보이도록 경계선을 부드럽게 만들어야 한다.

Step 03

Command+Option+Z(PC: Ctrl+Alt+Z)를 세 번 눌러 Step 01에서 선택 영역을 처음 설정했던 상태로 되돌린다. 선택 영역은 그대로 유지한 채 [Select]-[Modify] 메뉴에서 'Feather'를 선택한다. [Feather Selection] 대화창에서 '150' 픽셀을 입력한(설정이 높을수록 경계선이 부드러워진다) 다음 [OK] 버튼을 클릭한다. 이제 보정을 적용해서 결과를 확인해보자.

Step 04

다시 [Select] 메뉴에서 'Inverse'를 선택해서 타원형 외부를 선택 영역으로 설정한다. 그리고 **Step 02**의 보정 설정을 적용하면 선택 영역 경계선이 부드럽게 나타나 스포트라이트 효과처럼 보인다. 이 기능은 빨간색이 강하게 나타나는 얼굴과 같은 사진을 보정할 때 유용하다. 경계선을 부드럽게 만들 수 없다면 얼굴에 보정 영역의 경계선이 선명하게 나타날 것이다. 그러나 경계선을 부드럽게 만들면 더 자연스러운 사진을 만들 수 있다(얼굴을 보정하는 경우 [Feather Radius]를 '2'나 '3' 픽셀 정도로 설정한다).

포토샵에는 대체 어떤 기술로 그런 기능을 만들었는지 궁금하게 만드는 놀라운 기능들이 있는데 Quick Selection 도구가 그 중 하나이다. 이번에는 사진의 단일 혹은 다수의 대상을 선택할 때 유용한 Quick Selection 도구에 대해 알아보자.

Quick Selection 도구로 영역 선택하기

Step 01

하나의 피사체만 선택하고 싶은 사진을 불러온다. 예제 사진의 경우 비누 조각 한 개를 선택하려고 한다. 도구상자에서 Quick Selection 도구([W])를 선택한다.

Step 02

Quick Selection 도구는 옵션 바에 'Auto Enhance' 체크박스가 있으며, 기본적으로 비활성화 되어 있다. 필자는 이 기능을 항상 활성화한다. 그러므로 'Auto Enhance'를 체크하고 계속 그대로 두자.

Step 03

Quick Selection 도구로 선택하고 싶은 피사체를 드래그한다. 이때 세심하게 드래그할 필요가 없다. 바로 이 점이 Quick Selection 도구의 위력이다.

Step 04

만약 선택 영역에 원하지 않는 영역이 포함되어 있다면(예제 사진의 경우, 왼쪽에 있는 비누와 그릇의 일부가 포함되었다). Option(PC: Alt)을 누르고 있으면 브러시 중앙에 마이너스 기호가 보인다. 브러시가 Subtract 모드로 전환했다는 의미이다. 그러면 선택 영역에서 제외할 영역을 드래그해서 선택을 해제한다.

Step 05

영역 선택을 마친 후에는 필요한 보정을 설정하고 적용한다. 예제 사진에서는 선택한 비누의 색상을 바꿔보자. [Layers] 패널 하단의 Create New Adjustment Layer 아이콘을 클릭하고 'Hue/Saturation'을 선택한다. [Properties] 패널에서 [Hue] 슬라이더를 오른쪽으로 '+130'까지 드래그하고, [Saturation] 슬라이더는 '+35'까지 드래그해서 분홍색이 도는 빨간색으로 만든다. 하단의 보정 후 예제 사진을 보면 다른 두 개의 비누 색상도 변경했다('Background' 레이어를 클릭하고 동일한 방법으로 다른 비누를 선택한 다음 Hue/Saturation 보정 레이어를 적용하면 된다).

보정 전

보정 후

머리카락과 같은
까다로운 영역
선택하기

포토샵에서 실행하는 대부분의 영역 선택 작업은 비교적 쉽고 Quick Selection, Magic Wand, Lasso 혹은 Pen 도구만으로 충분하다. 그러나 머리카락을 선택할 때는 네 가지 도구들만으로는 만족스러운 결과를 얻을 수 없다. 우리는 수년 동안 채널을 사용한 복잡한 테크닉을 포함해 다양한 방법들을 개발해왔다. 그러나 어도비사가 Quick Selection 도구를 대폭 개신하고 Refine Edge 기능을 업데이트해서 Select and Mask라고 부르는 기능을 소개하면서 이전의 모든 테크닉은 더 이상 필요가 없게 됐으며, 포토샵에서 가장 유용하고 강력한 도구들 중 하나가 되었다.

Step 01

영역 선택이 까다로운 사진을 불러온다. 예제 사진은 곱슬곱슬한 머리카락 때문에 영역 선택이 까다롭다. 도구상자에서 원하는 영역 선택 도구를 선택하고 옵션 바에서 [Select and Mask] 버튼을 클릭하면 별도의 작업공간을 불러와 영역 선택을 하는데, 필자는 이전에 사용하던 방식을 선호하기 때문에 영역을 먼저 선택하고 [Select and Mask] 버튼을 클릭할 것이다. 먼저 도구상자에서 Quick Selection 도구(W)를 선택한다.

Step 02

영역을 선택하는 방법은 다음과 같다. 도구로 원하는 영역을 드래그하면 확장되면서 세부 영역을 선택하는 기능을 가지고 있다. 훨씬 똑똑한 버전의 Magic Wand 도구라고 할 수 있지만 다른 기술을 사용한다. 필자가 발견한 한 가지 비법은 빠르게 드래그하면 더 좋은 결과를 얻을 수 있다는 것이다. 예제 사진의 경우 인물을 드래그해서 선택했으며, 머리 부분과 가방을 든 팔에 배경이 약간 포함되어 완벽하지는 않지만 나쁘지 않은 결과이다. 제외해야 할 영역은 Option(PC: Alt)을 누른 채 드래그해서 선택 영역에서 제거한다. 이 시점에서는 선택 영역이 완벽하지 않아도 된다.

Step 03

Quick Selection 도구에 대해 필자가 배운 또 한 가지 특징은 도구가 탁월한 영역 선택 기능을 가지고 있지만, 예제 사진에서 회색 배경이 포함되어 있는 오른쪽 영역과 같이 원하지 않는 영역을 제외하는 기능이 항상 탁월하지는 않다는 점이다. 오른쪽의 팔꿈치가 있는 영역을 선택 해제했을 때 팔과 가방 일부까지 제외해서 다시 선택해야 했다. 원하는 결과를 얻지 못한다면 Magic Wand 도구(Shift + W)로 전환해서 Option(PC: Alt)을 누른 채 클릭하면 즉시 선택을 해제한다.

Step 04

이번 작업 과정은 매우 중요한 단계로 회색 배경을 포함하지 않고 머리카락을 선택하는 것이다. 즉, 선택 영역에 회색 배경이 전혀 보이지 않아야 한다. 필자는 인물의 머리카락이 있는 영역에서는 비교적 편평한 경우를 제외하고는 바깥쪽 경계선에 너무 근접해서 드래그하지 않는다는 기본 규칙을 지킨다. 왼쪽의 예제 사진을 보면 그 의미를 이해할 수 있다. 굵기가 가는 부분은 피해서 경계선 근처까지만 드래그하고 멈췄다(나머지 영역은 포토샵이 선택하도록 설정할 것이다). 또한 머리카락이 가늘어지는 영역도 드래그하지 않았다. 그 영역도 나중에 포토샵에게 선택을 맡길 것이다. 우선은 회색의 배경이 머리카락 사이로 보이는 영역을 선택하지 않도록 주의한다. 실수로 회색 배경이 보이는 영역을 선택하면 Quick Selection 도구로 Option(PC: Alt)을 누른 채 드래그해서 선택을 해제한다.

Step 05

지금까지 본 Quick Selection 도구를 사용한 작업은 준비 운동에 불과하다. 이제 영역 선택 기능이 진정한 능력을 발휘할 차례이다. 상단의 옵션 바에서 [Select and Mask] 버튼을 클릭한다.

TIP [Refine Edge] 대화창을 사용하고 싶다면
영역 선택 도구로 영역을 선택한 다음 Shift 를 누른 채 [Select] 메뉴에서 'Select and Mask'를 선택한다.

Step 06

예전의 [Refine Edge] 대화창을 사용해 보았다면 새로운 [Select and Mask] 작업 공간도 동일한 기능들을 가지고 있다는 점을 알 수 있다. 어도비사가 새로운 작업 공간으로 옮기고 새로운 기능들도 추가했다. 예를 들어, 작업 공간에서 바로 Quick Selection 도구, Lasso 도구 혹은 Polygonal 도구(Lasso 도구에 속해 있다)를 선택해서 영역 선택을 실행할 수 있다. 그러나 앞에서 언급했듯이 작업 공간으로 전환하기 전에 영역을 먼저 선택하는 이전의 방식을 선호한다. 예전의 점선을 포함해서 선택 영역을 보는 방법이 여러 가지 있는데, [Properties] 패널의 [View] 팝업 메뉴에서 선택하며, 필자는 그 중 세 가지를 가장 많이 사용한다. 예제 사진에는 Onion Skin(ㅇ) 보기 모드를 적용했으며(나머지 두 개의 모드는 곧 볼 것이다), 선택 영역은 컬러로 나타나고 그 외의 영역은 투명하다. [View] 팝업 메뉴 하단의 [Transparency] 슬라이더는 설정을 낮추면 선택 영역에 추가할 영역을 볼 수 있다. '100%'로 설정하면 선택 영역만 볼 수 있다. 필자의 경우, '25%' 정도로 설정하고 작업한다.

Step 07

필자는 Overlay(V) 보기 모드를 가장 많이 사용하는데, 이 모드 역시 선택 영역은 컬러로 나타나지만 그 외의 영역은 빨간색으로 나타난다. 만약 배경 색상이 보인다면 문제가 있다는 의미이다. 예제 사진의 경우 회색이 보이는 부분이 몇 군데 있으므로 Refine Edge Brush 도구(R)를 사용해 포토샵에 문제가 있는 영역을 알려주어야 한다. 도구상자에서 Refine Edge Brush 도구(R)를 선택하고 커서로 배경이 보이는 영역을 드래그하면 그 영역을 다시 정리한다([]를 눌러 브러시 크기를 조절한다). 이 기능이 세부적인 머리카락의 디테일을 감지한다.

TIP 고해상도 미리보기

마스크를 적용할 때 미리보기를 고해상도로 보고 싶다면 [View Mode] 영역의 'High Quality Preview'를 체크한다. 이 기능을 활성화한 후 처리속도가 너무 느리다면 체크 해제해서 비활성화한다.

Step 08

머리카락이 있는 영역에 빨간색이 보인다면 선택 영역에서 제외되었다는 의미이므로 브러시로 드래그한다. 드래그하는 영역이 컬러로 나타나면 선택 영역에 포함되었다는 의미이다. 드래그하는 동시에 컬러로 바뀌지 않는 경우, 포토샵이 해당 영역을 분석하는데 1, 2초 정도 걸릴 수 있으므로 마우스 버튼을 놓을 때쯤이면 보일 것이다. 예제 사진에서는 왼쪽의 머리카락이 빨간색으로 나타난 부분들을 드래그했으며, 이제 컬러로 보인다.

Step 09

머리에서 빨간색이 보이는 영역을 계속 드래그해
서 선택 영역에 추가한다. 영역 선택이 꽤 흡족하
다고 생각되면 다시 Onion Skin 보기 모드로 전
환하고 [Transparency] 설정을 높여 결과를 확인
한다. 예제 사진을 보면 곱슬곱슬한 머리카락이 있
는 영역을 선택 영역에 추가한 결과가 꽤 만족스
럽다. 결과가 만족스럽지 않은 영역이 있다면 다시
Overlay 보기 모드로 전환해서 Option(PC: Alt)
을 누른 채 Refine Edge Brush를 Subtract 모드
로 전환한 다음 드래그해서 선택 영역에서 제외한
다. 그리고 Option(PC: Alt)을 누르지 않고 드래그
해서 영역 선택을 다시 실행한다.

Step 10

이번에는 필자가 많이 사용하는 세 번째 보기 모
드인 Black&White(K) 모드로 전환한다. 이 보기
모드는 선택 영역이 레이어 마스크로 나타나며, 필
자는 정리할 때 이 모드를 사용한다. 선택 영역에
서 불투명한 흰색으로 나타나지 않은 영역은 나중
에 투명하게 나타난다. 머리카락의 경계선 부분은
투명하게 나타나도 괜찮지만 인물이 있는 다른 영
역이 불투명한 흰색이고 배경은 검은색인지 확인
해야 한다. 그러므로 이 보기 모드로 전환한 후 사
진을 확대해서 불투명한 흰색이 아닌 영역이 있는
지 확인한다. 불투명한 흰색이 아닌 영역은 도구상
자에서 Brush 도구(B)를 선택하고 드래그해서 선
택 영역에 추가한다.

Step 11

[Select and Mask]에서 작업을 마무리하기 전에 몇 가지 기능에 대해 알아보자. 전에는 [Refine Edge] 영역에 있었지만 지금은 [Edge Detection] 영역에 있는 'Smart Radius' 기능은 마스크에 포함하기 위한 부드러운 경계와 선명한 경계의 차이점을 감지하는 경계선 기술로 필자는 이제 거의 사용하지 않는다. 또한 [Global Refinements] 영역의 슬라이더들은 조절하다가 긴 시간을 낭비하게 될 것이므로 사용을 추천하지 않는다. 대화창 하단에는 'Decontaminate Colors' 체크박스가 있는데 사진을 다른 배경과 합성할 때 경계선의 색상이 배경과 상충하지 않도록 경계선 픽셀 색상의 채도를 약간 낮추는 기능이다. 그 아래에는 선택 영역을 어떻게 할지 선택하는 팝업 메뉴가 있다. 새 빈문서로 보내거나, 동일한 문서에 새 레이어로 만들거나 혹은 레이어 마스크를 첨부한 새 레이어로 만들 수도 있다. 여기서는 동일한 문서에 새 레이어로 만들어보자. 'New Layer'를 선택하고 [OK] 버튼을 클릭한다.

Step 12

[OK] 버튼을 클릭하면 예제 사진과 같이 투명한 레이어에 선택 영역이 나타나며 결과가 꽤 흡족해 보인다. 물론 가늘고 곱슬곱슬한 머리카락을 모두 포함하지는 않고 있지만 대부분의 중요한 영역은 모두 포함하고 있다. 다음은 더 나은 결과를 위해 사용할 수 있는 두어 가지 비법을 알아보자.

Step 13

다음은 수년 전 사진을 합성하다 발견한 비법으로 일부 픽셀을 강화해서 더 세부적인 디테일과 영역을 선택할 때 잃은 머리숱을 복구하는 방법이며 매우 간단하다. 먼저 Command+J(PC: Ctrl+J)를 눌러 피사체가 있는 레이어를 복제한다. 그것으로 끝이다. 피사체가 있는 레이어를 복제해서 하나 더 추가하면 경계선에 적용한 효과가 배가되기 때문에 경계선이 더 선명해지고 뚜렷하지 않았던 머리카락 끝부분이 뚜렷해진다. 경계선이 과도하게 선명하다면 [Layers] 패널 상단에서 [Opacity] 설정을 낮춘다. 결과가 만족스럽다면 Command+E(PC: Ctrl+E)를 눌러 복제 레이어와 원본 레이어를 병합한다.

Step 14

또 다른 비법은 History Brush 도구(Y)를 사용해서 영역을 채우고 더 많은 디테일을 복구하는 것이다. 도구상자에서 도구를 선택한다. History Brush 도구(Y)는 기본적으로 드래그하는 영역에서 이전에 적용한 설정을 삭제하고 원본 사진의 상태로 복구하는 기능으로 사진을 합성할 때 사용하면 매우 편리하다. 사진을 살펴보고 마스크를 완벽하게 가리지 않고 벗어난 영역을 드래그한다. 단, 드래그할 때 회색 배경을 드래그하지 않도록 주의하고, 크기가 작은 브러시를 사용한다. 모든 머리카락을 일일이 선택할 수는 없지만 마스크 영역에서 벗어난 영역이 있다면 복구할 수 있는 브러시는 큰 도움이 된다. 브러시를 사용할 때 기억해야 할 한 가지 중요한 점은 문서 크기를 변경하거나 크롭하는 등의 변화가 있으면 원본 상태로 돌아갈 수 없다는 것이다. 그러므로 이 도구는 그 전에 사용해야 한다.

Step 15

다음은 사진 합성에 사용할 배경 사진을 불러와서 Command+A(PC: Ctrl+A)를 눌러 선택한 다음 Command+C(PC: Ctrl+C)를 눌러 복사한다. 그리고 피사체가 있는 사진으로 전환한 다음 Command+V(PC: Ctrl+V)를 눌러 복사한 사진을 붙이기 한다. 배경 사진은 피사체 사진 상단에 레이어로 나타나므로 클릭하고 피사체 사진 하단으로 드래그해서 레이어 순서를 바꾼다. 필요하다면 Command+T(PC: Ctrl+T)를 눌러 Free Transform 기능을 불러와 배경 사진의 크기를 재조절한 다음(핸들이 보이지 않으면 Command+0(PC: Ctrl+0)를 누른다) Return(PC: Enter)을 눌러 적용한다.

Step 16

합성하는 사진에 따라 피사체 경계선에 흰색의 띠가 나타날 수 있다. 예제 사진에서는 오른쪽의 손목과 가방 손잡이에 나타난다. 띠를 제거하려면 [Layers] 패널에서 피사체가 있는 레이어를 클릭하고 [Layer]–[Matting] 메뉴에서 'Defringe'를 선택한다. [Defringe] 대화창에서 '1'을 입력하고(더 높은 해상도의 사진일 경우 '2'를 입력한다) [OK] 버튼을 클릭하면 띠가 사라진다(포토샵이 바깥쪽 경계선의 픽셀을 배경의 픽셀과 조합한 새로운 픽셀들로 교체한다).

Step 17

다음은 배경에 비해 약간 따뜻한 색감의 인물 사진을 채도를 낮춰 보정한다. 인물사진 레이어의 섬네일을 Command+클릭(PC: Ctrl+클릭)해서 인물을 선택 영역으로 설정한다. [Layers] 패널 하단의 Create New Adjustment Layer 아이콘을 클릭한 다음 팝업 메뉴에서 'Hue/Saturation'을 선택해서 보정 레이어를 추가한다. 레이어 마스크를 적용했기 때문에 보정 설정은 선택 영역의 내부에만 영향을 미친다. [Properties] 패널의 팝업 메뉴에서 'Master'를 선택하고, 'Yellows'를 선택한 다음 [Saturation] 슬라이더를 인물사진과 배경 사진의 색감이 일치할 때까지 왼쪽으로 약간 드래그한다. 여기서는 '−48'로 설정했다.

모든 패널 빠르게 숨기기

작업 중 도구상자, 옵션 바 그리고 모든 패널을 임시로 숨겨 사진에만 집중하고 싶다면 [Tab]을 누른다. [Tab]을 한 번 더 누르면 패널을 다시 불러온다.

원하는 위치에 드롭 섀도 만들기

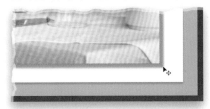

Drop Shadow 레이어 스타일을 사용해서 사진 뒤에 드롭 섀도를 추가한다면(Add a Layer Style 아이콘의 팝업 메뉴에서 'Drop Shadow' 선택), [Angle]이나 [Distance] 영역을 설정하는 대신 커서를 [Layer Style] 대화창 외부의 사진에서 클릭하고 섀도를 직접 드래그하면 위치를 설정할 수 있다.

레이어 삭제하기

레이어를 삭제하려면 [Layers] 패널에서 레이어를 클릭하고 하단의 휴지통으로 드래그하거나 [Delete](PC: [Back Space])를 누른다.

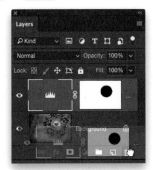

빈 레이어 삭제하기

포토샵에는 [Layers] 패널을 분석해 빈 레이어를 자동으로 삭제하는 기능이 있다(많은 레이어를 사용하는 사진 작업을 하는 경우 빈 레이어들이 생기기 마련이다). 이 자동 기능을 사용하려면 [File]-[Scripts] 메뉴에서 'Delete All Empty Layers'를 선택한다.

휴대폰 사진에서 노이즈 제거하기

포토샵은 프로용 도구이기 때문에 대부분의 사용자들은 Camera Raw에 내장된 Noise Reduction 기능으로 휴대폰 사진의 노이즈를 제거한다는 생각은 못했을 것이다. 휴대폰 사진에는 색상 노이즈가 많으며, Camera Raw의 색상 노이즈 제거 기능은 탁월하다. 한 번 사용해보면 계속 사용하게 될 것이다. Bridge에서 휴대폰 사진을 마우스 오른쪽 버튼으로 클릭하고 'Open in Camera Raw'를 선택해서 Camera Raw에서 사진을 보정한다.

HUD 팝업 색상 상자 사용하기

Foreground 색상 스위치를 매번 클릭하는 방법이 귀찮다면 팝업 색상 상자를 사용해보자(어도비사는 HUD(Heads-Up Display)라고 부른다). 먼저 Brush 도구를 선택한 다음 사진을 Command+Option+Control(PC: [Alt]+[Shift])을 누르고 클릭(PC: 마우스 오른쪽 버튼 클릭)하면 간소화된 색상 상자를 불러온다. 필자는 오른쪽 바에서 색상을 먼저 선택하고 왼쪽의 박스에서 색조와 채도를 선택하는 방법이 훨씬 편리하다고 느꼈다.

장소: 국회의사당, 부다페스트, 헝가리 | 노출: 1/8초 | 초점거리: 154mm | 조리개: f/5.6

8 HDR
고명암비 사진 만들기

실제로 HDR이라는 밴드 이름을 찾았다. 아이튠즈 스토어를 검색해보면 거짓말이 아니라는 것을 알 수 있다. 그들은 "We Are HDR"이라는 제목의 앨범도 발매했는데, 다른 책에 사용하지 않았다면 이번 챕터 제목이 됐을 것이다. 그래서 이번에는 밴드 이름을 제목으로 사용했다. 필자의 추측으로 그들은 분명히 사진가는 아니며, HDR이 포토샵에서 만드는 고명암비 사진을 의미하지는 않을 것이다. 물론 밴드의 웹사이트를 방문하는 등의 간단한 조사로 밴드 이름이 무엇의 약자인지 알아낼 수도 있지만 우리가(여기서 "우리"는 물론 필자를 의미한다) 추측해보는 것도 재미있겠다는 생각이 들었다. 필자는 밴드의 웹사이트를 찾아보지 않았으므로 밴드 이름이 무엇의 약자인지 정말 모르지만, 사실은 HDR이 약자가 아니라 "harder"의 줄임말일 뿐이라는 것을 알게 된다면 화가 날 것이다. 필자는 다음과 같은 추측을 몇 가지 해보았다. Hair Done Right (제대로 다듬은 머리), Heathrow Departures Ramp(히드로 공

항 출국 램프)는 어떤가? 혹은 Hallucinogenic Drug Reaction (환각 유발성 약물 반응)? 또는 Helpful Discount Rewards(도움이 되는 할인 보상)일 수도 있다. 만약 밴드가 오싹한 데스메탈 밴드라면 밴드 이름이 Hacksaw Death Rigomortis(쇠톱에 의한 사망 후 사후 경직)나 Horrifying Disease Relapse(무서운 질병의 재발)일 수도 있다. 위의 추측들 모두 그럴싸하지만 밴드의 웹사이트를 접속해서 실제로 무슨 의미인지 찾아보려고 한다. 잠시 기다리기 바란다. 조사가 끝났다. 밴드의 웹사이트를 찾고 밴드 이름의 의미를 찾는데 20분 정도 걸렸다. 필자가 생각해낸 모든 멋진 이름들을 두고 시시하게도 밴드의 실제 이름은 Housse De Racket의 약자이다. 그런데 이 밴드가 LA에서 활동하는 3인조 밴드 HDR인지 확신할 수 없다. 이번에 필자가 찾은 밴드 HDR은 파리의 어느 옥상에서 뮤직 비디오를 촬영하는 영상을 올렸으며, 2인조이다. 어쨌든 그들은 HDR이라는 밴드이고 이번 챕터 제목으로 사용하기로 했다.

Camera Raw에서 16비트 HDR 사진 만들기

카메라로 브라케팅 촬영한 사진들은 Camera Raw에서 합성해 16비트 HDR 사진으로 만들 수 있다(과거에는 포토샵으로 건너가야 했던 작업이다). 그러나 Camera Raw의 HDR 사진은 포토샵의 HDR Pro 기능으로 만드는 톤 매핑한 HDR 사진과는 다르다. 사실 Camera Raw의 16비트 HDR 사진은 정상 노출로 촬영한 사진과 비슷해 보일 것이다. 그러나 사진을 편집할 때, 이 16비트 사진은 증폭된 하이라이트 범위와 섀도 영역을 밝게 보정해야 할 때 노이즈가 덜 나타나며, 처음부터 전체적으로 훨씬 더 넓은 계조 범위를 가지고 있기 때문에 적용 가능한 보정 폭이 크다. 게다가 최종 HDR 사진이 RAW 형식이다.

Step 01

Bridge에서 브라케팅 촬영한 사진들을 선택한 다음 Command+R(PC: Ctrl+R)을 눌러 Camera Raw로 불러온다. 예제 사진의 경우, 적정 노출, -2 스톱 노출 부족, +2스톱 노출 과다, 세 개의 사진을 선택했다. 이제 [Filmstrip]에서 상단 오른쪽에 있는 아이콘을 클릭하고 'Select All'을 선택하거나 Command+A(PC: Ctrl+A)를 눌러 세 개의 사진을 일괄 선택한다. 다음은 동일한 메뉴에서 'Merge To HDR'을 선택하거나 Option+M(PC: Alt+M)을 누른다.

Step 02

20~30초 후에 [HDR Merge Preview] 대화창에 합성한 HDR 사진의 미리보기가 나타난다. 앞에서 언급했듯이 합성한 HDR 사진이 평범한 적정 노출 사진으로 보인다. 사진에 따라 더 많은 디테일이 보이거나 섀도 영역을 더 밝게 만들 수 있지만 그다지 큰 차이는 보이지 않을 것이다. Camera Raw의 16비트 HDR 기능은 사진을 더 다듬기 전에는 효과를 충분히 볼 수 없다.

Step 03

[Merge] 버튼을 클릭하기 전에 'Auto Tone'을 번갈아 체크/해제해서 결과를 비교해보기를 추천한다(챕터 1에서 알아보았던 Camera Raw의 [Basic] 패널에 있는 'Auto' 기능과 동일하다). 필자가 시험해본 거의 모든 HDR 사진은 'Auto Tone'을 적용했을 때 큰 차이는 없지만 약간 나아보였다. 예제 사진의 경우, 'Auto Tone'을 활성화한 사진과 그렇지 않은 **Step 02**의 사진을 비교하면 적용한 이번 사진이 낫다(그래서 필자는 HDR 사진을 만들 때 보통 'Auto Tone'을 체크한 채로 둔다). 'Align Image' 체크박스는 기본적으로 활성화 되어 있다. 이 기능은 카메라를 손에 들고 브라케팅 촬영한 경우에 도움이 된다. 사진들이 완벽히 맞지 않는 경우 자동 보정한다. 삼각대를 사용해서 브라케팅 촬영을 했다면 필요 없는 기능이므로 체크 해제해서 처리 속도를 더 높인다.

Step 04

프레임 안을 걷는 인물을 촬영해서 사진에는 반투명한 피사체로 나타나는데 멋진 효과가 아니라 실수처럼 보이는 경우와 같이 움직이는 피사체가 있는 사진의 경우에 [Deghost] 기능이 도움이 된다. [Deghost]는 기본적으로 비활성화 되어 있으며 고스팅 현상이 있는 사진인 경우에만 활성화한다. 이 기능을 활성화하려면 팝업 메뉴에서 'Low'(미약한 고스팅 현상), 'Medium' 또는 'High'(고스팅 현상이 많이 나타난 사진) 중 선택하면 고스팅 현상이 나타나는 영역을 브라케팅 촬영한 사진들 중 비교적 고스팅 현상이 적은 영역으로 대체한다. 필자는 항상 'Low'로 설정부터 먼저 적용해본 후 고스팅 현상이 여전히 보이면 더 높은 단계를 적용한다. 한 가지 알아둘 점은 이 기능을 활성화하면 미리보기 사진을 다시 합성해야 하므로 시간이 몇 초 정도 소요된다(처리하는 동안 사진의 오른쪽 상단 모서리에 느낌표 아이콘이 보인다).

Step 05

고스팅 현상을 보정하는 영역을 보기 위해 [Deg
host] 팝업 메뉴 하단의 'Show Overlay'를 체크
하면 몇 초 후 고스트 현상을 제거하는 영역이 빨
간색으로 나타난다. 예제 사진은 삼각대를 사용
했으며, 움직이는 피사체가 없기 때문에 'Show
Overlay'를 체크 해제하고 팝업 메뉴에서 다시
'Off'를 선택했다.

TIP 브라케팅 사진 개수는 적은 것이 낫다
Camera Raw의 Merge to HDR 기능을 사용하는
기술에는 많은 브라케팅 사진이 필요 없다. 어도비
사에 따르면 하나의 적정 노출, −2스톱 노출 부족,
+2스톱 노출 과다, 세 개의 사진만으로도 충분하
며, 사실 적정 노출 사진을 제외하고 풍부한 디테
일만 가지고 있다면 두 개의 사진만 가지고도 HDR
사진을 만들 수 있다고 한다.

Step 06

지금까지 본 합성한 HDR 사진은 미리보기 사진이
다. 필요한 체크박스들을 선택하고 [Merge] 버튼을
클릭하면 사진을 볼 위치를 선택하고 실제의 HDR
사진을 처리하기 시작한다. 사용한 브라케팅 사진
의 개수, 사진 크기, 사용하는 컴퓨터의 속도 등에
따라 1분 정도가 소요된다. 합성을 마친 새로운 16
비트 HDR 사진은 Camera Raw의 [Filmstrip] 영
역에 RAW DNG 형식으로 나타난다.

Step 07

Camera Raw에서 합성한 HDR 사진은 넓은 계조 범위 덕에 [Exposure] 슬라이더를 보통 '+5.00'에서 '−5.00'까지 드래그할 수 있다. 노출이 10스톱이나 틀린 사진을 사용하는 경우는 없겠지만 필자는 단지 16비트 HDR 사진의 넓은 계조 범위로 인해 하이라이트 영역의 조절 폭과 음역 영역을 밝게 만들 때 노이즈에 대한 걱정이 줄어든다는 점을 알려주고 싶었다. 이제 합성한 HDR 사진을 다듬어 보자. 예제 사진의 경우 앞에서 'Auto Tone' 기능을 이미 적용했기 때문에 추가 작업이 많이 필요하지 않다. 여기서는 [Exposure] 설정을 '+1.40'로 낮추고, [Clarity] 설정을 '+58'로 높였다(나무의 질감은 [Clarity] 설정을 높이면 훨씬 더 쨍한 느낌이 든다). 그리고 [Detail] 패널의 [Sharpening] 영역에서 [Amount] 슬라이더를 '50'으로 설정했다. 이것으로 여러분의 첫 번째 16비트 HDR 사진이 완성되었다.

적정 노출의 원본 사진

16비트 HDR 사진

톤 매핑한 HDR 사진처럼 만들기

이번 프로젝트에서는 톤 매핑을 적용한 초현실적인 사진처럼 보이는 HDR 사진을 만들어볼 것이다. 이러한 사진을 모든 사람이 선호하는 것은 아니므로 HDR 사진과 현실적인 사진을 반반씩 섞어놓은 듯한 사진을 원한다면 205페이지로 넘어가기 바란다. 이번 프로젝트는 몇 빈의 클릭만으로 매우 빠르고 쉽게 만들 수 있는 효과이며, 해리 포터의 환상적인 세계와 같은 스타일의 HDR 사진을 만들 수 있다.

Step 01

여기서는 Bridge에서 적정 노출, −2스톱 노출 부족, +2스톱 노출 과다로 브라케팅 촬영한 세 개의 사진을 선택한 다음 [Tools]–[Photoshop] 메뉴에서 'Merge to HDR Pro'를 선택한다. 잠시 후 [Merge to HDR Pro] 대화창이 나타나고("잠시 후"라고 했지만 시간을 측정해보니 랩톱에서 19초가 걸렸다) 합성한 HDR 사진은 기본적인 16비트 설정을 사용했기 때문에 상당히 밋밋해 보인다.

Step 02

HDR Pro가 처음 선보였을 때 내장된 프리셋들에 대한 비판을 숨기지 않았다. 그중 하나도 괜찮아 보이는 사진을 만들지 못했기 때문이다. 그래서 필자는 대부분의 사진에 사용이 가능한 필자만의 프리셋을 만들기 시작했다. 시간이 걸렸지만 결국 프리셋을 완성했고 어도비사는 필자가 만든 프리셋을 포토샵에 추가했다. 'Scott5'라는 프리셋이며, [Preset] 팝업 메뉴에서 'Edge Softness'를 체크해서 경계선을 약간 부드럽게 만든다(어도비사가 이 기능을 추가하기 전에 프리셋을 만들었기 때문에 필자는 이 기능을 항상 체크한다). HDR 사진을 더 쨍하게 만들고 싶다면 [Strength] 슬라이더를 오른쪽으로 약간 드래그한다. 여기서는 'Scott5'의 기본 설정인 '0.47'에서 '0.57'로 설정을 변경했다.

Step 03

필자는 'Scott5' 프리셋을 적용하면 두 개의 슬라이더만 추가로 사용하며, Camera Raw의 동일한 슬라이더에 비하면 효과는 미약하다. 하나는 [Shadows] 슬라이더로 오른쪽으로 드래그하면 사진에서 가장 어두운 영역을 밝게 보정하지만 그다지 큰 변화는 없다. 또 하나는 [Highlights] 슬라이더이다. 실내를 촬영한 사진의 경우, 필자는 항상 창을 통해 비치는 광원이나 실내 광원을 조절하는 기능이라고 여긴다. 예를 들어, 교회나 주택에서 HDR 사진을 촬영했다면 [Highlights] 슬라이더는 창을 통해 들어오는 빛이나 실내조명의 밝기를 조절한다. 오른쪽으로 드래그할수록 밝아진다. 예제 사진에서는 [Highlights] 슬라이더를 '-63'까지 드래그했다. 필자는 보통 이 두 개의 슬라이더 외에는 어떤 조절 기능도 사용하지 않으므로 [OK] 버튼을 클릭해서 HDR 사진을 만들고 포토샵에서 사진을 연다 (그러나 아직 할 일이 더 남아 있다).

TIP 사진에 따라 다른 프리셋의 효과

동일한 프리셋을 적용해도 사진에 따라 결과가 완전히 다르기 때문에 하나의 사진에서는 결과가 흡족하지만 다른 사진에서는 완전히 실망스러울 수 있다.

Step 04

마무리 작업을 위해 [Filter] 메뉴에서 'Camera Raw' 필터를 선택해서 Camera Raw 창을 불러온다. 이번 예제 사진은 약간 밝게 느껴지므로 [Exposure] 슬라이더를 왼쪽으로 드래그해서 '-0.15'로 설정했다. 또한 [Contrast] 설정을 '+44'로 높여 대비 효과를 추가했다(필자는 HDR 사진뿐만 아니라 거의 모든 사진에 대비 효과를 추가한다). 마지막으로 [Shadows] 슬라이더를 오른쪽으로 '+53'까지 드래그해서 음영 영역을 밝게 보정했다. [OK] 버튼을 클릭해서 사진을 다시 포토샵으로 불러온다.

Step 05

상단은 적정 노출 사진과 중앙의 톤 매핑을 적용한 HDR 사진이다. 최종 사진을 가장 하단에 넣었지만 215~216페이지에 소개한 마무리 보정을 톤 매핑을 적용한 HDR 사진에 적용한 결과이며, 세 단계 뿐이지만 차이가 있다.

적정 노출 원본 사진

톤 매핑 효과를 적용하고 Camera Raw에서 보정한 HDR 사진

215페이지의 마무리 보정을 적용한 최종 사진

HDR 사진은 나무, 타일, 금속 등의 소재 질감을 강화하는데 탁월한 반면 나무는 플라스틱처럼 보이게 만들고, 구름에는 드롭 섀도가 나타나고 검은색을 띠게 만드는 단점도 있다. 그러므로 일반 사진과 HDR 사진의 장점들만을 병합하여 이상적인 사진을 만들 수 있다면 좋을 것이다. 이번에는 두 종류 사진의 장점들만 합성하는 방법을 알아볼 것이다. 게다가 합성 방식도 조절이 가능하다.

HDR 사진과 일반 사진의 장점만 합성하기

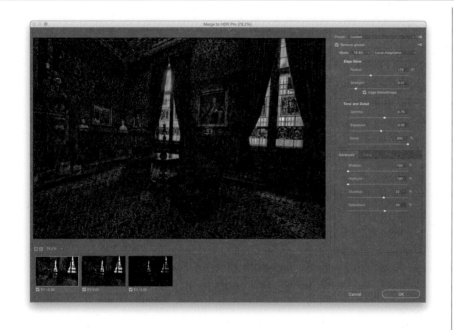

Step 01

Bridge에서 브라케팅 촬영한 사진들을 선택한 다음 [Tool] 메뉴에서 'Merge to HDR Pro'를 선택한다. [Merge to HDR Pro] 대화창 오른쪽 상단의 [Presets] 팝업 메뉴에서 'Scott5'를 선택한다. 'Edge Smoothness'를 체크해서 거친 경계선을 약간 부드럽게 만든다.

Step 02

이 시점에서는 극도로 강렬한 HDR 사진을 만드는 것이 목표이므로(나중에 보정하기 때문에 걱정할 필요 없다) [Strength] 슬라이더 설정을 '+0.61'로 높인 다음 하단의 [Advanced] 탭에서 [Shadows] 슬라이더를 오른쪽 끝까지 드래그해서 '+100'으로 설정해 음영 영역을 최대한 밝게 보정한다. 그리고 [Highlights] 슬라이더를 약간 높여 창이 있는 영역을 흰색으로 보정하는데, 디테일이 사라지지 않도록 주의한다. 마치 해리 포터의 환상적인 세계처럼 보이는 사진을 만드는 것이 목표이지만 [Vibrance]와 [Saturation] 슬라이더는 건드리지 않는다. 그렇지 않으면 해리 포터가 화면에 경고창과 함께 나타나 너무 멀리 갔다고 경고할 것이다. 이제 [OK] 버튼을 클릭하고 HDR 사진을 포토샵으로 불러온다.

Step 03

다음은 Bridge로 돌아가 브라케팅 사진들 중 적
정 노출 사진을 더블클릭해서 Camera Raw에서
연다. 적정 노출 사진은 많은 보정이 필요하지 않
지만 너무 어둡거나 일부 영역의 디테일이 보이지
않거나 혹은 다른 문제점이 보이면 지금 보정한다.
예제 사진의 경우, [Exposure] 설정을 약간 높였으
며, 다른 보정은 하지 않았다. [Open Image]를 클
릭해서 사진을 포토샵으로 불러온다.

Step 04

이제 화면에는 HDR 사진과 적정 노출 사진 두
개가 있다. Command+Ａ(PC: Ctrl+Ａ)를 클
릭해서 적정 노출 사진 전체를 선택한 다음
Command+Ｃ(PC: Ctrl+Ｃ)를 눌러 복사한다.
이제 HDR 사진으로 전환해서 Command+Ｖ
(PC: Ctrl+Ｖ)를 눌러 복사한 사진을 HDR 사진
에 붙이기 한다.

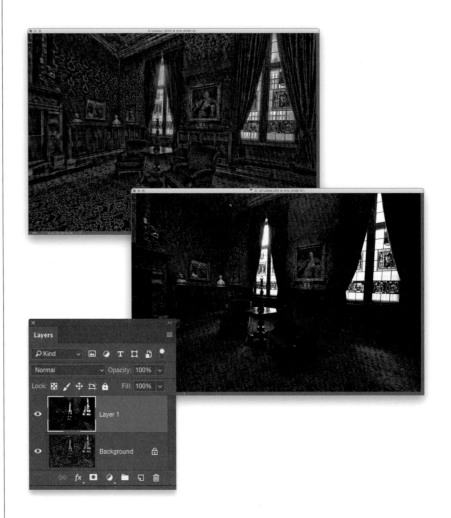

Step 05

삼각대를 사용해서 세 장의 사진을 브라케팅 촬영했다면 두 개의 사진이 완벽히 겹쳐질 것이다. 최상단의 레이어를 두어 번 정도 끄기/켜기를 반복해서([Layers] 패널의 섬네일 왼쪽에 있는 Eye 아이콘을 클릭한다) 두 사진이 완벽히 겹치는지 확인한다. 만족스러운 결과를 얻기 위해서는 두 사진이 완벽하게 겹쳐야 한다. 만약 카메라를 손에 들고 촬영했다면 두 사진이 완벽하게 겹쳐지지 않을 확률이 크다. 그러한 경우에는 [Layers] 패널에서 선택하지 않은 나머지 사진의 레이어를 Command+클릭(PC: Ctrl+클릭)해서 선택한 다음 [Edit] 메뉴에서 'Auto-Align Layers'를 선택한다. 대화창에서 [Auto] 버튼이 선택되어 있는지 확인하고 [OK] 버튼을 클릭해서 적용한다. 다른 항목은 그대로 두고 [OK]만 클릭하면 된다.

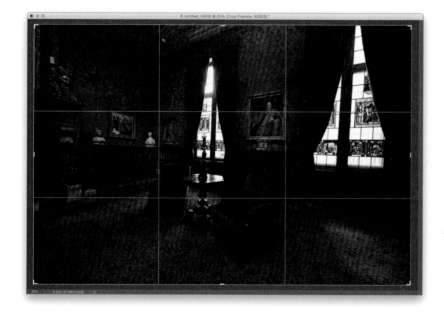

Step 06

사진을 맞춘 다음에는 Crop 도구(C)로 사진을 약간 크롭한다(두 개의 사진을 맞추기 위해 가장자리에 생긴 약간의 차이를 잘라내야 한다). 사진을 크롭한 다음 [Layers] 패널에서 최상단 레이어를 클릭해서 활성화한다.

Step 07

적정노출 사진은 상단에 있고('Layer 1'), HDR 사진은 하단에 있다('Layer 0'). 두 개의 사진이 완벽히 겹치도록 맞추었다. 이제 두 사진을 합성할 차례이다. 상단의 레이어를 선택해서 활성화 되어 있는지 확인하고 [Opacity] 설정을 낮추면 밑에 있는 HDR 사진 레이어의 일부가 적정 노출 사진과 섞이기 시작한다. 여기서는 '70%'로 낮추었기 때문에 적정 노출 사진이 대부분의 영역을 차지하고, HDR 사진이 나머지 '30%'를 채운다. 사진 대부분의 영역을 적정 노출 사진이 채우기 때문에 벽과 다른 영역에 디테일이 추가되었지만 HDR 특유의 부자연스러운 요소는 나타나지 않는다. 더 많은 디테일을 원한다면 '50%'로 설정해보자. HDR 사진의 느낌을 덜 원한다면 '80%'로 설정해보자. 선택은 여러분에게 달렸다.

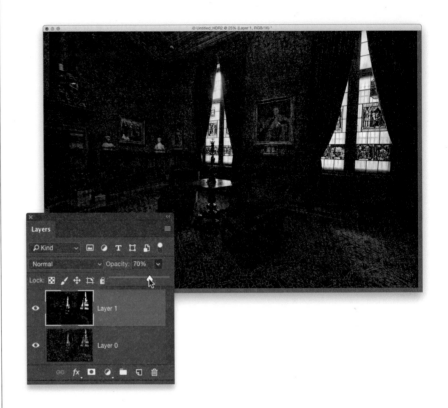

Step 08

필자가 일반적으로 적용하는 마무리 작업은 먼저 Command+E(PC: Ctrl+E)를 눌러 두 개의 레이어를 병합한 다음 [Filter] 메뉴에서 'Camera Raw Filter'를 선택하고 약간의 보정을 한다. 여기서는 'Contrast: +28, Shadows: +58, Highlights: −62, Clarity: +24'로 설정하고, [Effects] 패널에서 [Post Crop Vignetting]의 [Amount] 슬라이더를 '−11'로 설정해서 비네팅 효과를 약간 추가했다.

TIP 또 다른 비법

여기서는 [Opacity] 설정을 낮춰 하단의 레이어에 있는 HDR 사진이 비쳐 보이는 방법을 사용했지만 다른 방법도 사용할 수 있다. [Opacity] 설정은 그대로 '100%'로 두고 레이어 마스크를 추가한 다음 부드러운 경계의 브러시로 HDR 사진이 더 보였으면 하는 영역을 드래그하는 방법이다(예제 사진의 경우에는 벽, 커튼, 의자를 드래그한다). 이때 자연스러운 합성을 위해 옵션 바에서 브러시의 [Opacity]를 '50%'로 설정한다.

브라케팅 촬영을 하지 않은 단일 사진도 Camera Raw에서 몇 가지 슬라이더를 조절해서 HDR 사진처럼 보이게 만들 수 있다.

단일 사진으로
HDR 사진 만들기

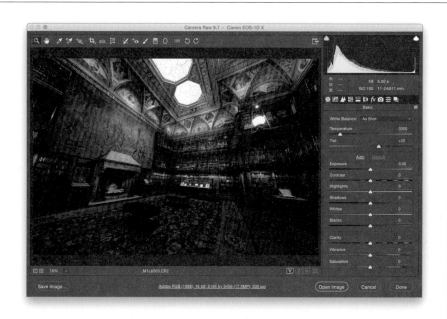

Step 01

예제 사진은 HDR 사진으로 만들기에 적합하다. 창을 통해 들어오는 밝은 빛과 나머지 영역의 어두운 그림자 사이의 넓은 계조차를 가지고 있으며, 풍부한 질감과 디테일로 인해 단일 사진임에도 불구하고 HDR 효과를 적용하면 훌륭한 HDR 사진이 될 것이다. 먼저 사진을 Camera Raw에서 불러온다. 단일 사진을 HDR 사진으로 만드는 기본 설정은 다음과 같다. [Shadows] 설정을 최대한 높이고, [Highlights] 설정을 최대한 낮추고, [Contrast]와 [Clarity] 설정을 최대한 높이는 것이다. 그리고 샤프닝 효과가 필요하다면 사진 가장자리에 비네트 효과를 추가하는 것으로 마무리한다. 이제 직접 시도해보자.

Step 02

[Contrast] 슬라이더를 오른쪽 끝까지 드래그해서 '+100'으로 설정한 다음 [Shadows] 슬라이더도 오른쪽 끝까지 드래그하면 빛이 바랜 사진처럼 보일 것이다. 다음은 [Clarity] 슬라이더를 '+100'으로 설정하면 창밖의 광경이나 실내에 보이는 조명의 디테일이 사라질 것이다. 그러므로 [Highlights] 슬라이더를 왼쪽 끝까지 드래그해서 '-100'로 설정해 사라진 디테일을 복구한다. 즉, [Contrast], [Shadows], [Clarity] 슬라이더는 '+100'으로 설정하고, [Highlights] 슬라이더를 '-100'으로 설정하면 된다. 이것이 단일 사진을 HDR 사진처럼 보이게 만드는 기본 공식이다. 설정을 [Preset] 패널에서 프리셋으로 저장하면 한 번의 클릭으로 적용할 수 있다. 물론 215페이지에 소개한 비네팅과 부드러운 글로우 효과와 같은 마무리 효과를 적용할 수도 있다.

적정 노출 원본 사진

Camera Raw만 사용해 HDR 효과를 적용한 사진

적정 노출 원본 사진

Camera Raw만 사용해 HDR 효과를 적용한 사진

적정 노출 원본 사진

Camera Raw만 사용해 HDR 효과를 적용한 사진

프레임 안에서 움직이는 피사체를 촬영하면(호수의 수면, 바람에 흔들리는 나뭇가지, 걷는 행인 등) 사진에 피사체가 흐릿하게 보이거나 사진의 일부가 반투명한 유령처럼 보이거나 인물이 반만 나타나는 등의 고스팅 현상이 나타난다. 예제 사진에는 행인들 때문에 일부 영역에 고스팅 현상이 나타난다. 그러나 대부분의 경우 한 번이나 두 번의 클릭으로 쉽게 보정할 수 있다.

고스팅 현상 제거하기

Step 01

Bridge에서 브라케팅 촬영한 사진들을 선택한 다음 [Photoshop] 메뉴에서 'Merge to HDR Pro'를 선택해서 사진들을 불러온다. 우선 'Default'를 선택해서 기본 설정을 적용한 다음 'Edge Smoothness'를 체크하고, [Details] 슬라이더를 '68' 정도로 설정한다. 예제 사진의 경우 움직이는 관광객들이 있고, 사진 오른쪽에 여러 개의 반투명한 커플의 이미지가 나타나는 고스팅 현상이 보인다. 특히 여성의 경우 고스팅 현상이 더 심하다.

Step 02

다행히 대화창 오른쪽 상단의 'Remove Ghosts'를 체크해서 고스팅 현상은 쉽게 보정할 수 있다. 이 기능을 활성화하면 HDR Pro가 브라케팅 사진들의 공통 영역에서 형체가 선명한 피사체를 감지해 문제점을 보정하며, 대부분의 경우 만족스러운 결과를 얻을 수 있다. 화면 하단의 HDR 사진으로 합성한 사진들 중 초록색 하이라이트로 표시한 섬네일이 보이는데, 고스팅 현상 제거를 위해 사용한 사진이다.

Step 03

만약 HDR Pro의 선택이 잘못되었다면 대화창 하
단의 [Filmstrip]에서 직접 선택해야 한다. 일반적으
로 RAW 형식 사진보다 JPEG 형식 사진을 사용
할 때 이러한 경우가 더 빈번히 발생한다. **Step 02**
에서는 HDR Pro가 왼쪽의 섬네일을 선택했다. 세
개의 섬네일을 살펴보고 어느 사진이 고스팅 현상
을 제거하는 데 더 도움이 될지 결정한다. 가운데
섬네일을 클릭해보니 그다지 나아보이지 않았으며,
오른쪽 섬네일은 더 절망적이었다. 그래서 왼쪽의
섬네일을 선택했다.

|NOTE|

해변의 파도치는 광경을 브라케팅 촬영해서 여
러 개의 사진이 있다면 마음에 드는 파도의 모
습이 있는 사진을 선택해서 사진에 나타나도록
활용할 수도 있다.

Step 04

'Remove Ghost' 기능을 적용한 후에도 여전히 고
스팅 현상이 남아 있는 경우도 있다. 그러한 경우
에는 앞에서 배운 일반 사진과 HDR 사진을 합성
하는 비법과 유사한 방법을 사용해 제거한다. 먼
저 HDR 사진을 만든 다음 원본 사진을 복사해서
그 위에 붙이기 한다. [Layers] 패널 하단의 Add
Layer Mask 아이콘을 Option+클릭(PC: Alt+클
릭)해서 원본 사진 레이어를 검은색 마스크 밑에
숨긴다. Brush 도구(B)를 선택하고 작고 부드러
운 경계선의 브러시로 설정한다. 'Foreground' 색
상을 흰색으로 설정하고 고스팅 현상이 나타나는
인물을 드래그하면 마스크 밑에 숨긴 형상인 뚜렷
한 인물이 사진에 나타난다. 드래그한 영역이 너무
일반 사진처럼 보인다면 209페이지에서 배운 방법
대로 사진에 HDR 효과를 적용한 다음 복사해서
붙이기하면 HDR 사진과 자연스럽게 섞일 것이다.
또한 예제 사진에서는 이 레이어의 [Opacity] 설정
을 약간 낮추었다.

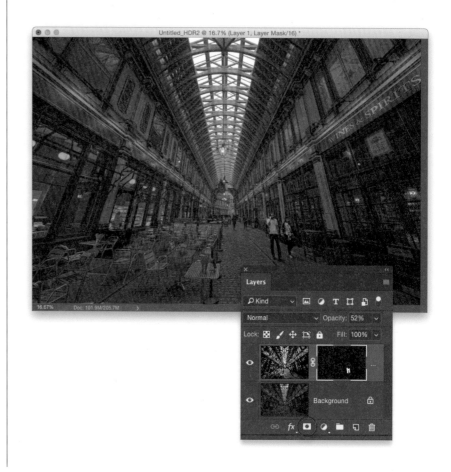

하이 패스 샤프닝은 샤프닝 챕터에서 다루지만 HDR 사진 편집에서 빼놓을 수 없는 기능이므로 이번 챕터에도 포함했다. 하이 패스 샤프닝은 "극도의 샤프닝"이라고도 불리는데 적절한 표현이다. 여기서는 하이 패스 샤프닝을 적용하는 방법과 적용 후 조절법에 대해 알아보고 필자가 자주 사용하는 비법에 대해서도 설명할 것이다.

HDR 사진을 위한 하이 패스 샤프닝

Step 01

'Merge to HDR Pro'를 선택해서 HDR 사진을 합성하고 포토샵으로 불러온 후 Command+J (PC: Ctrl+J)를 눌러 'Background' 레이어를 복사한다. 그리고 [Filter]–[Other] 메뉴에서 'High Pass'를 선택한다.

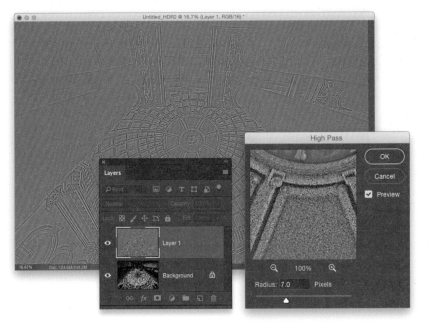

Step 02

[High Pass] 필터 대화창에서 [Radius] 슬라이더를 왼쪽 끝까지 드래그하면 사진 전체가 회색으로 바뀐다. 이제 슬라이더를 사진의 색상이 보이기 시작할 때까지 오른쪽으로 드래그한다. 슬라이더를 오른쪽으로 드래그할수록 효과가 강해진다. 예제 사진의 경우, '7.0' 픽셀까지 드래그하자 경계선의 디테일이 나타난다. 설정을 마치면 [OK] 버튼을 클릭한다.

Step 03

하이 패스 샤프닝 설정을 사진에 적용하려면 [Layers] 패널 상단에서 복제 레이어의 블렌딩 모드를 'Normal'에서 다음 세 가지 중 하나로 변경한다. ❶ 중간 정도의 샤프닝 효과를 원한다면 'Soft Light'를 선택한다. ❷ 강한 샤프닝 효과를 원한다면 'Overlay'를 선택한다. ❸ 극도의 샤프닝 효과를 원한다면 'Hard Light'을 선택한다. 샤프닝 효과가 과도하게 강하다면 복제 레이어의 [Opacity] 설정을 '75%'나 '50%' 정도로 낮춘다.

Step 04

사진의 특정 영역에만 하이 패스 샤프닝을 적용하고 싶은 경우에는(예제 사진에는 돔은 그대로 두고 기둥에만 강한 샤프닝 효과를 적용하고 싶다) [Layers] 패널 하단에서 Option(PC: Alt)을 누른 채 Add Layer Mask 아이콘을 클릭해서 샤프닝 레이어를 검은색 마스크 밑에 숨긴다. 도구상자에서 Brush 도구(B)를 선택하고 'Foreground' 색상을 흰색으로 설정한다. 다음은 옵션 바의 [Brush Picker]에서 중간 크기의 경계가 부드러운 브러시를 선택해서 하이 패스 샤프닝을 적용할 영역을 드래그한다(예제 사진에서는 기둥이 있는 영역만 드래그했다). 또한 드래그한 영역에 'Overlay'와 'Soft Light' 블렌딩 모드를 적용해보고 세 가지 중 어느 효과가 마음에 드는지 비교해보자.

이번에 알아볼 HDR 사진의 마무리 기법들은 반드시 적용해야 하는 효과들은 아니다. 이번 챕터 앞부분에서 진행한 프로젝트들에도 적용한 마무리 효과들이지만, 마무리 효과들 중 하나를 추가하고 싶을 때 모든 단계를 찾아보지 않아도 되도록 분리해서 실었다.

HDR 사진 마무리 기법들(비네팅, 샤프닝, 부드러운 글로우 효과)

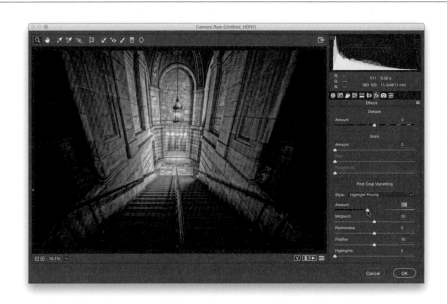

Step 01

Merge to HDR Pro 기능으로 브라케팅 촬영한 사진들을 합성한 다음 [Filter] 메뉴에서 'Camera Raw Filter'를 선택한다. 이번에는 사진 가장자리에 어두운 비네트 효과를 추가해보자. Camera Raw에서는 두 곳에서 비네트 효과를 적용할 수 있지만 대부분의 사용자들은 Post Crop Vignetting 기능을 사용한다. 탁월한 결과를 얻을 수 있을 뿐 아니라 원래는 크로핑하는 사진에 효과를 적용하기 위한 목적으로 만들었지만 크롭하지 않은 사진에도 적용할 수 있다. 패널 영역 상단의 Effect 아이콘을 클릭하고 [Post Crop Vignetting] 영역에서 [Style]이 'Highlight Priority'로 설정되어 있는지 확인한 다음 [Amount] 슬라이더를 왼쪽으로 드래그해서 사진의 가장자리를 어둡게 만든다. 예제 사진의 경우 '−18'로 설정했다.

Step 02

[OK] 버튼을 클릭해 사진을 포토샵으로 불러온다. 다음은 샤프닝 효과를 추가해보자. 앞에서 배운 하이 패스 샤프닝 기법을 사용하거나 Unsharp Mask 필터를 사용한다. HDR 사진에 어울리는 강한 샤프닝 효과를 위해서 필자는 Unsharp Mask 필터를 'Amount: 90%, Radius: 1.5, Threshold: 0'로 설정한다. 이와 같은 강렬한 샤프닝 효과는 거친 질감이 어울리지 않는 아기사진 등에는 적용하지 않는 것이 좋다.

Step 03

HDR 사진의 마무리 효과로 인기가 높은 부드러운 글로우 효과를 만들어보자. Command+J(PC: Ctrl+J)를 눌러 'Background' 레이어를 복제한 다음 [Filter]–[Blur] 메뉴에서 'Gaussian Blur'를 선택한다. [Radius]에 '50'을 입력하고 [OK] 버튼을 클릭한다.

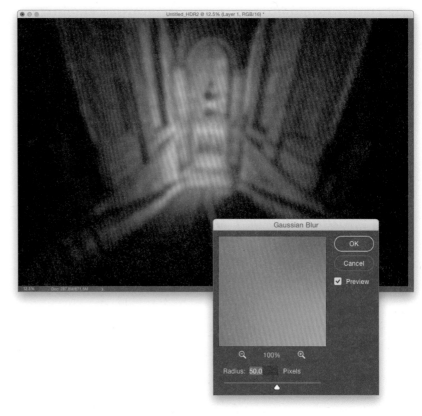

Step 04

[Layers] 패널에서 블러 효과 레이어의 [Opacity]를 '70%'로 낮춘다. 여전히 사진이 많이 흐릿하지만 이 레이어의 블렌드 모드를 'Soft Light'로 변경하면 글로우 효과가 나타난다. 글로우 효과는 HDR 사진의 거친 느낌을 완화한다. 세 가지 효과를 반드시 적용할 필요는 없지만 설정 방법을 알아두면 필요할 때 유용하게 사용할 수 있다. 필자는 보통 톤 매핑한 HDR 사진에 세 가지 효과를 모두 적용한다. 조금 더 현실적인 HDR 사진을 만드는 경우에는 샤프닝 효과만 적용한다.

줌인할 때 Pixel Grid 기능 사용하기

Pixel Grid 기능은 사진을 600% 이상 줌인해서 확대할 경우에만 사용할 수 있으며 픽셀을 구분하는데 유용하다. Pixel Grid 기능은 기본 설정으로 활성화 되어 있으며, 비활성화하려면 [View]-[Show]-[Pixel Grid] 메뉴를 선택한다.

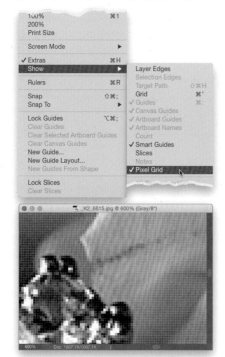

32비트 HDR 사진으로 현실적인 사진 만들기

현실적인 HDR 사진을 만들려면 [Merge to HDR Pro] 대화창 오른쪽 상단의 [Mode] 팝업 메뉴에서 '32 Bit'를 선택한다. [Tone in ACR] 버튼을 클릭하고 Camera Raw에서 일반사진 보정을 적용하고 [OK] 버튼을 클릭해서 사진을 포토샵으로 불러온다. 이 32비트 형식 사진으로 할 수 있는 것은 많지 않으므로 [Image]-[Mode] 메뉴에서 '8 Bits/Channel'을 선택한다. 대화창에서 [Merge]를 클릭한 다음 [HDR Toning] 대화창의 [Method] 팝업 메뉴에서 'Exposure and Gamma'를 선택해서 사진을 다시 보기 좋게 만든다.

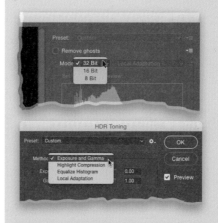

플러그인 연동 해제하기

포토샵을 열기 전에 Shift 를 길게 눌러 [Adobe Photoshop] 대화창을 실행한다. [Yes] 버튼을 클릭하면 제3자 플러그인 연동을 해제한다. 이 기능은 포토샵에 문제가 생겼을 때 플러그인으로 인한 문제인지 파악하는데 도움이 된다. 플러그인을 해제하고 포토샵을 재시작해서 문제점이 사라지면 플러그인 오류일 가능성이 높다.

HDR Pro 작업 시간 단축하기

HDR 사진을 만들 때 사용하는 브라케팅 촬영한 사진의 숫자가 많을수록 최종 사진을 합성하는 시간이 길어진다. 필자는 대부분의 경우 세 개의 사진으로 HDR 사진을 만든다. 하지만 어느 포토샵 관계자의 정보에 의하면 최상의 HDR 사진을 얻기 위해서는 노출 과다 사진보다는 노출 부족 사진이 더 유용하다고 한다. 그러므로 약간의 시간을 더 투자할 의향이 있다면 노출 변화가 균등히 분배된 사진들보다는 하나의 매우 밝은 노출 과다 사진과 네 개의 노출 부족 사진을 사용하면 더 나은 HDR 사진을 만들 수 있다.

Lens Correction 그리드 설정하기

Lens Correction 필터를 사용할 때 가장 처음 발견하는 것은 거슬리는 그리드가 더 이상 기본 설정이 아니라는 점이다. 그뿐 아니라 이제는 그리드의 크기와 색상도 설정할 수 있다. [Lens Correction] 대화창 하단의 'Show Grid'를 체크한 다음 [Size]를 입력하고, 색상을 선택한다. Camera Raw의 [Lens Correction] 패널에 있는 그리드는 V 를 눌러 보이기/숨기기할 수 있지만 크기와 색상 설정은 불가능하다.

여러 개의 레이어 이름 변경하기

여러 개의 레이어 이름을 쉽고 빠르게 변경하려면 첫 번째 레이어 이름을 더블클릭해서 새 이름을 입력한 다음 Tab 을 누르면 자동으로 다음 레이어로 진행한다. 이전의 레이어로 돌아가려면 Shift + Tab 을 누른다.

장소: 시드니 오페라 하우스, 시드니, 오스트레일리아 | 노출: 30초 | 초점거리: 90mm | 조리개: f/8

Problem child
디지털 사진의 일반적인 문제점 보정하기

이번 제목은 너무 뻔해서 "Modern Problems"을 대신 사용할 수도 있지만 라이트룸 책 중에 사용한 것 같아서 "Problem Child"로 결정했다. 이 제목은 1990년에 유니버설 영화사에서 개봉한 영화 제목으로 존 리터, 에이미 야스벡과 잭 워든이 출연했다. 왜 우리의 사진에는 그렇게 문제점이 많은 것일까? 그건 우리의 잘못이 아니라 순전히 카메라 탓이다. 카메라는 우리가 보는 장면을 그대로 포착하지 않는다. 현대의 카메라 기술이 아무리 발전했어도 아직도 인간의 시각을 따라잡기에는 한참 부족하기 때문에 아무리 좋은 카메라를 사용해도 우리의 시각이 보는 그대로 사진을 찍을 수 없다. 인간의 눈은 참으로 놀랍다. 하지만 인간의 시각이 포착할 수 있는 것보다 훨씬 넓은 계조 범위와 정확한 색상을 볼 수 있는 동물이 있다. 그리고 우리의 예상대로 카메라 제조사들은 엄청난 비용을 들여 이 동물의 안구 구조를 연구했다. 히스파니올라 섬에서만 서식하는 히스파니올란 솔레노돈이라는 이 동물의 눈도 인간과 같이 넓은 계조 범위를 볼 수 있지만 훨씬 더 진화된 방식을 사용한다고 한다. 그러므로 이 동물의 눈이 브라케팅 촬영이나 HDR 사진을 만들 필요성이 없는 초고화질 센서를 만들 수 있는 열쇠가 될 것이라고 한다. 소니사는 H. 솔레노돈의 지주 그물 도관을 매핑하는데 꽤 긴 시간을 투자했다. 소니사의 과학자들이 센서를 완성하는 단계에서 독일 라이카사의 연구원들이 놀라운 발견을 했는데, 센서가 현존하는 어느 센서의 기능을 능가할 뿐만 아니라 인간의 시각까지도 넘어섰다는 사실을 발견했다. 그들은 중국의 삼림에 서식하는 뿔이 작고 거친 털이 이마를 가린 엘라포두스속 사슴의 안구 구조에 기반을 둔 센서 원형을 공개한 적이 있는데, 바로 그때 레프러콘이 나타났다. 여기부터는 여러분에게 맡기겠다. 지금까지의 스토리는 모두 필자가 지어낸 것이다. 그러므로 "...그때 레프러콘이 나타났다"부터 스토리를 이어가면 되며, 구글에서 찾을 수 있는 안구 차트에 적힌 어려운 용어들을 끼워 넣자.

안경의 반사광
제거하기

보정이 까다로운 탓에 가장 많은 질문을 받는 것이 안경의 반사광을 제거하는 방법이다. 운이 좋다면 한 시간 정도를 들여 억지로 끼워 맞춰 복제할 수도 있겠지만 대부분은 실패로 끝나거나 포기하고 만다. 이러한 어려움을 겪지 않기 위해서는 안경을 쓴 인물을 촬영할 때 잠깐의 시간을 투자해 각 포즈마다 안경 벗은 모습을 찍어 놓으면 포토샵에서 간단하게 보정할 수 있다.

Step 01

보정을 시작하기 전에 위의 설명을 숙지하기 바란다. 예제 사진을 보면 인물이 쓴 안경에 반사광이 심해서 보정해야 한다. 안경을 쓴 인물의 사진을 촬영할 때 안경을 쓴 사진을 찍은 다음 안경을 빼고 안경 없는 사진을 추가 촬영한다. 이때 인물의 자세가 바뀌지 않도록 타인이 벗겨주는 것이 바람직하다.

Step 02

필자는 예제 사진을 촬영할 때 안경에 반사광이 나타날 것이라고 알았기 때문에 첫 사진을 찍은 후 머리를 움직이지 말라고 지시하고 타인이 안경을 빼도록 하고 안경을 쓰지 않은 모습을 촬영했다.

Step 03

사진을 포토샵으로 불러와 Move 도구(V)를 선택하고 Shift를 누른 채 안경을 벗은 사진을 클릭하고 드래그해서 안경을 쓴 사진 위에 놓는다. 만약 안경을 쓴 사진을 촬영하고 바로 안경을 벗은 사진을 촬영했다면 Auto-Align Layers 기능을 사용해서 두 개의 사진을 합성할 수 있다. [Layers] 패널에서 두 개의 레이어를 Command+클릭(PC: Ctrl+클릭)해서 선택한 다음 [Edit] 메뉴에서 'Auto-Align Layers'를 선택한다. 대화창에서 'Auto'를 선택하고 [OK] 버튼을 클릭하면 몇 초 후 합성을 완료한다. 완벽히 매치되는 두 개의 사진을 가지고 이처럼 간단한 방법으로 사진을 합성했다면 **Step 06** 과정으로 바로 건너뛴다. 그러나 카메라를 손에 들고 촬영했거나 시간차를 두고 안경을 뺀 사진을 촬영해서 두 개의 사진이 일치하지 않는다면 Auto-Align Layers 기능을 사용할 수 없다. 그러한 경우 직접 보정해야 한다.

Step 04

이번 경우에는 상단 레이어를 통해 하단 레이어에 있는 인물의 눈이 보여야 한다. [Layers] 패널에서 상단 레이어의 [Opacity]를 '50%'나 '60%' 정도로 낮춘다. 그리고 Move 도구(V)로 상단 레이어를 드래그해서 두 사진의 눈이 있는 부분을 최대한 맞춘다.

Step 05

머리가 기울었거나 어깨가 움직였거나 인물의 위치
에 변화가 있었다면 상단 사진을 회전해야 할 수도
있다. Command+T(PC: Ctrl+T)를 눌러 Free
Transform 기능을 불러온 다음 사진을 확대한 상
태라면 예제 사진과 같이 사진 외부의 회색 영역
이 보이도록 줌아웃한다. 이제 커서를 사진 외부
영역에 놓으면 양방향 화살표로 변환한다. 화살표
를 클릭하고 원을 그리며 상단 레이어를 회전한다.

|NOTE|

필요하면 커서를 내부로 이동해 상단 레이어의
위치를 재조절한다.

Step 06

두 사진을 맞추는 작업을 완료하면 Return(PC:
Enter)을 눌러 설정한 위치를 고정한 다음 상단 레
이어의 [Opacity] 설정으로 '100%'로 복구한다. 이
제 상단 레이어에 있는 사진에서 필요한 것은 안
경테 안의 영역이다. Option(PC: Alt)을 누른 채
[Layers] 패널 하단의 Add Layer Mask 아이콘을
클릭해서 예제 사진과 같이 회전한 레이어를 검은
색 마스크 뒤에 숨긴다.

Step 07

'Foreground' 색상을 흰색으로 설정하고 Brush 도구(B)를 불러온 다음 옵션 바의 [Brush Picker]에서 작고 경계가 부드러운 브러시를 선택해서 오른쪽 안경 렌즈를 드래그하면 안경을 벗고 촬영한 사진의 눈 부분이 나타난다.

Step 08

오른쪽 눈을 완성하면 왼쪽 눈도 같은 방법으로 보정한다. 작은 브러시를 사용해서 안경테까지 드래그하는 실수를 방지한다. 만약 실수로 안경테를 드래그하면 X를 눌러 'Foreground' 색상을 검은색으로 바꾸고 안경테를 드래그해서 복구한다. 촬영할 때 안경을 벗을 사진을 함께 촬영하면 **Step 04**와 **Step 05**를 건너뛰어 작업 시간을 단축할 수 있으므로 안경을 쓴 인물을 촬영할 때 이 점을 기억하자. 다음 페이지의 보정 전과 보정 후의 사진을 비교해보자.

안경에 반사광이 나타난 보정 전 사진

반사광을 제거한 보정 후 사진

단체 사진 촬영은 항상 도전 과제가 될 수밖에 없다. 누군가는 눈을 감거나 웃지 않거나 다른 곳을 보고 있는 등 다양한 이유 때문이다. 물론 다른 사진에서 필요한 부분만 복제해서 합성할 수도 있지만 과정이 복잡하다. 그 대신 포토샵의 Auto Align Layers 기능을 사용하면 쉽게 단체 사진을 보정할 수 있다.

간단한 단체 사진 보정

Step 01
예제 사진에서는 오른쪽의 소년이 카메라를 보지 않고 있다.

Step 02
단체 사진을 촬영할 때에는 가능한 많은 사진을 촬영해두는 것이 좋다. 예제 사진의 경우에도 몇 프레임 뒤에 소년이 잘 나온 사진이 있었다. 하지만 이 사진은 왼쪽의 남성이 웃지 않고 있으며, 한 남성은 눈을 감았다. 그러므로 이 사진의 소년을 **Step 01**의 예제 사진과 합성해서 전원이 웃고 있으며 눈을 감지 않고 카메라를 보고 있는 하나의 사진으로 만들어야 한다.

Step 03

두 사진을 포토샵에서 클릭하고 드래그해서 하나의 문서로 불러와보자. Move 도구(V)를 선택하고 Shift를 누른 채 소년이 제대로 찍힌 사진을 클릭하고 드래그해서 다른 사진 위에 놓으면 오른쪽의 [Layers] 패널과 같이 별도로 분리된 두 개의 레이어가 된다.

Step 04

삼각대를 사용해서 사진을 촬영했다면 보통 Shift를 누른 채 사진을 드래그해서 놓으면 두 개의 사진이 잘 맞지만, 카메라를 손에 들고 촬영했거나 움직였다면 포토샵의 자동 기능을 사용해 사진을 맞춰야 한다. 두 개의 레이어를 Command+클릭(PC: Ctrl+클릭)해서 모두 선택한 다음 [Edit] 메뉴에서 'Auto-Align Layers'를 선택한다. [Auto-Align Layers] 대화창에서 상단의 'Auto'를 선택한 채로 두고 [OK] 버튼을 클릭하면 포토샵이 두 개의 레이어를 자동으로 맞춘다.

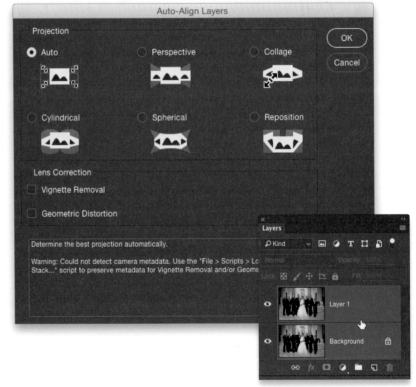

Step 05

두 개의 사진을 맞춘 다음에는 [Layers] 패널에서
상단 레이어를 클릭해서 활성화한다. 옵션을 누른
채 패널 하단의 Add Layer Mask 아이콘을 클릭
해서 소년이 카메라를 보고 있는 사진을 레이어 마
스크로 숨긴다. Brush 도구(B)를 선택하고 옵션
바의 [Brush Picker]에서 중간 크기의 경계가 부드
러운 브러시를 선택한다. 'Foreground' 색상을 흰
색으로 설정하고 소년의 머리 부분을 드래그하면
카메라를 보고 있는 소년의 얼굴이 나타난다. 다른
사진과 자연스럽게 섞이도록 머리와 쟈켓 등 필요
한 부분을 모두 드래그한다. Crop 도구(C)로 필
요한 크기로 사진을 잘라 마무리한다.

보정 전: 소년이 카메라를 보고 있지 않다.

보정 전: 왼쪽의 남성이 웃고 있지 않으며,
　　　　다른 남성이 눈을 감았다.

보정 후: 두 사진을 합성해서 완벽한 단체 사진을 만들었다.

Liquify 필터
재설정하기

필자는 인물사진 리터칭 작업을 많이 한다(그래서 "Professional Retouching Techniques for Photographers Using Photoshop"이라는 인물사진 리터칭에 대한 책까지 썼다). 인물사진을 리터칭하는 모든 포토샵 사용자가 원하는 기능들 중 하나는 바로 Liquify 필터를 스마트 오브젝트로 적용해서 언제든지 재설정하거나 설정을 삭제하는 것이었다. 드디어 그 기능을 포토샵의 Creative Cloud 버전에서 사용할 수 있게 되었으며, Liquify의 리터칭 흔적을 숨기는 편리한 Smooth 도구도 추가되었다.

Step 01

Liquify를 스마트 오브젝트로 사용하려면 먼저 사진 레이어를 스마트 오브젝트 레이어로 변환한다. [Filter] 메뉴에서 'Convert for Smart Filters'를 선택하거나 [Layers] 패널에서 'Background' 레이어를 마우스 오른쪽 버튼으로 클릭하고 'Convert to Smart Object'를 선택한다.

Step 02

다음은 [Filter] 메뉴에서 'Liquify'를 선택해서 필요한 설정을 한다. 예제 사진의 경우 도구상자에서 첫 번째에 있는 Forward Warp 도구(W)를 사용해서 코트 왼쪽 소매의 움푹 들어간 부분을 보정할 것이다. 작은 브러시로 보정이 필요한 영역을 안/밖으로 밀어 보정한 다음 [OK] 버튼을 클릭하면 레이어 마스크를 첨부한 재편집이 가능한 스마트 필터 레이어로 나타난다. 그러므로 원한다면 Liquify 설정을 적용한 영역의 일부를 검은색으로 드래그해서 숨길 수 있다.

Step 03

보통 Liquify 설정이 과도하다고 생각한다면 처음부터 다시 시작해야 한다. 그러나 스마트 오브젝트를 먼저 만들어 놓았기 때문에 사진을 다시 열어 설정을 바꾸면 된다. [Layers] 패널의 스마트 필터 레이어 아래에 있는 "Liquify"라는 글자를 더블클릭해서 대화창을 불러오면(예제 사진의 빨간색으로 표시한 부분) 편집 설정이 그대로 있을 뿐 아니라 설정 변경도 가능하다. 예를 들어, 마지막 편집 설정만 제거하고 싶다면 도구상자에서 두 번째에 있는 Reconstruct 도구(R)를 선택하고 드래그하는 영역만 보정 전의 상태로 복구하고 나머지 편집 설정은 그대로 둔다.

Step 04

이번에는 도구 상자의 세 번째 Smooth 도구(E)에 대해 알아보자. 이 도구는 보통 Liquify 필터의 다른 도구들을 사용했을 때 효과를 적용한 영역이 파도 모양의 무늬가 생기거나 리터칭한 흔적이 선명하게 나타나는 경우에 사용한다. 이 도구는 사실 Reconstruction 도구와 같은 기능을 하는데, 효과를 적용한 영역의 원본을 완전히 복구하는 대신 일부만 복구한다. 한 번 드래그하면 약간의 효과를 제거하고, 한 번 더 드래그하면 약간 더 제거한다. 그러므로 더 현실적인 리터칭 효과를 만들기 위해 작은 브러시 사용을 추천한다.

|NOTE|

Liquify 필터에 대해서는 챕터 10 인물사진 리터칭에 대한 레슨에서 더 다룰 것이다.

Content-Aware Fill 기능으로 방해 요소 제거하기

사람들이 마법과 같은 포토샵 기능들에 대해 얘기할 때 빠지지 않는 것이 Content-Aware Fill 기능이다. 필자는 몇 년 동안 사진에서 방해 요소를 제거하기 위해 이 기능을 사용해왔지만 아직도 이 기능의 탁월함에 놀란다. 게다가 사용법도 간단하며, 사진가들에게 없어서는 안 될 강력한 도구이다.

Step 01

예제 사진에서는 바위에 앉아 있는 커플이 주제에서 시선을 빼앗아 제거해야 하는 방해 요소이다.

Step 02

먼저 Content-Aware Fill 기능으로 커플을 제거하기 위해 Lasso 도구(L)를 선택하거나 자신이 사용하기에 편한 도구를 선택해(Quick Selection 도구나 Pen 도구 등) 커플이 있는 영역을 드래그해서 선택한다. 영역 선택을 마치면 Content-Aware Fill 기능을 돕기 위해 선택 영역을 4픽셀 정도 확장해 보자. [Select]–[Modify] 메뉴에서 'Expand'를 선택하고 [Expand Selection] 대화창에서 '4'를 입력하고 [OK] 버튼을 클릭하면 선택 영역을 확장한다.

Step 03

다음은 [Edit] 메뉴에서 'Fill'을 선택한다. [Fill] 대화 창의 [Contents] 팝업 메뉴에서 'Content-Aware'를 선택하고 [OK] 버튼을 클릭하고 놀랄 준비를 하고 잠시 기다려보자. 결과는 사진의 커플을 삭제했을 뿐 아니라 그 영역을 마치 커플이 원래 없었던 것처럼 바위를 메웠다. Content-Aware Fill 기능은 제거하는 요소 주변 영역을 분석해 제거된 요소로 인해 생기는 빈 영역을 채운다. 결과를 확인한 후 Command+D(PC: Ctrl+D)를 눌러 영역 선택을 해제한다.

Step 04

Content-Aware Fill 기능이 완벽하게 채우지 못한 커플에게 가려졌던 태양 전지판 스탠드 일부는 Clone Stamp 도구로 직접 보정해보자. 도구 상자에서 Clone Stamp 도구(S)를 선택하고 남아 있는 버팀대 부분을 Option+클릭(PC: Alt+클릭)하고 아래로 드래그한다(또한 바위가 있는 영역도 정리했다). 간혹 결과가 완벽하지 않다는 점만 감수할 수 있다면 Content-Aware Fill 기능을 좋아하게 될 것이다. 그러나 70~80%의 성공률을 가지고 있어 나머지 20%의 작업은 직접 해야 하지만, 완벽한 결과를 얻는 경우도 많다. 또한 Content-Aware Fill 기능은 불규칙한 배경일수록 더 좋은 결과를 얻을 수 있다는 점도 기억하자.

Step 05

Content-Aware Fill 기능이 놀라운 것은 사실이지만 다른 포토샵 도구와 마찬가지로 사진의 종류와 상태에 따라 100% 만족스러운 결과를 보여주는 것은 아니다. 그래서 필자는 Content-Aware Fill 기능을 사용할 때 Content-Aware Fill 기능이 내장되어 있는 Spot Healing Brush와 함께 사용하는 경우가 많다. Patch 도구는 Healing Brush의 사촌 격으로 큰 피사체를 제거하는데 효과적이며 Content-Aware 기능도 가지고 있다. 이제 다른 예제 사진을 가지고 세 가지 도구를 사용해서 벽의 격자와 아래의 흰색 물체 그리고 창 옆의 파이프를 제거해보자.

Step 06

대부분의 경우 앞의 예제 사진에서 커플을 제거할 때처럼 영역을 세밀하게 선택하지 않아도 된다. 흰색 물체의 경우, Lasso 도구(L)로 여유 있게 선택한 다음 [Edit] 메뉴에서 'Fill'을 선택한다. [Fill] 대화창의 [Contents] 팝업 메뉴에서 'Content-Aware'를 선택하고 [OK] 버튼을 클릭하고 Command+D(PC: Ctrl+D)를 눌러 선택 영역을 해제한다. 다음 단계의 예제 사진을 보면 결과가 만족스럽다. 결과가 만족스럽지 않은 영역이 있다면 그 영역을 선택해서 다시 시도해보자.

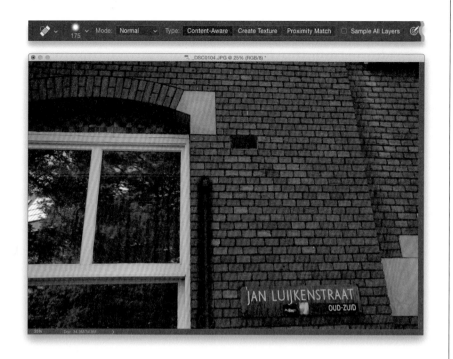

Step 07

흰색 물체가 있던 곳을 보면 결과가 무척 만족스럽다. 다음은 Spot Healing Brush 도구(J)로 전환해서 파이프를 제거한다. 파이프 너비보다 약간 큰 브러시 크기를 선택해서 드래그하면 포토샵이 Content-Aware 기술을 사용해서 파이프를 제거한다(마우스 버튼을 놓으면 몇 초 후 파이프가 사라진다).

|NOTE|

일반 Healing Brush 도구에는 Content-Aware 기능이 없으며, Spot Healing Brush 도구에만 Content-Aware 기능이 있다. 그러나 Patch 도구는 Content-Aware 기능을 선택해서 활성화해야 한다. 단, Spot Healing Brush 도구는 기본 설정으로 Content-Aware 기능이 활성화 되어 있다.

Step 08

이번에는 Patch 도구 사용법을 알아보자. Brush 도구가 Patch 도구로 전환될 때까지 Shift + J 를 누른 다음 Lasso 도구와 마찬가지로 제거하려는 격자와 그 주변 영역을 클릭한 채 드래그해서 선택한 다음 선택 영역 내부를 클릭해서 근처의 격자가 없는 영역으로 드래그하면 선택 영역에 효과를 적용한 결과가 미리보기로 나타난다. 그리고 마우스 버튼을 놓으면 설정을 적용한다. 필자는 큰 크기의 피사체를 제거하는데 Patch 도구를 사용한다. 혹시 Content-Aware 기능을 Patch 도구와 함께 사용하고 싶다면 옵션 바의 [Patch] 팝업 메뉴에서 'Content-Aware'를 선택한다. 이때 Content-Aware 기능을 함께 사용하는 방법이 더 낫다는 보장은 없다. 이것 역시 사진에 따라 결과도 달라진다. 그러므로 한 가지 기능을 적용해보고 흡족하지 않다면 다른 기능을 사용해보자.

# Step 09

예제 사진은 Patch 도구로 선택 영역을 드래그한
결과로 기본 설정보다 Content-Aware 설정을 적
용한 결과가 더 나아 보인다. 결과가 마음에 들지
않는다면 Command+Z(PC: Ctrl+Z)를 눌러
설정을 취소하고 Command+D(PC: Ctrl+D)를
눌러 선택 영역을 해제한 다음 Content-Aware
Fill이나 Spot Healing Brush 도구를 사용해본다.

Step 10

이제 마무리 보정을 해보자. Shift+J를 눌러 Spot
Healing Brush 도구로 전환한 다음 오른쪽 상단
에 있는 검은 그림자를 드래그한다.

TIP 대체 금지 영역 설정하기

예제 사진의 경우에는 괜찮았지만 대부분의 경우
제거하려는 피사체가 다른 피사체들과 근접해있다.
Patch 도구는 제거하는 선택 영역을 배경이 아닌
전경에 있는 근접한 영역으로 대체하기 때문에 다
른 피사체가 선택 영역에 나타날 수 있다. 해결 방
법은 대체 영역으로 사용할 수 없는 영역을 선택해
서 저장하는 것이다. 대체 금지 영역을 선택한 다
음 [Select] 메뉴에서 'Save Selection'을 선택하고
[OK] 버튼을 클릭한다. 그러면 포토샵이 선택 영역
을 피해 다른 영역으로 대체한다.

Step 11

예제 사진에는 Spot Healing Brush와 Patch 도구를 사용해 최상의 결과를 얻었다. 하단의 두 사진을 비교해보자.

보정 전

보정 후

Content-Aware Move 기능으로 피사체 옮기기

Content-Aware Move는 선택한 피사체를 다른 위치로 이동하면 생기는 빈 영역을 자동으로 채우는 마법과 같은 기능이다. 모든 사진에 적용이 가능한 기능은 아니기 때문에 자주 사용할 수는 없지만 필요한 경우에는 매우 유용하다. Content-Aware Move 기능을 사용해서 완벽한 결과를 얻으려면 충족해야 하는 요건이 까다롭기는 하지만 도움이 될 몇 가지 방법을 알아보자.

Step 01

Content-Aware Move 기능을 사용해 예제 사진의 등을 문에 더 근접한 위치로 옮겨보자.

Step 02

도구상자에서 본인이 사용하기에 편리한 도구를 선택한 다음 위치를 변경하려는 피사체를 선택한다. 영역을 선택할 때 세밀하게 드래그 할 필요는 없지만 최대한 근접하게 드래그한다. 예제 사진에서는 등과 브래킷, 플러그와 소켓을 모두 선택했다. 영역을 선택한 다음 4픽셀 정도 영역을 확장하면 더 나은 결과를 얻을 수 있다. [Select]-[Modify] 메뉴에서 'Expand'를 선택한다. [Expand Selection] 대화창에 '4'를 입력하고 [OK] 버튼을 클릭해서 영역을 확장한다.

TIP Content-Aware Move 도구로 영역 선택하기
Content-Aware Move 도구로도 Lasso 도구와 같이 영역 선택이 가능하다.

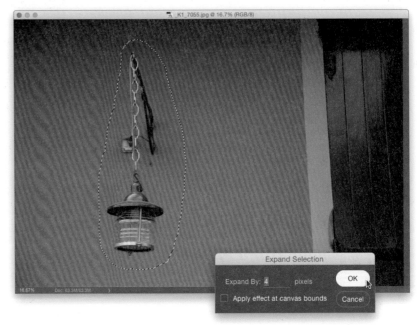

Step 03

도구상자에서 Content-Aware Move 도구를 선택하거나(예제와 같이 Brush와 Patch 도구와 같은 메뉴에 있다) Shift + J 를 지속적으로 눌러 도구를 불러온다. 다음은 선택 영역을 클릭해서 문 근처로 드래그한다. 이동 설정을 적용하기 전에는 원래 위치의 피사체가 그대로 남아 있다.

Step 04

마우스 버튼을 놓고 Return(PC: Enter)을 누른다. 사진 크기에 따라 차이가 있지만 잠시 후 피사체가 이동하고 그에 의해 생긴 빈 공간도 채워진다. 하지만 아직 선택 영역을 해제하지 말자. 특히 결과가 완벽하지 않은 경우에는 포토샵이 선택 영역의 이동에 적합한 배경의 질감과 색상을 만드는 방식을 재설정해서 다시 렌더링 해야 한다. 재설정은 옵션 바의 [Structure]와 [Color]에 입력한다. 선택 영역을 아직 해제하지 않은 상태에서 다른 설정을 선택하면 렌더링을 다시 실행한다. 각각 다른 설정을 적용해보고 가장 나은 것을 선택한다(필자는 문제점이 나타나는 경우에만 이 방법을 사용한다). 또한 설정값이 높을수록 포토샵이 실제의 배경을 질감이나 색상의 블렌딩에 사용할 확률이 높아서 더 자연스러운 결과를 얻을 수도 있지만 사진에 따라 부자연스럽게 보이기도 한다는 점을 기억하자. 그러므로 높은 설정값과 낮은 설정값을 모두 적용해보는 것이 바람직하다.

|NOTE|
선택 영역을 이동한 후 남아 있는 지저분한 부분은 Spot Healing Brush로 정리한다.

Photoshop Killer **Tips**

Shadows/Highlights를 보정 레이어처럼 사용하기

기술적으로 따지자면 보정 레이어가 아니지만 보정 레이어처럼 작동한다. [Image]–[Adjustment] 메뉴에서 'Shadows/Highlights'를 선택하기 전에 [Filter] 메뉴에서 'Convert to Smart Filters'를 선택하면 나중에 설정을 재조절하고 레이어 마스크를 추가하는 등 보정 레이어와 동일한 기능을 사용할 수 있다. 또한 레이어 이름 옆의 작은 보정 슬라이더 아이콘을 더블클릭하면 블렌딩 모드와 투명도를 변경할 수 있는 대화창을 불러온다. Eye 아이콘을 클릭하면 보정 기능을 활성화/비활성화할 수 있으며, 보정 레이어처럼 작업 중 언제든지 삭제도 가능하다.

Lens Flare 필터 위치 변경하기

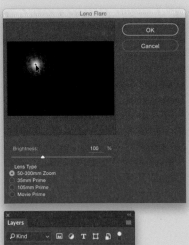

[Filter]–[Render] 메뉴에 있는 Lens Flare 필터는 사진 중앙에 섬광 효과를 추가한다. 그러나 필터의 미리보기 창에서 섬광의 중앙부를 클릭하고 드래그하면 위치를 변경할 수 있다. Lens Flare 필터의 효과적인 사용법은 새 레이어를 만들어 검은색으로 변경한 다음 레이어 블렌딩 모드를 'Screen'으로 설정해서 적용하는 것이다. 효과를 적용한 다음 원하는 위치로 드래그한다. 만약 사진에 경계가 나타난다면 레이어 마스크를 만든 다음 큰 크기의 경계가 부드러운 브러시 검은색으로 경계를 드래그한다.

블렌드 모드 미리보기

블렌드 모드 중 무엇을 선택해야 할지 모르겠다면 Shift + + 를 눌러 모든 블렌드 모드를 하나씩 적용해보고 선택하자.

브러시 목록 순서 변경하기

[Edit]–[Presets] 메뉴에서 'Preset Manager'를 선택해서 대화창을 불러온다. 대화창은 모든 브러시를 보여주도록 기본 설정되어 있으므로 순서를 바꾸고 싶은 브러시를 클릭해서 원하는 위치로 드래그한다. 설정을 마치면 [Done] 버튼을 클릭해 적용한다.

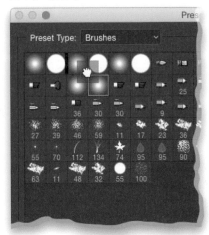

가이드 색상 변경하기

눈금자의 가이드를 변경하려면 눈금자를 더블 클릭해서 [Preferences] 대화창을 불러온 다음 [Guides, Gird&Slices]에서 원하는 색상을 선택한다. 또는 Command+K(PC: Ctrl+K)를 눌러 대화창 왼쪽의 [Guides, Gird&Slices]를 선택한다.

[Fill] 입력란의 기능

[Layers] 패널의 [Opacity] 바로 아래에 있는 [Fill] 입력란이 무엇인지 의아할 것이다. 이 기능은 레이어에 Drop Shadow나 Bevel 효과를 적용한 경우에만 활성화 된다. Drop Shadow 효과를 적용한 경우, [Opacity] 설정을 낮추면 피사체와 효과가 함께 흐려진다. 그러나 [Fill] 설정을 낮추면 피사체는 흐려지지만 효과는 변하지 않는다.

레이어 병합 단축키

정확히 말하자면 레이어 병합 단축키는 아니지만 필자는 항상 사용한다. Command+Shift+E(PC: Ctrl+Shift+E)는 원래 Merge Visible 기능의 단축키이지만 숨겨진 레이어만 없다면 레이어 병합 단축키로도 사용할 수 있다.

HUD 팝업 색상 상자 설정하기

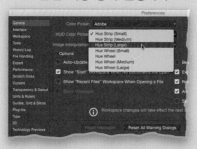

브러시 도구를 사용할 때 Command+Option+Control(PC: Alt+Shift)을 누르고 클릭(PC: 마우스 오른쪽 버튼 클릭)하면 화면으로 색상 상자를 불러온다. 이때 HUD 팝업 색상 상자의 유형과 크기도 설정이 가능하다. Command+K(PC: Ctrl+K)를 눌러 [Preferences]를 실행한 다음 왼쪽 목록에서 [General]을 선택하고 [HUD Color Picker] 팝업 메뉴에서 원하는 유형과 크기를 선택한다.

브러시 블렌드 모드 변경 단축키

작업 중 현재 사용하는 브러시의 블렌드 모드를 옵션 바까지 가지 않고 바로 변경할 수 있다. 사진에서 Ctrl+Shift+클릭(PC: Shift+마우스 오른쪽 버튼 클릭)하면 브러시 도구 블렌드 모드 팝업 메뉴가 나타난다.

캐스트 섀도 효과 만들기

드롭 섀도 대신 캐스트 섀도를 만들려면 먼저 피사체에 Drop Shadow 레이어 스타일을 적용해야 한다([Layers] 패널 하단의 Add a Layer Style 아이콘의 팝업 메뉴에서 'Drop Shadow'를 선택해서 설정을 변경한 다음 [OK] 버튼을 클릭한다). 그리고 [Layer]–[Layer Style] 메뉴에서 'Create Layer'를 선택해서 별도의 새 레이어에 드롭 섀도 효과를 만든다. 드롭 섀도 레이어를 클릭하고 Command+T(PC: Ctrl+T)를 눌러 Free Transform 도구를 실행한다. Command(PC: Ctrl)를 누른 채 사진 상단 중앙의 조절점을 잡고 45도 각도로 드래그해서 바닥에 그림자가 드리워진 것과 같은 캐스트 섀도 효과를 만든다.

다른 레이어로 레이어 마스크 복제하기

다른 레이어의 마스크를 복제하려면 Option(PC: Alt)을 누른 채 마스크를 클릭하고 원하는 레이어로 드래그한다. 레이어 마스크를 다른 레이어로 이동만 하려면 Option(PC: Alt)을 누르지 않고 클릭해서 드래그한다.

장소: Devil's Punchbowl, 오터 록, 오리건 | 노출: 0.5초 | 초점거리: 14mm | 조리개: f/22

10

Special Edition
사진가를 위한 특수 효과

앞의 Camera Raw 챕터에 특수 효과에 대한 내용이 있지 않았는가라는 생각을 했을 것이다. 맞다. 그 점을 지적해주어 고맙다. 그렇다면 더 이상의 포토샵 특수 효과는 필요하지 않을 것이므로 이 책에서 빼기로 하자. 지금쯤 그 사실을 지적한 자신을 원망하고 있지 않은가. 이제 중요한 주제로 돌아가 필자가 어떻게 이번 챕터의 제목을 찾았는지 얘기해보자. 이번 챕터 제목을 국제 연장근무 주간교사 교육 협회(줄여서 ICED-TEA)의 승인을 받기 위해 신성한 이름 짓기 규정을 약간 유연하게 사용해야 했다. "Special Edition"이라는 영화 제목을 찾을 수 없었지만 대여나 판매용 DVD에는 "Special Edition"이 추가된 영화들이 꽤 있다. 그것만으로 충분하다고 생각해 제

목으로 넣었다. 이견이 있다면 ICED-TEA에 직접 항의하기 바란다. 그 협회 사람들은 사실 꽤 열린 사고를 가지고 있다(챕터 이름 분쟁 소송 때문에 여러 번 증언을 한 적이 있는데 그다지 좋은 경험은 아니었다). ICED-TEA 협회는 꽤 관대한 반면, 안정된 셔터스피드를 위한 계조 전문 하이퍼 기술 협회(약자에 매우 민감하기 때문에 약자로 부르지 않는 것이 좋다)는 매우 완고하다. 하지만 무엇을 하든 라이트룸 스튜디오로 워터마크 내보내기를 뛰어넘는 노이즈 감마 비율을 산출한 브라케팅 협회에 밉보이지 않아야 한다. 만약 그들이 규정을 어겼다는 사실을 발견한다면 가만 두지 않을 것이다.

트렌디한 인물사진 만들기

이번에 알아볼 것은 최근 인기가 많은 인물사진 기법이다. 이 기법은 잡지부터 CD 커버, 영화 포스터, 옥외 광고판 등 어디에서든 볼 수 있다. 그만큼 이 효과를 선호하는 사람들이 많다는 증거이다. 작업 과정도 매우 간단해서 1분이면 만들 수 있다.

Step 01

최근에 유행하는 피부색의 채도를 낮춘 인물사진 효과를 적용할 사진을 불러온다. Command+J (PC: Ctrl+J)를 눌러 'Background' 레이어를 복제한 다음 동일한 단축키를 한 번 더 눌러 복제 레이어를 하나 더 만든다.

Step 02

[Layers] 패널에서 중간에 있는 'Layer 1'을 클릭해서 활성화한 다음 Command+Shift+U (PC: Ctrl +Shift+U)를 눌러 채도를 낮춰 모든 색상을 제거한다. 약간의 색상이 비쳐 보이도록 [Opacity] 설정을 '80%' 정도로 낮춘다. 물론 색상이 그대로 있는 컬러 사진 레이어가 상단에 있기 때문에 화면에는 아무 변화도 나타나지 않는다. 그러나 [Layers] 패널을 보면 중간에 있는 레이어가 흑백이다.

Step 03

[Layers] 패널에서 상단의 'Layer 1 Copy'를 클릭해서 선택한 다음 레이어의 블렌드 모드를 'Normal'에서 'Soft Light'로 변경해서 적용하여 부드럽고 옅은 효과가 나타나게 만든다. 대비가 더 강한 효과를 원한다면 'Overlay' 모드를 적용해보자. 'Overlay' 모드가 만든 효과가 약간 과도하다면 원하는 효과가 될 때까지 [Opacity] 설정을 낮추면 되지만, 필자는 보통 'Soft Light' 모드를 적용한다.

Step 04

마지막 단계는 인물의 피부에만 효과를 적용하도록 설정하는 것이다. 물론 마음에 든다면 사진 전체에 효과를 적용해도 상관없지만 필자는 보통 피부에만 적용한다. 그러므로 사진 전체에 효과를 적용한 결과가 마음에 든다면 이번 단계를 건너뛰어도 된다. 피부에만 효과를 적용하기 위해 Command+Option+Shift+E(PC: Ctrl+Alt+Shift+E)를 눌러 병합한 레이어를 최상단에 만든다 (앞의 세 개의 레이어를 병합한 사진을 새 레이어로 만든 것이다). 아래에 있는 두 개의 레이어는 더 이상 필요하지 않으므로 각 레이어 섬네일 왼쪽의 Eye 아이콘을 클릭해서 숨기거나 삭제해도 된다. 이제 Option(PC: Alt)을 누른 채 패널 하단의 Add a Layer Mask 아이콘을 클릭해 사진을 검은색 마스크 뒤에 숨긴다. D를 눌러 'Foreground' 색상을 흰색으로 설정하고 Brush 도구(B)를 선택하고 옵션 바의 [Brush Picker]에서 중간 크기의 경계가 부드러운 브러시를 선택한 다음 인물의 얼굴, 머리, 목 등 피부가 있는 영역을 드래그한다. 효과가 너무 강하다면 원하는 정도가 될 때까지 [Opacity] 설정을 낮춘다. 이것으로 피부색의 채도를 낮춘 트렌디한 인물사진이 완성되었다.

고대비 인물사진 만들기

최근에는 고대비나 채도를 낮춘 사진들이 유행이며, 그러한 효과를 만드는 플러그인들도 있지만 리터칭 전문가인 캘빈 헐리우드에게 배운 기법도 책에 포함하기로 했다. 그가 사용하는 기법의 장점은 ❶ 액션으로 만들어 한 번의 클릭으로 적용할 수 있으며, ❷ 별도의 플러그인을 구입할 필요가 없다는 것이다. 이 기법을 공유해준 캘빈에게 감사한다.

Step 01

고대비 효과를 적용할 사진을 불러온다. 시작 단계부터 설정 과정을 액션으로 만들어 놓으면 동일한 효과를 한 번의 클릭으로 다른 사진에 적용할수 있다. [Actions] 패널에서 하단의 Create New Action 아이콘을 클릭한다. [New Action] 대화창에서 [Name]에 'High-Contrast Look'을 입력하고 [Record] 버튼을 클릭하면 모든 과정을 액션으로 저장할 것이다.

Step 02

Command+J(PC: Ctrl+J)를 눌러 'Background' 레이어를 복제한다. 복제 레이어의 블렌드 모드를 'Vivid Light'로 설정한다. 지금은 사진이 이상해 보이지만 몇 번의 설정을 거치면 곧 멋진 사진이 될 것이다.

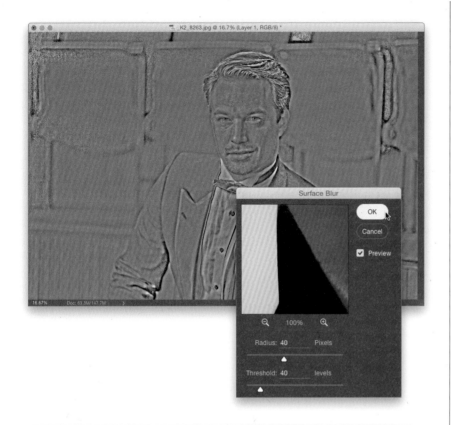

Step 03

Command+I(PC: Ctrl+I)를 눌러 'Invert'를 적용해 사진을 반전시키면 예제 사진과 같은 결과가 나타난다. [Filter]–[Blur] 메뉴에서 'Surface Blur'를 선택한다. 대화창에서 [Radius]를 '40'으로 설정하고, [Threshold]를 '40'으로 설정한 다음 [OK] 버튼을 클릭한다(필터 효과를 적용하는 데 약간의 시간이 소요될 수 있다. 어도비사는 16비트 사진에서의 처리 시간을 단축하도록 필터를 업데이트했다).

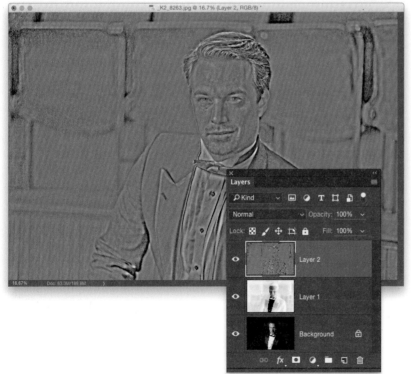

Step 04

레이어의 블렌드 모드를 다시 변경해야 하는데 'Vivid Light' 모드를 다른 모드로 변경하면 원하는 효과를 얻을 수 없다. 그렇기 때문에 병합한 레이어처럼 보이는 새 레이어를 만들어 적용해서 블렌드 모드를 변경해야 한다. Command+Option+Shift+E(PC: Ctrl+Alt+Shift+E)를 눌러 병합한 새 레이어를 만든다.

Step 05

새로운 병합 레이어를 만들었으므로 'Surface Blur'를 적용한 중간 레이어를 패널 하단의 휴지통 아이콘으로 드래그해서 삭제한다. 다음은 레이어에 있는 이상한 네온 색상을 제거해야 하는데 색상을 제거하는 방법을 사용하면 된다. [Image]– [Adjustment] 메뉴에서 'Desaturate'를 선택해서 색상을 제거해 전체가 회색으로 나타나게 만든다. 그리고 병합한 레이어 버전인 'Layer 2'의 블렌드 모드를 'Overlay'로 변경하면 고대비 효과가 보이기 시작한다. 다음 단계부터는 선택 사항이므로 [Action] 패널로 돌아가 하단의 정사각형 Stop Recording 아이콘을 클릭해서 설정 기록을 멈춘다.

Step 06

고대비 효과는 다양한 종류의 사진에 어울리지만 예제 사진과 같이 초점이 흐릿한 배경에는 어울리지 않는다. 그러므로 배경은 제외하고 피사체에만 효과를 적용해보자. [Layers] 패널 하단의 Add Layer Mask 아이콘을 Option(PC: Alt)을 누른 채 클릭해서 대비 효과를 적용한 레이어를 검은색 마스크 뒤에 숨긴다. 'Foreground' 색상을 흰색으로 설정하고 Brush 도구(B)를 선택한 다음 피사체만 드래그해서 고대비 효과를 적용한다.

Step 07

마지막으로 [Layers] 패널에서 이 레이어의 [Opacity] 설정을 낮춰 더 자연스러워 보이게 만든다. 예제 사진의 경우 '65%'로 설정했다. 이제 레이어들을 병합하고 Unsharp Mask 필터로 샤프닝 효과를 적용한다(챕터 11 참고). 여기서는 'Amount: 120, Radius: 1, Threshold: 3'로 설정했다. 효과를 적용하기 전과 후의 사진을 비교해보자. 고대비 효과 설정을 액션으로 만들었기 때문에 이제는 다른 사진에 한 번의 클릭으로 적용한 다음 필요하다면 레이어 마스크를 추가할 수 있다.

고대비 효과를 적용하기 전

고대비 효과를 추가한 후

인물과 풍경사진을
위한 몽환적인
포커스 효과 만들기

이번에 알아볼 효과는 필자도 자주 사용하기 때문에 많은 질문을 받는다. 특히 "어떻게 사진이 선명한 동시에 부드러워 보이게 만드는 것인가"라고 묻는데, 사실 매우 간단한 방법을 사용한다.

Step 01

이 효과의 선명함은 사진에 먼저 샤프닝 효과를 적용하는 것이 비법이다. 필자는 일반적으로 파일을 저장하기 직전에 샤프닝 효과를 적용하는데 이번 효과는 샤프닝을 먼저 적용한 후에 다른 과정을 추가하는 방식을 사용한다. 그러므로 먼저 샤프닝 효과를 적용해보자. [Filter]–[Sharpen] 메뉴에서 'Unshap Mask'를 선택한다. 대화창에서 'Amount: 120%, Radius: 1.0, Threshold: 3'로 설정한 다음 [OK] 버튼을 클릭해 적용한다.

Step 02

Command+J(PC: Ctrl+J)를 눌러 샤프닝 효과를 적용한 레이어를 복제한다.

Step 03

[Filter]–[Blur] 메뉴에서 'Gaussian Blur'를 선택한다. 필터 대화창에서 [Radius]를 '25'로 설정한다. 24–메가픽셀 이상의 카메라로 촬영했다면 '35' 혹은 그 이상으로 설정해야 하는데 설정값에 대해서는 너무 걱정하지 않아도 된다. 예제 사진과 같은 정도로 사진이 흐릿해지도록 설정한 후 [OK] 버튼을 클릭한다.

Step 04

마지막으로 [Layers] 패널에서 흐릿한 사진 레이어의 [Opacity]를 '30%' 정도로 설정해서 효과를 완성한다.

Blur Gallery 사용해서 미니어처 효과 만들기

인터넷에서 흔히 보는 작은 장난감 모형(건축 모형을 떠올리면 된다) 사진처럼 보이게 만드는 미니어처 효과는 Blur 필터로 쉽게 만들 수 있다. 효과를 적용하기에 적합한 사진만 있다면 필터의 사용법은 간단하다. 높은 앵글에서 촬영한 사진이 미니어처 효과를 적용하기에 적합하다. 앵글이 높을수록 모형을 내려다보는듯한 느낌을 줄 수 있기 때문이다.

Step 01

효과를 적용할 사진을 불러온다(위의 서문을 숙지하고 효과에 적합한 사진을 선택하자. 그렇지 않으면 좋은 결과를 얻을 수 없다. 물론 책 앞부분에서 알려준 다운로드 페이지에서 필자가 사용한 사진을 다운로드해도 좋다). 이제 [Filter]-[Blur Gallery] 메뉴에서 'Tilt-Shift'를 선택한다.

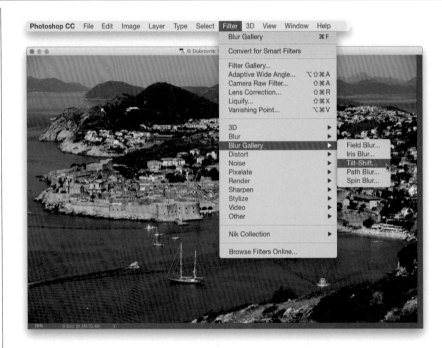

Step 02

Blur Gallery 필터들 중 하나를 사용하면 사진에서 직접 설정하는 상호적인 조절 기능을 사용해서 효과를 만든다. 'Tilt-Shift' 필터를 선택하면 사진 중앙에 동그란 핀이 나타나며, 상단과 하단에 연속선과 점선이 두 개씩 있다. 연속선은 초점이 선명한 영역 범위를 표시하고 연속선과 점선 사이의 영역을 전환 효과 영역으로 표시한다. 연속선과 점선 사이의 거리가 넓을수록 선명한 영역과 완전히 흐릿해지는 영역까지의 변화가 완만하다는 의미이다.

|NOTE|
핀을 제거하려면 핀을 클릭하고 Back Space 를 누른다.

Step 03

효과의 흐릿한 정도는 핀을 둘러싼 원의 회색 영역을 드래그해서 조절한다. 회색 영역을 드래그하면 원이 흰색으로 변하면서 얼마나 드래그했는지 보여주며, 상단에 설정값을 표시한 작은 팝업이 나타난다(여기서는 '66'으로 설정했다). 필자는 사진에서 직접 블러 효과를 조절하는 방식을 선호하지만 그렇지 않은 사용자는 [Blur Tools] 패널의 [Blur] 슬라이더를 사용해도 된다.

Step 04

이상적인 미니어처 효과를 만들기 위해서는 초점이 선명한 영역과 전환 영역을 모두 좁게 설정해서 두 개의 초점 영역을 압축하는 것이 좋다. 먼저 핀을 클릭해서 예제 사진과 같이 약간 오른쪽으로 드래그한다. 그리고 상단의 연속선을 클릭하고 원형 핀이 있는 방향으로 드래그해서 간격을 좁힌다. 하단의 연속선도 동일하게 원형 핀과의 간격을 좁게 설정한다. 다음은 상단의 점선을 아래로 드래그해서 연속선과의 간격을 좁히고, 하단의 점선 역시 동일하게 설정한다.

Step 05

초점이 선명한 영역을 회전하려면(그러면 모든 설정 영역이 함께 회전한다) 연속선 중앙의 흰색 점 위로 가져가면 양방향 회전 화살표로 전환한다. 흰색 점을 클릭하고 누른 채 왼쪽/오른쪽으로 드래그해서 영역을 회전한다. 알아두어야 하는 몇 가지 기능이 더 있다. [Blur Tools] 패널의 [Tilt-Shift] 영역에 있는 [Distortion] 슬라이더는 블러 효과의 형태를 변경한다. 'Symmetric Distortion'을 체크해서 활성화하면 효과는 형편없어 보이고 왜곡된 형태로 만든다. 필자는 자신의 사진을 망치려는 목적이 아니라면 이 기능을 사용해야 할 이유를 아직까지 찾지 못했다. [Effect] 패널에 다른 기능들이 있는데, 상단의 슬라이더는 블러 영역의 하이라이트를 조절한다. 야외 촬영한 인물사진에 사용하기 적합하지만 매우 민감한 슬라이더이기 때문에 과도하게 드래그하면 사진에 하이라이트 폭탄을 맞은 것처럼 보일 수 있으므로 사용에 주의하자.

Step 06

상단의 옵션 바에도 몇 가지 조절 기능들이 있다. [Focus]는 선명한 초점인 '100%'로 기본 설정되어 있으며, 설정을 낮출수록 선명한 초점 영역이 흐릿해진다. 이 역시 필자가 필요성을 느끼지 못하는 기능이다. 'Save Mask to Channels' 체크박스는 나중에 노이즈를 추가하거나 색상을 제거하는 등 추가 편집이 필요한 경우를 위해 도구를 사용해서 마스크를 적용한 영역을 [Channels] 패널의 채널에 저장하는 기능이다. 해당 채널을 다시 불러오면 마스크를 적용한 영역을 자동 선택한다. 마지막으로, 'High Quality' 체크박스는 더 나은 질의 블러 효과를 만들지만 적용 시간이 더 걸린다. 미니어처 효과를 만들 때 알아두면 편리한 단축키도 있다. P를 누르면 블러 효과를 숨기고, 한 번 더 누르면 다시 보인다. H를 누르고 있는 동안에는 핀과 모든 선들을 숨긴다. 설정을 모두 마치면 옵션 바 끝에 있는 [OK] 버튼을 클릭해서 적용한다. 오른쪽의 예제 사진은 Tilt-Shift 효과를 적용한 최종 결과이다.

Iris와 Field Blur는 이미 촬영한 사진에 얕은 피사계심도 효과를 추가할 수 있는 기능으로 초점 영역을 설정하고 블러 효과를 원하는 영역에 적용할 수 있다(그러나 Tilt-Shift Blur 기능처럼 미니어처 효과를 만들지는 않는다).

Iris와 Field Blur 효과 만들기

Step 01

조리개를 f/1.4나 f/1.8로 완전히 개방해서 얕은 피사계심도로 촬영한 것처럼 배경을 흐릿하게 만들고 싶은 사진을 불러온다. [Filter]–[Blur Gallery] 메뉴에서 'Iris Blur'를 선택한다. 예제 사진의 경우, 신부 왼쪽 영역이 약간 흐릿하지만 훨씬 흐릿하게 만들어 신부를 더 돋보이게 만들어보자.

Step 02

'Iris Blur'를 선택하면 사진 중앙에 타원형의 영역 경계선이 나타나며, 이 타원형으로 초점이 선명한 영역과 흐릿한 영역을 조절한다. 타원형 중앙의 초점이 선명하고 경계선에 근접하면서 흐릿하게 전환된다. 커서를 타원형 내부로 이동하면 조절 기능들이 나타난다. 중앙의 작은 원형 핀을 클릭하고 드래그해서 선택 영역을 원하는 위치로 이동할 수 있다. 선택 영역 내부에 있는 네 개의 흰 점은 초점이 선명하게 남아 있는 영역을 표시하며, 네 개의 흰 점과 경계선 사이가 점차 흐릿해지는 전환 영역이다. 흰 점을 클릭하고 중앙 핀에 근접한 위치로 드래그할수록 초점 영역이 축소해서 더욱 완만한 전환 효과를 만든다. 흰 점을 바깥 방향으로 드래그하면 초점 영역이 넓어지면서 급작스러운 전환 효과를 만든다.

Step 03

예제 사진에서는 신부만 초점을 선명하게 만들어야 하므로 타원형을 이동해서 더 좁게 만들고 왼쪽으로 회전해서 신부의 포즈에 맞춰보자. 타원형의 폭을 좁게 만들기 위해 경계선에 있는 측면 조절점을 클릭하고 신부가 있는 방향으로 드래그한다. 같은 조절점을 아래로 드래그하면 선택 영역을 회전한다. 중앙 핀을 클릭하고 약간 오른쪽으로 드래그해서 위치를 조절한다. 타원형을 길게 늘이기 위해 상단이나 하단의 조절점을 클릭하고 드래그한다. 이와 같은 방법으로 선택 영역의 위치와 형태를 조절한다. 'Iris Blur' 필터를 불러오면 기본적으로 타원형 외부에 약간의 블러 효과를 적용한다.

Step 04

중앙 핀을 둘러싼 원의 회색 영역을 클릭하고 오른쪽/왼쪽으로 드래그하면 블러 효과가 증가하거나 감소한다. 여기서는 '16픽셀'로 설정했는데, 물론 [Blur Tools] 패널의 [Blur] 슬라이더를 사용해도 된다. 블러 효과를 설정하고 난 후 신부의 머리 윗부분이 매우 흐릿하며, 타원형의 위치도 완벽하지 않고 크기도 조금 작다는 점을 발견했다. 위에서 배운 대로 측면의 조절점을 클릭하고 오른쪽으로 약간 드래그해서 크기를 재조절하고 타원형 내부의 초점 영역 조절점을 클릭하고 바깥 방향으로 약간 드래그해서 초점 영역을 더 넓게 재설정한다.

Step 05

초점이 선명한 영역을 더 추가하고 싶다면 타원형 외부를 클릭해서 새로운 선택 영역을 생성한다. 게다가 원래 있던 선택 영역에 적용한 설정과 동일한 설정을 자동 적용한다. 예를 들어, 신부의 팔을 선택해서 선택 영역을 추가한다면 크기와 위치만 조절하면 된다. 부케의 초점을 더 선명하게 만들고 싶다면 클릭해서 선택 영역을 하나 더 추가한다. Iris Blur 효과를 만드는 방법은 간단하며, 시간도 오래 걸리지 않는다. 한 번의 클릭으로 선택 영역을 추가하고 한두 번의 클릭으로 위치를 설정한다. 마지막으로, Return(PC: Enter)을 눌러 블러 효과를 적용한 후 [Edit] 메뉴에서 'Fade Blur Gallery'를 선택하고 [Opacity]를 '70%'로 낮춰보자. 하단의 효과 적용 전과 후의 사진들을 비교해보자.

적용 전

적용 후

Step 06

필자는 Field Blur 기능을 점진적으로 진행되는 블러 효과를 만들 때 사용한다. [Filter]-[Blur Gallery] 메뉴에서 'Field Blur'를 선택하면 사진 중앙에 핀을 추가하고 사진 전체를 흐릿하게 만든다. 블러 효과를 더 강하게 조절하려면 핀을 둘러싼 원의 회색 영역을 클릭하고 왼쪽으로 드래그한다. 다음에 할 일은 두 번째 핀을 추가해서 블러 효과를 '0%'로 설정해 선택 영역의 초점을 선명하게 만드는 것이다.

Step 07

인물의 얼굴을 클릭해서 두 번째 핀을 추가한 다음 회색 영역을 클릭하고 오른쪽으로 드래그해서 효과를 '0'으로 설정하면 핀이 있는 영역이 선명해진다. 지금 Iris Blur 효과와 똑같다는 생각을 하고 있을 것이다. 하지만 다음 단계에서 두 기능의 차이점을 알 수 있다.

Step 08

M을 누르고 있으면 사진에 추가한 핀들에 의해 생성된 마스크의 미리보기가 나타난다. 검은색은 초점이 선명한 영역이며, 회색은 초점이 덜 선명하다. 그러므로 초점이 가장 선명한 상단부터 하단으로 진행하면서 점진적으로 초점이 흐려진다. 앞에서 두 번째 핀을 얼굴에 추가했기 때문에 현재는 마스크가 왼쪽의 예제와 다를 것이다. 그러므로 상단의 핀을 클릭하고 오른쪽으로 조금 드래그한다. 핀을 드래그하는 동시에 마스크가 변하며, 이와 같은 설정에 소요되는 시간은 단, 2초면 충분하다. 핀의 위치 설정을 마치면 M을 놓는다.

Step 09

모든 설정을 마치면 옵션 바의 [OK] 버튼을 클릭해 효과를 적용한다. 효과를 적용한 사진을 보면 상단은 초점이 선명하고 하단으로 내려갈수록 초점이 흐릿해지며 손이 있는 영역은 초점이 완전히 흐릿하다. 가장 경이로운 포토샵 기능은 아니지만 필요한 경우 유용하게 사용할 수 있다.

Color Lookup 보정 레이어로 토닝 효과 만들기

최근의 패션 사진에서는 색상 토닝과 필름처럼 보이게 만드는 효과들을 많이 볼 수 있는데, 포토샵에 내장된 Color Lookup 테이블을 사용해서 그와 같은 효과들을 쉽게 만들 수 있다(영화와 영상 제작에 사용하는 기능에서 빌려온 것으로 사진에 색상 효과를 적용한다). 다양한 조절 기능들은 가지고 있지 않지만 보정 레이어로 적용이 가능하기 때문에 토닝의 강도를 조절하거나, 내장된 레이어 마스크로 배경에만 효과를 적용할 수도 있다.

Step 01

Color Lookup 효과를 적용할 사진을 불러온다. [Layers] 패널 하단의 Create New Adjustment Layer 아이콘을 클릭한 다음 'Color Lookup'을 선택하거나, [Adjustment] 패널에서 두 번째 줄의 두 번째 아이콘을 클릭하면 [Properties] 패널의 [Color Lookup]에 있는 세 종류의 팝업 메뉴에서 효과를 선택한다. 한 가지 효과만 적용하거나 다수의 보정 레이어를 추가해서 여러 개의 효과를 겹쳐서 적용할 수도 있다.

Step 02

가장 상단에 있는 효과를 적용해보자. [3DLUT File] 팝업 메뉴를 클릭하면 흑백, 전통적인 필름 효과, 분할톤 등 다양한 토닝 효과들이 목록에 있다. 여기서는 'Soft_Warming'을 선택했다. 사진마다 효과를 적용한 결과가 다르므로 하나씩 적용해보고 결정하는 것이 좋다. 효과가 너무 강하다면 [Opacity] 설정을 낮추고, 레이어의 블렌드 모드를 변경해서 효과와 사진을 블렌딩하는 방식을 조절할 수 있다. 또는 Command+I(PC: Ctrl+I)를 눌러 레이어 마스크를 반전해서 검은색 마스크로 효과를 숨기고 Brush 도구(B)를 선택한 다음 'Foreground' 색상을 흰색으로 설정하고 효과가 나타나기를 원하는 영역을 브러시로 드래그할 수도 있다.

Step 03

다음은 [Abstract] 팝업 메뉴를 살펴보자. 여기서
는 'Cobalt-Carmine'을 선택했다. 이번 예제 사진
에 잘 어울리는 토닝 효과라는 생각이 든다.

|NOTE|

추가 선택 항목이 있는 효과가 몇 가지 있다. 예를
들어, [3DLUT File] 팝업 메뉴의 'NightFromDay.
CUBE'를 선택하면 [Properties] 패널 하단에 새
로운 항목들이 나타난다. 왼쪽이나 오른쪽 버튼
을 클릭하면 선택한 효과의 다른 버전을 적용한
다. 또한 [Properties] 패널 하단에는 편리한 버
튼들이 있다. 필자가 가장 많이 사용하는 것은
Eye 아이콘으로 클릭할 때마다 Color Lookup
보정 레이어를 번갈아 활성화/비활성화하며,
[Layers] 패널로 전환할 필요가 없어서 편리하
다. 왼쪽에서 첫 번째 아이콘을 클릭하면 모든
레이어에 효과를 적용하지 않고 바로 하단에 있
는 레이어에만 적용한다. 다음 아이콘은 효과를
적용하기 전과 후의 사진을 번갈아 볼 수 있도
록 돕는 기능으로 레이어에서 Eye 아이콘을 활
성화/비활성화하는 기능과 유사하다. 흰 화살
형태의 다음 아이콘은 패널 전체를 기본 설정
상태로 되돌린다.

Step 04

마지막으로 [Device Link] 팝업 메뉴를 살펴보자.
여기서는 'RedBlueYellow'를 선택하자 예제 사진
과 같은 결과가 나타난다. 팝업 메뉴에서 가장 위
에 있는 항목을 선택하면 프로필을 로딩하기 위한
[Open] 대화창을 불러오지만 찾기가 어려우므로
그냥 [Cancel] 버튼을 누르는 편이 낫다.

업데이트된 Liquify 필터 사용하기

걸쭉한 액체처럼 피사체의 형태를 조절해서 다양한 문제점들을 보정할 수 있는 놀라운 기능 때문에 Liquify 필터는 오랫동안 리터칭 전문가들에게 사랑받아온 기능이다. 그 외에도 어도비사는 얼굴 인식 기능에 기반을 둔 기술을 접목해 인물의 얼굴에서 눈, 고, 입과 같은 특정 영역을 자동으로 감지하고 선택 영역으로 자동 설정해서 자연스러운 보정을 도우며 사용법 또한 쉽다.

Step 01

Liquify 필터로 보정할 사진을 불러온 다음 [Filter] 메뉴에서 'Liquify'를 선택하거나 Command+Shift +X(PC: Ctrl+Shift+X)를 눌러 대화창을 불러온다. 대화창을 보면 왼쪽에는 도구 바가 있으며, 오른쪽에 자동 얼굴 인식 기능에 따라 얼굴의 특정 영역을 조절하는 개별 슬라이더들과 같은 조절 기능들이 있다.

Step 02

Liquify 필터는 눈, 코, 입, 턱선 그리고 얼굴의 높이와 폭과 같은 얼굴의 특정 부분들을 인지해서 해당 영역에 개별 슬라이더를 지정한다. 그러므로 별도의 영역 선택 과정을 거치지 않고 슬라이더로 바로 보정을 시작할 수 있다. 예제 사진에서는 [Face-Aware Liquify] 영역의 [Eyes] 슬라이더들 중 [Eye Size] 슬라이더로 눈을 보정해보자. 눈의 높이와 폭뿐만 아니라 기울기와 눈 사이의 간격도 조절이 가능하다. 예제 사진에서는 [Eye Distance] 슬라이더를 왼쪽으로 '-27'까지 드래그해서 눈 사이의 간격을 좁혔다.

Step 03

[Eyes] 조절 영역 아래에는 코의 길이와 폭을 조절할 수 있는 슬라이더들이 있다. [Width] 슬라이더를 왼쪽으로 '–55'까지 드래그해서 폭을 좁게 보정하고, [Height] 슬라이더를 왼쪽으로 '–68'까지 드래그해서 길이도 보정한다.

Step 04

이번에는 정색을 하고 있는 듯한 표정을 미소를 띤 표정으로 바꿔보자. Liquify 필터는 이와 같은 보정에 탁월하다. [Mouth] 왼쪽에 있는 오른쪽을 향한 삼각형을 클릭해서 조절 항목들을 연 다음 [Smile] 슬라이더를 오른쪽으로 드래그하면 입꼬리가 올라가고 근접한 영역인 뺨의 일부도 그에 맞춰 자동으로 보정한다(여기서는 '74'로 설정했다). 윗입술과(오른쪽으로 드래그하면 확대하고, 왼쪽으로 드래그하면 입술을 얇게 보정한다) 아랫입술도(오른쪽으로 드래그하면 안으로 집어넣고, 왼쪽으로 드래그하면 아래로 당겨 크게 만든다) 보정이 가능하다. 또한 입의 높이와 폭도 보정이 가능한데 예제 사진의 경우 [Mouth Height] 슬라이더는 입술 사이의 공간이 벌어지게 만든다.

TIP Liquify 필터는 다수의 얼굴도 인식한다
사진에 한 명 이상의 인물이 있다면 상단의 [Face-Aware Liquify] 영역의 [Select Face] 팝업 메뉴에서 보정할 얼굴을 선택한다.

Step 05

슬라이더를 사용하는 대신 도구 바에서 Face 도구(A)를 선택하면 사진에서 해당 영역을 클릭하고 드래그해서 보정할 수 있다. 보정하려는 영역으로 커서를 가져가면 선택 영역이 나타난다. 영역 내부를 클릭하고 드래그해서 설정한다. 여기서는 턱선과 얼굴 형태를 보정해보자. 커서를 얼굴에 놓으면 선택 영역을 알려주는 가는 선이 나타난다. 턱아래에 있는 선을 클릭하고 안쪽으로 드래그해서 턱선을 보정한다. 얼굴에서 커서를 이동하면 작은 팝업이 해당 보정 영역을 알려준다. 오른쪽의 패널 영역을 보면 [Face Shape] 영역의 [Jawline] 슬라이더를 '−55'로 설정했다는 것을 알 수 있다.

TIP 선택 영역 표시선 숨기기

피사체에 나타나는 선택 영역 표시선은 [View Options] 영역의 'Show Face Overlay'를 체크 해제해서 숨긴다.

Step 06

이번에는 둥근 머리 형태를 보정하고 이마를 넓게 만들어보자. [Face Shape] 영역에서 [Forehead] 슬라이더를 오른쪽 끝까지 드래그한 다음 [Jawline] 슬라이더를 '−38'로 설정해서 턱선을 재조절하고, [Face Width]도 '−37'로 설정해 얼굴 너비를 보정한다.

Step 07

얼굴 인식 기능을 사용해서 원하는 일부 영역을 클릭하고 드래그해서 보정할 수 있다. 예를 들어, 커서를 오른쪽 눈에 놓으면 해당 영역이 선택 영역으로 활성화되었다고 알려주는 선이 나타난다. 선택 영역 내부를 클릭하고 아래쪽으로 약간 드래그해서 눈의 위치를 조절해 왼쪽 눈의 위치와 수평을 맞춘다.

TIP Liquify 보정 전/후 사진 보기

설정을 적용한 전/후 사진을 보려면 오른쪽 하단의 'Preview'를 체크하고 P를 누른다.

Step 08

필자가 자동 보정 기능 다음으로 많이 사용하는 Liquify 필터 기능은 도구 바에서 첫 번째에 있는 Forward Warp 도구(W)로 피사체를 걸쭉한 액체처럼 움직일 수 있는 기능이다. 그러나 이 기능을 효과적으로 사용할 수 있는 비법은 ❶ 브러시 크기를 이동하려는 대상과 동일한 크기로 설정한다. ❷ 미세한 폭으로 브러시를 드래그하면 더 나은 결과를 얻을 수 있다. 이제 도구 바에서 Forward Warp 도구(W)를 선택하고 브러시를 보정하려는 오른쪽 귀와 동일한 크기로 설정한다(단축키 P를 눌러 브러시 크기를 조절하면 편리하다). 귀를 왼쪽으로 살짝 밀어 안쪽으로 넣는다.

Step 09

Forward Warp 도구의 일반적인 용도는 입술과 눈썹, 의상 등과 같은 다양한 개별 영역의 보정이다. 예제 사진에서는 오른쪽 눈썹을 아래로 약간 드래그해서 왼쪽 눈썹과 맞추었다.

TIP Liquify 필터 브러시 크기 조절하기

브러시 크기를 큰 폭으로 확장하거나 축소하는 방법이 있다. Mac에서는 Option+Control를 누른 채 화면에서 커서를 클릭하고 왼쪽이나 오른쪽으로 드래그해서 브러시 크기를 조절한다. PC에서는 Alt를 누른 채 마우스 오른쪽 버튼을 클릭하고 왼쪽이나 오른쪽으로 드래그해서 크기를 조절한다.

Step 10

한 영역을 큰 폭으로 조절하면 근접한 영역도 함께 움직일 위험이 있는데 고정해야 할 영역을 지정하면 그런 사고를 방지할 수 있다. 예를 들어, 귀를 안쪽으로 드래그해서 움직이는데 얼굴의 옆면도 동시에 이동하지 않도록 Freeze Mask 도구(F)를(도구 바에서 여덟 번째 도구) 사용해 고정 영역으로 설정해 보호한다. 예제 사진에서는 Freeze Mask 도구로 오른쪽 얼굴을 드래그해서 고정 영역으로 설정했다.

|NOTE|

예제 사진처럼 빨간색의 마스크가 보이지 않는다면 [View Options] 영역에서 'Show Mask'를 체크한다). 이제 주변 영역을 보정해도 고정 영역은 전혀 영향을 받지 않는다. 보정을 마친 후(혹은 마스크 영역을 설정할 때 실수로 원하지 않는 영역을 드래그했다면) 도구 바에서 바로 아래에 있는 Thaw Mask 도구(D)로 마스크 영역을 드래그해서 삭제한다.

Step 11

다시 눈을 약간 보정하고 작업을 마무리해보자. [Eye] 영역에서 눈의 크기를 약간 더 크게 보정하는데 양쪽 눈을 모두 보정해야 하므로 두 개의 [Eye Size] 영역 사이의 링크 아이콘을 클릭한다. 그리고 왼쪽 [Eye Size]를 '14'로 설정하면 오른쪽 [Eye Size] 설정도 함께 변경한다. 마지막으로 눈의 높이를 보정한다. 그러나 양쪽 눈의 높이 설정이 다르기 때문에 이번에는 링크 아이콘을 클릭하지 않는다. 왼쪽 [Eye Height] 슬라이더를 왼쪽으로 드래그해서 '-40'으로 설정하고, 오른쪽 [Eye Height] 슬라이더를 오른쪽으로 드래그해서 '54'로 설정한다. 하단의 보정 전과 후의 사진을 비교해보자.

보정 전

보정 후

렌즈 플레어 효과 만들기

렌즈 플레어 효과는 과거에 한동안 유행하다가 사라졌는데 최근에 다시 유행하고 있으며, 빠르고 쉽게 만들 수 있는 효과이다.

Step 01

렌즈 플레어 효과를 추가할 사진을 불러온다. [Layers] 패널 하단에서 Create New Layer 아이콘을 클릭해서 빈 레이어를 만든다.

Step 02

D를 눌러 Foreground 색상을 검은색으로 설정한 다음 Option+Delete(PC: Alt+Back Space)를 눌러 새 레이어 전체를 검은색으로 설정한다. [Filter]-[Render] 메뉴에서 'Lens Flare'를 선택한다. 대화창에는 네 가지 종류의 렌즈 플레어 효과가 있지만 필자가 가장 자주 보는 효과는 첫 번째의 '50∼300mm Zoom'이다. [Brightness] 슬라이더는 렌즈 플레어 효과의 밝기를 조절한다(예제 사진의 경우에는 기본 설정인 '100%'를 그대로 두었다). [OK] 버튼을 클릭해서 검은색으로 설정한 새 레이어에 렌즈 플레어 효과를 적용한다.

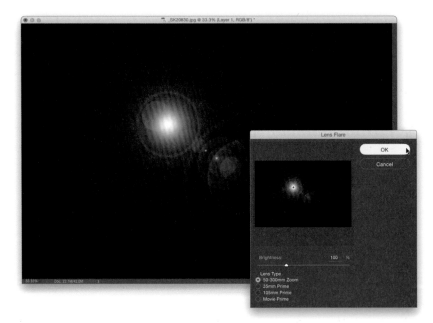

Step 03

현재는 검은색 레이어에만 렌즈 플레어 효과가 있는 상태이므로 다른 사진과 함께 합성해야 한다. [Layers] 패널에서 블렌드 모드를 'Screen'으로 변경하면 렌즈 플레어 효과가 다른 사진에 나타난다. 그러나 효과가 사진 중앙에 나타나므로 도구상자에서 Move 도구(V)를 선택한 다음 사진에 있는 렌즈 플레어 효과를 클릭하고 원하는 위치로 드래그한다. 여기서는 머리의 왼쪽으로 이동했다.

- -

TIP 렌즈 플레어 링 위치 변경하기
[Lens Flare] 미리보기 창에서 작은 십자선을 클릭하고 드래그해서 렌즈 플레어 링의 순서와 위치를 변경할 수 있다.

- -

Step 04

Step 03에서와 같이 렌즈 플레어 효과를 이동하면 레이어의 경계선이 보일 가능성이 있다. 그 이유는 다음과 같다. 렌즈 플레어 효과를 추가하지 않은 검은색 레이어만 있다고 가정하자. Move 도구로 검은색 레이어를 드래그해서 이동하면 검은색 직사각형의 경계선이 보인다. 렌즈 플레어 효과를 추가하고 블렌드 모드를 'Screen'으로 변경하면 거의 보이지 않지만 경계선이 나타날 가능성이 있다. 그러므로 [Layers] 패널 하단에서 Add Layer Mask 아이콘을 클릭하고 X를 눌러 'Foreground' 색상을 검은색으로 설정한다. 그리고 도구상자에서 Brush 도구(B)를 선택하고 크고 경계가 부드러운 브러시로 사진의 나머지 영역과 자연스럽게 섞이도록 경계선이 있는 영역을 드래그한다. 마지막으로 효과가 너무 강하다면 레이어의 [Opacity] 설정을 낮춘다. 여기서는 '75%'로 설정을 낮추었다.

한 번의 클릭으로 유화 같은 사진 만들기

과거의 포토샵에 있던 유화 효과 필터는 어도비사가 한동안 뺐다가 다시 추가했지만 다른 메뉴로 위치를 옮겼다. 이 필터는 사진을 유화처럼 만드는 기능이며 한 번의 클릭으로 적용할 수 있는 효과이다.

Step 01

유화 효과를 추가할 사진을 불러온다. 아이슬란드에서 촬영한 예제 사진에는 약간의 HDR 효과를 추가했지만 유화 효과는 한 번의 클릭으로 적용할 수 있다. [Filter]-[Stylize] 메뉴에서 'Oil Paint'를 선택한다.

|NOTE|

메뉴에서 'Oil Paint' 필터가 회색으로 비활성화 되어 있다면 [Photoshop(PC: Edit)]-[Preferences]-[Performances] 메뉴의 [Graphics Processor] 영역에서 [Advaced Settings] 버튼을 클릭한 다음 대화창에서 'Use OpenCL'이 체크되어 있는지 확인한다. 이 항목이 회색으로 비활성화 되어 있다면 현재 사용하는 버전의 'OpenCL'으로 'Oil Paint' 필터를 사용할 수 없다는 의미이다.

Step 02

메뉴에서 'Oil Paint'를 선택하는 것만으로도 유화 효과를 추가한다. 효과를 사진에서 바로 보려면 대화창 상단에 있는 'Preview'를 체크해야 한다. 예제 사진의 경우, 기본 설정 효과를 적용한 결과도 나쁘지 않지만 대화창의 조절 기능들을 사용해서 더 나은 결과를 얻을 수 있다.

Step 03

슬라이더를 조절하기 전에 Command+⊞(PC: Ctrl+⊞)를 눌러 사진을 줌인해서 확대하면 결과를 확인하기 쉽다.

Step 04

[Stylization] 슬라이더는 붓놀림 스타일을 조절하며, 왼쪽으로 드래그하면 두꺼워지고 오른쪽으로 드래그하면 부드러워진다. 해상도가 높은 사진일수록 높은 설정이 적합하다. [Cleanliness] 슬라이더를 왼쪽으로 드래그할수록 짧고 거친 붓터치 효과를 만들고, 오른쪽으로 드래그할수록 길고 부드러운 붓터치 효과를 만든다. [Scale] 슬라이더는 물감의 두께를 조절하며, 오른쪽으로 드래그할수록 두꺼워진다. 그리고 [Bristle Detail]을 오른쪽으로 드래그하면 사진의 디테일을 뚜렷하게 나타내는데 도움이 된다.

Step 05

마지막으로 [Lighting] 영역에서는 빛의 방향과 밝기를 조절할 수 있다. 예제 사진에서 필자가 적용한 설정을 볼 수 있다.

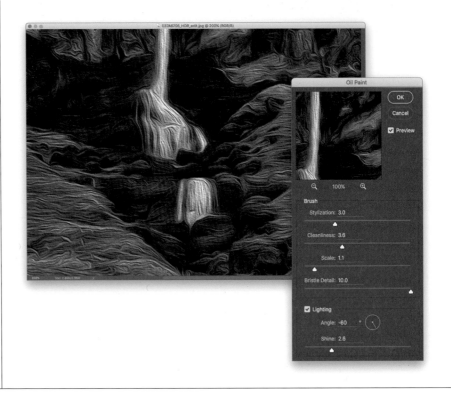

간혹 전혀 기대하지 않았을 때 최고의 비법을 발견하는 행운이 찾아오는데, 이번에 알아볼 기법이 그러한 경우이다. 전혀 다른 기법의 작업 과정 중 발견한 이 기법은 세 번의 클릭으로 고대비의 선명한 흑백사진으로 변환할 수 있다. 물론 사진을 이미 포토샵으로 불러온 경우가 아니라면 Camera Raw의 사용을 추천한다(챕터 5 참고). 여기서는 변환 방법 외에도 변환한 사진의 추가 조절과 다른 버전의 흑백사진을 만드는 방법도 알아볼 것이다.

포토샵에서 세 번의 클릭으로 흑백사진 변환하기

Step 01

고대비 흑백사진으로 변환할 컬러사진을 불러온 다음 D를 눌러 'Foreground' 색상은 검은색, 'Background' 색상은 흰색으로 설정한다. [Adjustment] 패널에서 Gradient Map 아이콘을 클릭한다.

Step 02

아이콘을 클릭하면 [Properties] 패널에 [Gradient Map] 선택 항목들이 나타나지만 그대로 두어도 된다. 흑백 그레이디언트 효과를 적용하는 간단한 방법만으로도 [Image]-[Mode] 메뉴에서 'Grayscale'을 적용하는 방법보다 훨씬 탁월한 결과를 얻을 수 있다. 그러나 여기에 한두 번의 클릭만 더 실행하면 멋진 흑백사진을 만들 수 있다.

Step 03

이번에는 대비 효과를 추가해보자. [Adjustment] 패널에서 Levels 보정 레이어 아이콘을 클릭한다(윗줄의 두 번째 아이콘). 아이콘을 클릭한 후 [Properties] 패널의 [Levels] 조절 기능들은 실제로 조절하지 않으며, 보정 레이어의 블렌드 모드를 'Soft Light'로 변경만 해도 사진의 대비가 강해진다. 사진에 따라 'Soft Light' 블렌드 모드를 선택해도 대비 효과가 만족스럽지 않다면 대비 효과가 더 강한 'Overlay' 모드를 대신 적용해보자. 세 번의 클릭으로 컬러사진을 멋진 고대비 흑백사진으로 만들었다. 보통은 필요하지 않지만 변환한 사진에 추가 조절을 적용하는 방법도 있는데 만약을 위해 알아두면 도움이 될 것이다.

Step 04

[Layers] 패널에서 Gradient Map 보정 레이어를 클릭해서 활성화한다. [Properties] 패널의 그레이디언트를 클릭해서 [Gradient Editor] 대화창을 불러온 다음 그레이디언트 중앙 바로 아래의 지점을 한 번 클릭해서(예제 사진에 표시된 지점) 작은 집 형태의 컬러 스톱을 추가한다. 이 시점에서는 사진이 매우 어둡지만 작업 과정이 아직 남았으므로 걱정할 필요는 없다.

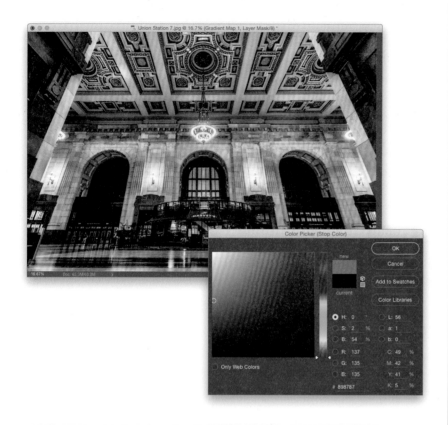

Step 05

Step 04에서 추가한 컬러 스톱을 더블클릭하면 포토샵의 [Color Picker]를 불러온다. [Color Picker] 경계선에 근접한 중간 회색 영역을 클릭한다. 커서를 아래/위로 이동하다가 마우스 버튼을 놓으면 그 지점의 해당 색상을 사진의 중간밝기 영역에 적용한다. 이와 같은 방법으로 원하는 색상을 찾으면 [OK] 버튼을 클릭해서 [Color Picker]를 닫는다. 또 다른 설정을 추가할 수 있는 [Gradient Editor] 대화창은 그대로 둔다. 물론 추가 설정은 선택 사항이다.

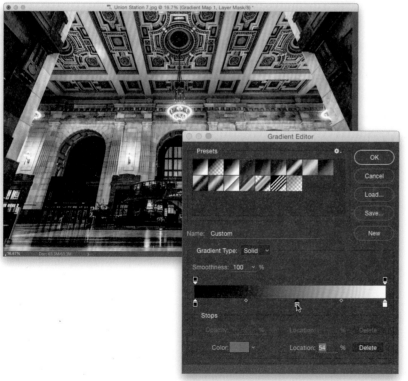

Step 06

[Gradient Editor] 대화창을 보면 추가한 컬러 스톱이 [Color Picker]에서 적용한 회색으로 바뀌었다. 가운데의 회색 컬러 스톱을 드래그해서 사진의 톤을 조절할 수 있다. 이때 원하는 밝기의 반대 방향으로 드래그해야 한다. 예를 들어, 사진을 어둡게 만들려면 흰색인 오른쪽으로 드래그하고, 밝게 만들려면 반대 방향으로 드래그해야 한다. 또한 컬러 스톱은 포토샵의 다른 슬라이더들과는 달리 실시간 미리보기 기능이 없다. 드래그하고 마우스 버튼을 놓아야 설정을 적용한 결과를 볼 수 있다. 이제 [OK] 버튼을 클릭해서 설정을 적용한다.

Step 07

한 번의 추가 클릭으로 다른 버전의 흑백사진을 만드는 방법도 알아보자. [Layers] 패널에서 Gradient Map 보정 레이어의 [Opacity] 설정을 '82%'로 낮추면 앞에서 적용한 색상의 일부가 드러나 옅은 색상을 띤다(**Step 01**의 컬러사진과 비교해보자). 하단의 전/후 사진을 비교해보자.

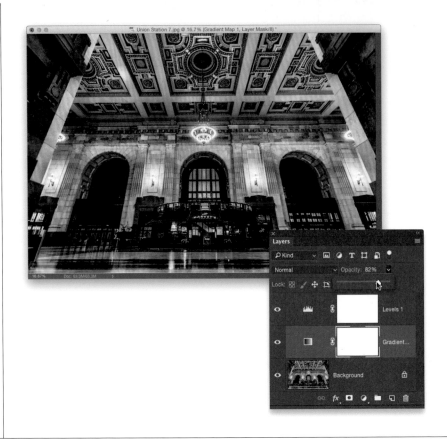

포토샵의 [Auto] 버튼을 사용해서 변환한 흑백사진

필자의 세 번 클릭 비법으로 변환한 흑백사진

프로 사진가들이 어떻게 깊고 강렬한 흑백사진을 만드는지 궁금했다면, 그 사진들이 일반적인 흑백사진이 아니라 세 가지나 네 가지의 회색이나 회색과 갈색을 조합해서 깊이가 있는 흑백사진을 만든다는 점을 알면 놀랄 것이다. 그러한 사진들을 만들 수 있는 프리셋들이 오랫동안 포토샵 어딘가에 숨겨져 있었지만 이제 쉽게 사용할 수 있다.

쿼드톤으로 강렬한 흑백사진 만들기

Step 01

쿼드톤 효과를 적용할 사진을 불러온다. 쿼드톤은 네 가지 색상을 조합해서 효과를 만든다는 의미이며, 트라이톤은 세 가지 색상을 사용한다는 의미이다(듀오톤은 굳이 설명하지 않아도 몇 가지 색상을 사용하는지 알 것이다). 쿼드톤 효과는 일반적으로 풍경과 인물사진에 최적인 것처럼 보이지만 여기서는 오래된 자동차 사진에 적용해보자.

Step 02

쿼드톤 효과를 만들려면 먼저 사진을 Grayscale 모드로 변환해야 한다. 그러나 우리 모두 Grayscale로 변환한 사진이 얼마나 밋밋해 보이는지 알고 있다. 그러므로 앞에서 배운 다른 방법을 사용해보자. D를 눌러 'Foreground'와 'Background'를 기본 색상인 검은색과 흰색으로 설정한 다음 [Adjustment] 패널에서 Gradient Map 아이콘을 클릭한다. [Properties] 패널에 Gradient Map의 설정 기능들이 나타나지만 그대로 둔다. 사진을 Grayscale 모드로 변환하려면 [Image]-[Mode] 메뉴에서 'Grayscale'을 선택하면 레이어를 병합할지 묻는 대화창을 불러오므로 [Flatten] 버튼을 클릭해서 실행한다. 또한 색상 정보의 제거 여부도 묻는다. [Discard]를 클릭해서 삭제한다.

Step 03

사진을 Grayscale 모드로 변환한 다음 비활성화 되어 있던 듀오톤 메뉴를 사용할 수 있다(8비트 사진 형식의 경우). [Image]-[Mode] 메뉴에서 'Duotone'을 선택한다. [Duotone Options] 대화창의 기본 설정은 단일 색상인 'Monotone'이지만, 상단의 팝업 메뉴에 내장된 프리셋들을 선택해서 적용하면 된다. 필자가 세어보니 [Presets] 팝업 메뉴에는 137개의 프리셋이 있다(PC 버전에는 116개). 프리셋은 모노톤, 듀오톤, 트라이톤, 쿼드톤의 순서로 배치되어 있을 것이라고 생각하겠지만 그렇지 않다.

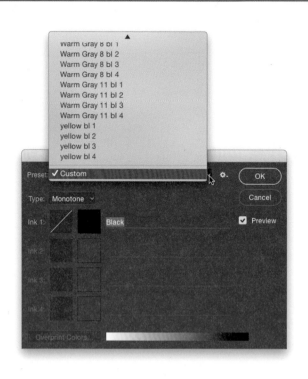

Step 04

필자가 좋아하는 프리셋 몇 개를 공개하겠다. 필자는 'Bl 541 513 5773'을 자주 사용한다(Bl은 검은색을 의미하며, 세 개의 숫자는 쿼드톤에 사용한 Pantone 색상이다). 듀오톤 프리셋도 사용해보자. 검은색과 붉은색이 도는 갈색을 혼합한 '478 brown(100%) bl 4'는 사진에 따라 멋진 색상을 만든다. 동일한 프리셋이라도 사진에 따라 결과가 매우 다르다. 'Bl WmGray 7 WmGray 2'는 검은색과 두 가지 회색을 혼합한 트라이톤 프리셋이다. 마지막으로 'Warm Gray 11 bl 2'도 필자가 좋아하는 듀오톤이다. 프리셋을 적용한 다음 컬러 잉크젯 출력을 위해 사진을 'RGB' 모드로 전환하는 것도 잊지 말자.

포토샵의 보정 레이어들 중 충분히 이용되지 않는 것이 Gradient Map이다. 필자 역시 오랫동안 한 번의 클릭으로 강렬한 흑백사진을 만드는 단 한 가지 용도로만 사용해왔다. 어도비사는 사진가 스티브 바인레베와 협력해서 Gradient Map 기능에 38가지 사진 토닝과 분할톤 프리셋을 추가해서 아무도 사용하지 않던 도구의 활용도를 높였다.

Gradient Map으로 토닝 효과 만들기 (세피아부터 분할톤까지)

Step 01

토닝 효과를 적용할 사진을 불러온다. [Layers] 패널 하단의 Create New Adjustment Layer 아이콘을 클릭하고 팝업 메뉴에서 'Gradient Map'을 선택하거나 [Adjustments] 패널에서 아랫줄 마지막 아이콘을 클릭한다.

Step 02

Gradient Map을 선택하면 기본 설정을 자동 적용한다. 필자가 위에 적은 한 번의 클릭으로 적용하는 흑백사진 변환 기법이다(단, Gradient Map을 선택하기 전에 이미 'Foreground'와 'Background' 색상이 검은색/흰색으로 설정된 상태여야 한다). Photo Toning 프리셋을 사진에 적용하려면 예제 사진과 같이 [Properties] 패널에서 그레이디언트를 클릭한다.

Step 03

[Gradient Editor]를 불러와 [Presets] 영역 오른쪽 상단의 작은 기어 아이콘을 클릭해 팝업 메뉴를 연다. 메뉴에서 'Photographic Toning'을 선택하면 현재 기본 설정의 대체 여부를 묻는 대화창이 나타난다. 설정을 대체하면 작업이 훨씬 용이하고, 동일한 팝업 메뉴에서 'Reset Gradient'를 선택해서 언제든지 기본 설정으로 돌아갈 수 있으므로 [OK] 버튼을 클릭한다. 설정을 적용한 다음에는 그레이디언트들 중 하나를 클릭해서 실시간으로 사진을 업데이트 할 수 있으므로 마음에 드는 토닝 효과를 찾을 때까지 프리셋들을 클릭해서 적용해본다. 예제 사진에는 세 번째 줄의 네 번째 프리셋인 'Sepia-Selenium 3'를 적용했다.

Step 04

이제 프리셋 하나를 클릭해서 결과가 마음에 들지 않으면 다음 프리셋을 클릭해서 적용해보는 과정을 반복해 마음에 드는 토닝 효과를 찾는 일만 남았다. 예를 들어, 예제 사진에서는 'Sepia-Cyan' 프리셋을 적용했다(보통 필자의 첫 선택 대상이 될 만한 프리셋은 아니지만 다양한 프리셋들이 있다는 점을 보여주기 위해 선택했다). 이 프리셋은 섀도 영역에는 청록색이 들어가고, 하이라이트 영역에는 노란색조가 들어가 분할톤의 느낌이 강하다. 유용한 듀오톤과 세피아 색채가 들어간 첫째 줄의 프리셋들도 적용해보자. 대부분의 어도비 프리셋들과 마찬가지로 Gradient Map도 가장 많이 사용하고 유용한 프리셋들이 앞부분에 있다. 게다가 Gradient Map 프리셋들은 보정 레이어 형식이므로 보정 레이어의 투명도 설정을 낮춰 효과의 강도를 낮추거나 레이어의 블렌드 모드를 변경해서 또 다른 효과를 만들 수 있다(이번 예제 사진에는 'Linear Burn'을 적용해보자).

이번에 알아볼 흑백 플러그인을 챕터 마지막 페이지에 싣기로 한 이유는 포토샵 도구들만을 사용한 흑백사진 기법들을 먼저 보여주고 싶었기 때문이다. 아직도 가끔 포토샵 도구들을 사용하지만 필자는 주로 Google Nik Collection에 속한 흑백 플러그인 Silver Efex Pro 2를 사용한다. 필자가 아는 거의 모든 프로 사진가들은 이 플러그인을 사용하며 사용법도 쉽고 탁월한 결과를 얻을 수 있다. www.google.com/nikcollection 에서 Nik Collection 전체를 무료로 다운로드할 수 있다.

흑백 플러그인 사용하기

Step 01

Silver Efex Pro 2를 설치한 다음 흑백으로 변환할 컬러사진을 불러온다. 포토샵의 [Filter]-[Nik Collection] 메뉴에서 'Silver Efex Pro 2'를 선택한다. Silver Efex Pro 2를 실행하면 사진에 기본 흑백 변환 설정을 적용한다(기본 설정만 적용해도 나쁘지 않은 결과를 얻을 수 있다). 창 오른쪽에 다양한 조절 기능들이 있지만 필자는 전혀 사용하지 않는다.

Step 02

이 플러그인의 마법은 창 왼쪽에 있는 흑백(그리고 듀오톤) 프리셋들에서 찾을 수 있다. 각 프리셋을 적용한 결과는 작은 미리보기로 알 수 있다. 필자는 항상 'High Structure'를 먼저 적용해보며, 고대비와 샤프닝을 추가한 설정으로 다양한 사진에 적합하기 때문에 10번에 8번은 이 프리셋을 선택하게 된다. 그러나 인물사진을 흑백으로 변환하는 경우에는 'High Structure' 프리셋을 인물에 적용하기에는 너무 강렬해서 다른 프리셋을 사용하는 경우가 많다. 그러므로 가장 상단에 있는 프리셋부터 하나씩 적용해보고 사진에 적합한 프리셋을 찾는다. 원하는 프리셋을 찾으면 [OK] 버튼을 클릭해서 적용한다. 빠르고 쉽게 멋진 흑백사진을 만들 수 있는 방법을 원한다면 사용해보자.

Photoshop Killer **Tips**

Bridge에서 다수의 JPEG나 TIFF 사진 Camera Raw로 불러오기

다수의 RAW 사진들을 Bridge에서 불러오는 방법은 간단하다. 원하는 사진들을 일괄 선택한 다음 아무 사진을 더블클릭하거나 마우스 오른쪽 버튼을 클릭하고 [Open With]–[Default Application]을 선택한다. 그러나 JPEG나 TIFF 사진은 동일한 방법을 사용할 수 없다. 대신, Bridge에서 다수의 JPEG나 TIFF 사진들을 선택한 다음 'Open In Camera Raw'를 선택하거나 Command+R(PC: Ctrl+R)을 누른다.

와콤 태블릿 사용자를 위한 팁

사진 보정에 와콤 태블릿을 사용한다면 [Brushes] 패널로 전환하지 않아도 투명도와 크기를 조절하는 버튼 두 개가 옵션 바에 있다. 두 개의 버튼은 브러시 도구를 선택하면 나타나는데, 버튼을 클릭하면 [Brushes] 패널의 현재 설정을 제어하므로 태블릿을 벗어나지 않고 [Opacity]나 [Size]를 쉽게 조절할 수 있다.

포토샵이 제대로 작동하지 않을 때

포토샵을 사용하다가 제대로 작동하지 않는다면 [Preferences] 영역에 오류가 생겼을 가능성이 높다. 이때 [Preferences]를 새로운 세트로 교체하면 99%의 문제점을 해결할 수 있다. 먼저 포토샵을 종료하고 Command+Option+Shift (PC: Ctrl+Alt+Shift)를 누른 채 포토샵을 다시 시작한다. 포토샵 설정 파일을 삭제하겠냐고 묻는 대화창이 나타나면 [OK] 버튼을 클릭한다.

다른 도구로 임시 전환하기

Spring Loaded Tools는 다른 도구로 빠르게 임시 전환하는 기능인데 CS4에 새로 소개되었지만 그에 대해 아는 사용자는 거의 없다. 임시 전환 도구 사용을 마치면 원래 사용하던 도구로 자동 전환한다. 예를 들어, 브러시 도구를 사용하던 중 영역을 벗어나서 드래그하지 않도록 Lasso 도구를 사용해야 할 때, Lasso 도구 단축키 L을 누르면 임시로 도구를 전환한다. L을 누른 채 영역을 선택한 다음 단축키를 놓으면 다시 브러시 도구로 돌아간다. 도구상자에서 도구를 전환할 필요가 없으므로 작업 시간 단축에 도움이 된다.

스마트폰이나 태블릿을 위한 프리셋

포토샵에는 가장 대중적인 크기의 모바일 기기 화면에 맞춘 프리셋들이 있다. [File]–[New] 메뉴를 선택하고 [New Document] 대화창 상단에서 'Mobile'을 선택한 다음 필요한 문서 크기 프리셋을 선택하면 된다.

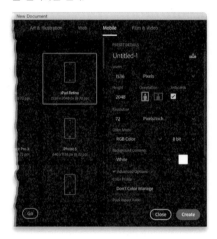

저장 시간 절약하기

Camera Raw에서 [Save Image] 버튼을 클릭해서 사진을 저장하면 [Save Option] 대화창을 불러온다. 그러나 저장 설정을 변경할 필요가 없다면 Option(PC: Alt)을 누른 채 [Save Image] 버튼을 클릭하면 대화창을 불러오지 않고 바로 사진을 저장한다.

포토샵에 더 큰 RAM 할당하기

컴퓨터에서 포토샵에 할당하는 RAM의 용량을 조절할 수 있다. 포토샵에서 Command+K (PC: Ctrl+K)를 눌러 [Preferences] 대화창을 불러온 다음 왼쪽 목록에서 [Performance]를 클릭한다. [Memory Usage] 영역에 포토샵에 할당된 RAM 용량을 표시한 그래프 형태의 슬라이더가 있다. 슬라이더를 드래그해서 RAM 할당량을 설정하고 포토샵을 재시작해서 설정을 적용한다.

단축키로 레이어 순서 바꾸기

레이어 순서를 바꾸기 위해 매번 [Layers] 패널로 가야 할 필요가 없기 때문에 필자도 많이 사용한다. Command+] (PC: Ctrl+])를 누르면 선택한 레이어를 한 단계씩 상위로 이동하며, Command+[(PC: Ctrl+[)를 누르면 하위로 이동한다. Command+Shift+] (PC: Ctrl +Shift+])를 누르면 레이어를 맨 위로 이동한다. 물론 고정되어 있는 'Background' 아래로 레이어를 이동할 수는 없다.

여러 개의 레이어 일괄 복제하기

Command+J (PC: Ctrl+J)는 하나의 레이어를 복제할 뿐만 아니라 여러 개의 레이어 일괄 복제도 가능하다. [Layers] 패널에서 Command+클릭(PC: Ctrl+클릭)으로 복제할 여러 개의 레이어를 선택한 다음 단축키를 누른다.

Liquify 보정 팁

Liquify 필터 보정을 처음부터 다시 시작하고 싶다면 Face-Aware Liquify 위에 있는 [Reset] 버튼을 클릭한다. 한 단계나 두 단계의 설정만 삭제하고 싶다면 포토샵에서 사용하는 되돌리기 단축키인 Command+Option+Z (PC: Ctrl +Alt+Z)를 한 번씩 누를 때마다 한 단계씩 설정을 삭제한다.

장소: 브론테 해변, 시드니, 오스트레일리아 | 노출: 0.4초 | 초점거리: 12mm | 조리개: f/22

Sharp Tale
샤프닝 테크닉

잠깐만! 이번 제목은 윌 스미스와 르네 젤위거가 더빙을 맡은 드림웍스 애니메이션 "Shark Tale"이어야 하는 것이 아닌가? 오타는 생길 수 있다. 뉴욕 타임스나 월 스트리트 저널에서도 오타를 찾은 적이 있으므로 이 책에도 그슈타드, 제네바, 프레즈노, 보르도, 오사카에 있는 대학 연구소의 문법 전문가 팀이 밤낮으로 스펠링과 문장 구조를 철저하게 검사를 했음에도 불구하고 오타가 있을 수 있다. 우리는 정확한 문장 구조는 마음과 통한다고 믿고 있다. 글자와 형태가 실존적 존재와 응결되어 일체를 이루는 것이다. 이 상태가 우리를 형식적인 문법에 더 이상 허용되지 않거나 허용된다는 시대에 뒤떨어진 기준으로부터 자유롭게 풀어주어 발견과 실험 그리고 새로운 사고방식을 통해 놀라운 변화의 세계를 발견하게 되는 것이다. 필자가 "Shark Tale"에 대해 기억나는 것은 크리스티나 아길레라가

리메이크한 "Car Wash"뿐이다(나쁘지 않지만 원곡을 능가할 수는 없었다). 여기서 퀴즈를 내겠다. 원곡 "Car Wash"를 부른 가수는 누구인가? ① 본 조비, ② 레드 제플린, ③ 러쉬, ④ 로즈 로이스. ① 본 조비라고 답했다면 바로 맞혔다. 본 조비의 콘서트는 무척 좋았다. 존이 무대 중앙에 서서 손뼉을 치기 시작하면 관중들이 열광하기 시작한다. 그럼 다른 멤버들도 동참한다. 리치는 밴드를 탈퇴했는데, 존의 손뼉과 그의 손뼉이 관중을 하나로 단합시키는 역할을 했다는 점에서 그의 탈퇴는 아쉽다. 그리고 리치가 앞으로 나와 "래퍼의 기쁨"을 존과 함께 공연했는데 정말 마법과 같은 순간이었다. 존이 "지금 테스트 하는게 아니야, 나는 비트에 맞춰 랩을 하고 있지..."라는 구절을 부르면 티코 토레스가 스크래칭을 하기 시작한다. 정말 좋은 시절이었다.

기본적인 샤프닝 보정

사진을 보정한 다음에는 저장하기 전에 샤프닝을 적용하는 것이 좋다. 필자는 모든 사진에 샤프닝을 적용해서 보정 과정 중에 손실된 원본의 선명함을 복구하거나 초점이 약간 흐린 영역을 보정한다. 어느 쪽이든 약간의 샤프닝이 필요하지 않은 디지털 카메라 사진이나 스캔한 사진을 본 적이 없다. 우선 사신 선제를 위한 기본 샤프닝 기법에 대해 알아보자.

Step 01

샤프닝을 적용할 사진을 불러온다. 포토샵은 사진마다 다른 확대 배율로 사진을 보여주므로 적절한 배율로 사진을 확대하는 것이 중요하다. 현대의 디지털 카메라로 촬영한 사진들은 파일 크기가 매우 크기 때문에 50% 크기로 확대해도 충분하다. 사진 창 상단의 타이틀 바를 보면 사진의 현재 줌 배율이 표시되어 있다(예제 사진에서 빨간색으로 표시한 곳). 사진은 Command++(PC: Ctrl ++), Command+-(PC: Ctrl +-)를 눌러 크기를 조절한다.

Step 02

사진을 50% 크기로 확대한 다음 [Filter]–[Sharpen] 메뉴에서 'Unsharp Mask'를 선택한다. 전통적인 암실 기법에 익숙하다면 "Unsharp Mask"라는 용어를 보고 원본 사진의 흐릿한 복제본을 만들어 마스크를 사용해 경계선이 더 선명한 새로운 사진을 만드는 기법을 떠올렸을 것이다.

Step 03

[Unsharp Mask] 대화창에는 세 개의 슬라이더가 있다. [Amount] 슬라이더는 사진에 적용하는 샤프닝의 양을 조절하고, [Radius] 슬라이더는 경계선을 기준으로 샤프닝을 적용할 픽셀 수를 조절한다. [Threshold] 슬라이더는 경계선 픽셀과 필터가 적용한 샤프닝 영역을 고려해 주변 영역으로부터 나타나는 픽셀의 차이를 조절한다. [Threshold] 슬라이더는 다른 슬라이더들과는 반대로 설정값이 낮을수록 샤프닝 효과가 강해진다. 다양한 사진 종류에 적합한 슬라이더 설정에 대해서는 다음 페이지에서 자세히 살펴보기로 하고 일단은 필자가 제시하는 설정값에서 출발하기로 하자. 예제 사진에는 'Amount: 120%, Radius: 1, Threshold: 3'으로 설정했다. [OK] 버튼을 클릭해서 샤프닝을 적용한다.

샤프닝 적용 전

샤프닝 적용 후

부드러운 느낌의 피사체

예제 사진에는 'Amount: 120%, Radius: 1, Threshold: 10'을 적용했으며, 이와 같은 설정은 꽃, 강아지, 인물, 무지개 등 부드러운 느낌의 피사체에 적합한 미약한 샤프닝이다.

인물사진 샤프닝

클로즈업 인물사진에는 'Amount: 75%, Radius: 2, Threshold: 3'을 적용해 미약한 샤프닝이지만 눈을 선명하게 만들고 머리카락의 하이라이트를 강조한다.

TIP 여성 인물사진을 위한 샤프닝

여성을 촬영한 인물사진에 위의 설정보다 더 강력한 샤프닝을 적용하려면 먼저 [Channels] 패널의 'Red' 채널을 선택해서 활성화한다(이때 사진이 흑백으로 나타난다). 그리고 샤프닝을 'Amount: 120%, Radius: 1, Threshold: 3' 정도로 설정한다. 이 방법을 사용하면 피부의 부드러운 질감은 그대로 유지하고, 눈, 눈썹, 입술, 머리카락과 같은 영역만 선명하게 만든다. 적용한 다음에는 상단의 'RGB' 채널을 클릭해서 원본으로 전환한다.

중간 정도의 샤프닝

이번 샤프닝 설정은 중간 정도의 효과를 적용해 제품사진부터 실내, 실외, 풍경사진까지 다양한 종류의 사진에 적용이 가능하다. 보정 전과 후의 결과가 확연한 차이를 보여야 하는 사진에 적합하다. 'Amount: 120%, Radius: 1, Threshold: 3'을 적용해서 결과를 비교해보면 마음에 들 것이다. 예제 사진에 이 설정을 적용하자 의자와 베란다 난간의 디테일이 드러난다.

강력한 샤프닝

필자는 다음 두 가지 종류의 사진에 'Amount: 65%, Radius: 4, Threshold: 3'로 설정해 강력한 샤프닝을 적용한다. ❶ 초점이 맞지 않은 사진. ❷ 바위, 건축물, 자동차, 기계 등 사진을 구성하는 피사체의 디테일이 복잡해 경계가 많은 사진. 예제 사진에 강력한 샤프닝을 적용해 자동차의 디테일을 강조했다.

모든 사진에 적용할 수 있는 샤프닝

'Amount: 85%, Radius: 1, Threshold: 4'는 필자가 즐겨 사용하는 샤프닝 설정으로 강렬한 샤프닝 효과는 아니지만 지나치게 강하지 않아 대부분이 사진에 적합하다. 설정을 두 번 정도 적용해도 효과가 자연스럽다.

웹 사진 샤프닝

300ppi의 고해상도 사진을 웹 게시에 적합한 72ppi로 낮출 경우 사진이 흐릿해질 가능성이 높으므로 'Amount: 200%, Radius: 0.3, Threshold: 0' 정도의 설정을 적용한다. 적용 후에도 사진이 여전히 흐릿하다면 [Amount] 설정을 '400%'로 높인다. 또한 초점이 맞지 않는 사진에도 적용하는데 ('Amount: 400%, Radius: 0.3, Threshold: 0') 노이즈가 추가되지만 이 설정으로 버릴만한 사진을 구제할 수도 있다.

나만의 설정 찾기

다음은 각 슬라이더의 일반적인 조절 범위이다. 이를 참고로 자신만의 샤프닝 설정 조합을 찾아보자.

Amount

[Amount] 슬라이더의 일반적인 조절 범위는 '50~150%'이다. 반드시 이 범위 안에서만 설정해야 하는 것은 아니지만 '50%' 이하로 낮추면 충분한 효과가 나타나지 않으며, '150%' 이상으로 설정하면 [Radius]와 [Threshold] 설정에 따라 새로운 문제가 나타날 수 있다. '150%' 이하로만 설정을 유지하면 안전하다. 예제 사진에는 'Amount: 95%, Radius: 1, Threshold: 2'를 적용했다.

Radius

대부분의 경우 '1pixels'로 설정하지만 사진에 따라 '2pixels'까지 설정을 높여도 된다. 앞에서 설명한 강력한 샤프닝 설정의 경우 '4pixels'까지 높은 설정을 사용했는데, 그보다 높은 설정은 추천하지 않는다.

Threshold

[Threshold] 슬라이더의 안정적인 설정 범위는 '3~20levels'인데 설정이 낮을수록 샤프닝 효과가 강해진다. 아주 강력한 샤프닝 효과를 원한다면 '0levels'까지 낮출 수도 있지만 그러한 경우에는 노이즈에 주의해야 한다.

최종 사진

샤프닝을 추가한 최종 사진을 살펴보자. 예제 사진에는 앞에서 알려준 중간 정도의 샤프닝 설정인 'Amount: 120%, Radius: 1, Threshold: 3'을 적용했다. 그리고 여성을 촬영한 인물사진을 위한 샤프닝 팁을 활용해서 'Red' 채널에 샤프닝을 추가했다. 직접 Unsharp Mask 기능을 설정하는 것이 불편하다면 앞에 소개한 설정들 중 사진의 종류에 맞는 설정을 선택해서 적용한 다음 [Amount] 슬라이더만 조절하면 더 나은 결과를 얻을 수 있다. 이와 같은 방법으로 샤프닝 보정을 연습하면 곧 자신에게 맞는 샤프닝 설정 조합을 찾을 수 있다.

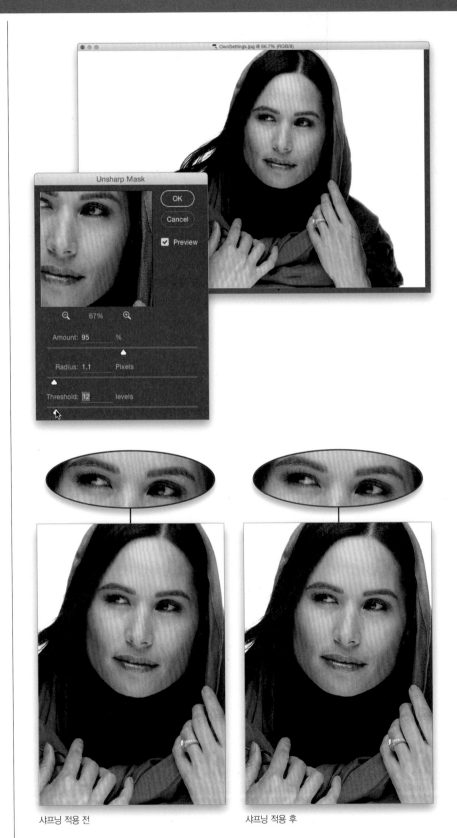

샤프닝 적용 전　　　　샤프닝 적용 후

어도비사는 포토샵 CS5 버전에서 샤프닝 도구를 완전히 재정비해서 과거의 노이즈 생성 기능/픽셀 파괴 기능이라는 오명을 벗었다. 어도비사의 제품 담당자 브라이언 오닐 휴즈가 "이제는 어느 프로그램보다도 가장 진보된 샤프닝 도구"라고 장담하니 한 번 믿어보도록 하자.

포토샵에서 가장 진보된 샤프닝 도구 사용하기

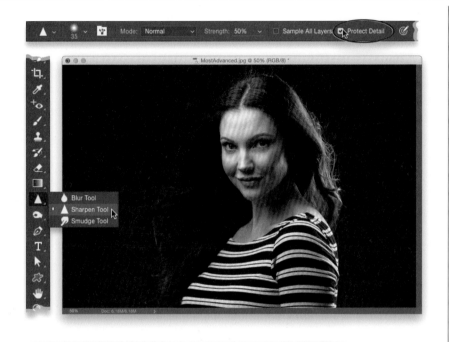

Step 01

먼저 Unsharp Mask나 Smart Sharpen 기능을 사용해서 사진 전체에 샤프닝을 적용한다. 예제 사진은 여성 인물사진이므로 'Red' 채널에만 샤프닝을 적용했다(자세한 방법은 286페이지 참고). 이제 도구상자에서 Sharpen 도구를 선택한다(Blur 도구에 속해 있다). 도구를 선택한 다음에는 상단의 옵션 바에서 'Protect Detail'이 체크되어 있는지 확인한다(진보된 샤프닝 알고리즘을 활성화하므로 중요하다).

Step 02

이 시점에서 'Background' 레이어를 복제해서(Command+J(PC: Ctrl+J)) 추가 샤프닝을 복제 레이어에 적용하기를 추천한다. 그러면 효과가 과도한 경우 이 레이어의 투명도 설정을 낮춰 샤프닝의 강도를 조절할 수 있다. 필자는 또한 샤프닝 적용 결과를 분명히 확인할 수 있도록 보통 세부 영역을 Command++(PC: Ctrl++)를 눌러 확대한다. 복제 레이어의 사용은 레이어를 숨기기/보이기해서 샤프닝 적용 전과 후의 비교가 쉽다는 또 다른 장점이 있다.

Step 03

다음은 옵션 바의 [Brush Picker]에서 중간 크기의 경계가 부드러운 브러시를 선택한 다음 Sharpen 도구로 효과를 적용하고 싶은 영역을 드래그한다. 예제 사진과 같은 인물사진에 부드러워야 하는 피부가 있는 영역을 피해 눈, 입술 등의 특정 영역에만 샤프닝을 적용할 수 있기 때문에 편리하다. 하단의 샤프닝 적용 전과 후의 사진을 비교해보자. 눈, 눈썹, 속눈썹, 입술에만 샤프닝을 적용하고 피부가 있는 영역은 피했다. 또한 이 기법은 인물사진에만 국한되는 것이 아니며, 금속, 보석 혹은 강한 샤프닝이 필요한 사진에도 얼마든지 사용할 수 있다.

보정 전

보정 후

포토샵에 Smart Sharpen 기능이 꽤 오랫동안 있었지만 어도비사는 인터페이스 면에서 가장 강력한 샤프닝 도구로 만들기 위해 수리적인 부분과 인터페이스를 업데이트했다. 대화창은 크기 조절이 가능할 뿐 아니라 간소화되었다. 그러나 이 기능의 진가는 외적인 부분을 넘어서 이제는 훨씬 더 높은 단계의 샤프닝 효과를 헤일로 현상 없이 적용할 수 있다는 것이다. 또한 사진에 있는 노이즈를 부각시키지 않고 샤프닝을 적용할 수 있는 슬라이더도 있다.

더 똑똑해진 Smart Sharpen 기능

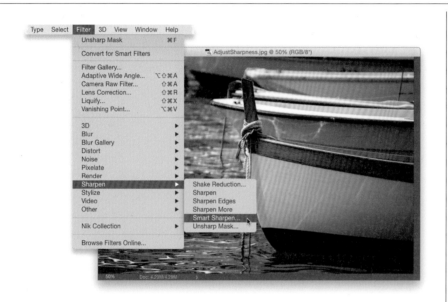

Step 01

Smart Sharpen 기능을 이전과 동일한 메뉴에서 찾을 수 있다. [Filter]–[Sharpen] 메뉴에서 'Smart Sharpen'을 선택해 개선된 [Smart Sharpen] 필터 대화창을 불러온다(위에서 설명했듯이 대화창 크기 조절이 가능하다). 조정 기능들의 위치 역시 이전의 [Smart Sharpen] 대화창과 동일하지만 [Reduce Noise] 슬라이더가 새로 추가되었다. 이 슬라이더의 기능은 노이즈 감소가 아니라 노이즈의 증가 없이 강력한 샤프닝을 적용하는 것이다. 그러므로 샤프닝을 적용한 다음 사진의 노이즈가 샤프닝을 적용하기 이전의 상태로 나타날 때까지 슬라이더를 오른쪽으로 드래그한다.

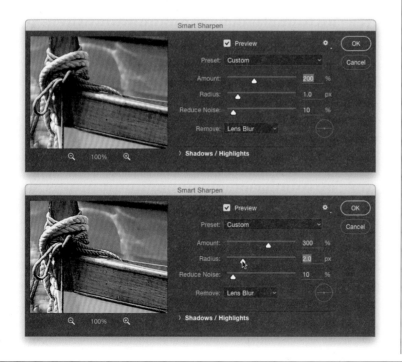

Step 02

샤프닝의 단점은 높은 설정의 샤프닝 효과를 적용하면 피사체의 경계선에 헤일로 현상이 나타난다는 것이다. 그러나 Smart Sharpen 기능의 알고리즘은 헤일로 현상이 나타나기 전에 강력한 샤프닝 적용이 가능하도록 만든다. 그렇다면 어느 정도의 샤프닝까지 적용할 수 있을까? 어도비사는 [Amount] 슬라이더를 '300%'까지 드래그한 다음 [Radius] 슬라이더를 경계선에 헤일로 현상이 나타나는 지점까지 오른쪽으로 드래그했다가 헤일로 현상이 사라질 때까지 슬라이더를 왼쪽으로 약간 드래그하라고 조언한다.

Step 03

[Radius] 슬라이더 설정을 마친 다음 다시 [Amount] 슬라이더로 돌아가 원하는 샤프닝 효과가 나타날 때까지 오른쪽으로 드래그한다(혹은 헤일로 현상이 나타날 때까지 드래그하는데 상당히 높은 설정이어야 하므로 걱정할 필요는 없다). 개선된 Smart Sharpen 기능의 알고리즘은 확실히 이전의 기능에 비해 월등하다. 그러나 이전의 Smart Sharpen 기능을 사용하고 싶다면(혹은 개선된 기능과 비교하고 싶다면) ⌐을 누른다. 단축키를 한 번 더 누르면 새로운 Smart Sharpen 기능으로 돌아간다. 또한 필터 대화창 오른쪽 상단 모서리의 설정 메뉴에서 'Use Legacy'를 선택해도 된다.

Step 04

이전 버전의 Smart Sharpen 기능에는 [Advanced] 버튼이 있어서 클릭하면 두 개의 추가 탭이 나타난다. 하나는 하이라이트 영역의 샤프닝을 감소시키는 기능이며(필자는 사용하지 않는다), 나머지 하나는 섀도 영역의 샤프닝을 감소시키는 기능이다(간혹 사용하지만 노이즈가 심한 사진에만 사용하며, 노이즈가 잘 보이는 섀도 영역의 샤프닝 효과를 감소하거나 제거하는 기능이지만 이제는 [Reduce Noise] 슬라이더가 그 기능을 대체한다). 이 두 가지 기능은 [Shadows/Highlights] 왼쪽의 화살표를 클릭하면 두 기능의 슬라이더 세트를 사용할 수 있다.

샤프닝 적용 전

샤프닝 적용 후

필자는 보통 동일한 기법을 책에 두 번씩 넣지 않지만, HDR 사진에 관한 챕터를 읽었다면 하이 패스 샤프닝에 대한 내용이 있다는 사실을 알 것이다. 하이 패스 샤프닝이 HDR 사진에서 빠질 수 없는 요소이기 때문이다. 여러분이 HDR 사진에 대한 챕터를 건너뛰었다면 샤프닝 챕터에 왜 인기가 높은 하이 패스 샤프닝 기법이 없는지 의아해할 것이라는 우려 때문에 샤프닝 챕터에도 넣기로 했다.

하이 패스 샤프닝

Step 01

강력한 샤프닝을 적용할 사진을 불러온 다음 Command+J(PC: Ctrl+J)를 눌러 'Background' 레이어를 복제한다.

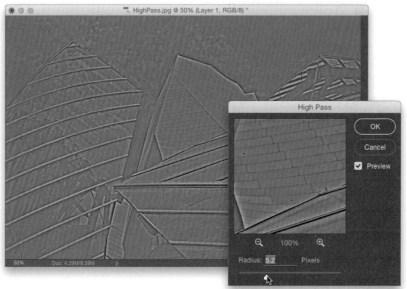

Step 02

[Filter]-[Other] 메뉴에서 'High Pass'를 선택한다. 이 필터는 사진에서 피사체의 경계를 부각시켜 강렬한 샤프닝을 적용한 것과 같은 느낌을 준다. 먼저 [Radius] 슬라이더를 왼쪽 끝까지 드래그한 다음(사진이 회색으로 바뀐다) 경계선들이 선명하게 나타날 때까지 다시 오른쪽으로 드래그한다. 더 멀리 드래그할수록 샤프닝 효과가 강해지며, 과도하게 드래그하면 효과가 무너지기 시작하므로 주의하자. 적절한 설정을 찾으면 [OK] 버튼을 클릭해서 샤프닝을 적용한다.

Step 03

[Layers] 패널에서 복제 레이어의 블렌드 모드를 'Normal'에서 'Hard Light'로 변경한다. 그러면 레이어에서 회색을 제거하고 샤프닝을 적용한 경계선만 그대로 남아 사진 전체를 훨씬 선명하게 만든다. 샤프닝 효과가 너무 강하면 [Opacity] 설정을 낮추거나 블렌드 모드를 'Overlay'나 'Soft Light'로 변경해서 조절한다.

Step 04

더 강한 샤프닝 효과를 원한다면 하이 패스 샤프닝 레이어를 복제하면 효과를 두 배 적용한 것과 같은 결과를 얻을 수 있다. 하이 패스 샤프닝의 한 가지 문제점은 경계선에 글로우 현상이 나타날 가능성이다. 글로우 현상을 제거하려면 ❶ Command+E(PC: Ctrl+E)를 눌러 두 개의 하이 패스 레이어를 병합하고, ❷ 패널 하단의 Add Layer Mask 아이콘을 클릭한다. ❸ Brush 도구(B)를 선택해서 작은 크기의 경계가 부드러운 브러시를 선택하고, 'Foreground'를 검은색으로 설정한다. ❹ 샤프닝 효과를 적용하지 않은 경계선이 나타나도록 브러시로 경계선을 드래그한다.

하이 패스 샤프닝 적용 전

하이 패스 샤프닝 적용 후

Camera Raw에서 편집을 마치고 사진을 포토샵으로 불러오지 않고 바로 JPEG나 TIFF 형식으로 저장한다면 저장 직전에 샤프닝을 적용할 수 있다. 이것을 "출력 샤프닝"이라고 하는데, JPEG나 TIFF 형식으로 촬영한 사진에 카메라에서 적용한 샤프닝을 대체하는 [Detail] 패널의 "입력 샤프닝"과는 달리 화면에서 보거나 인화와 같은 매체를 위한 설정이다.

Camera Raw에서 출력 샤프닝 적용하기

Step 01

작업을 시작하기 전에 알아두어야 할 점은 Camera Raw 창 왼쪽 하단의 [Save Image] 버튼을 클릭해 사진을 저장하는 경우에만 출력 샤프닝을 적용할 수 있다는 것이다. [Open Image]나 [Done] 버튼을 클릭하면 샤프닝을 적용하지 않는다. 먼저 화면 하단에 있는 링크 정보를 클릭해 [Workflow Options] 대화창을 실행한다.

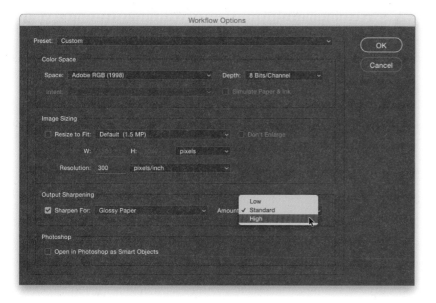

Step 02

먼저 [Output Sharpening] 영역에서 'Sharpen For'를 체크하고 [Sharpen For] 팝업 메뉴에서 출력 샤프닝 형식을 선택한다. 'Screen'은 웹, 이메일, 슬라이드 쇼를 위한 샤프닝이다. 인화를 위한 샤프닝은 'Glossy Paper'나 'Matt Paper' 중 사용할 인화지 종류를 선택한다. 마지막으로 [Amount] 팝업 메뉴에서 샤프닝 정도를 선택하면 사진의 해상도, 인화지 종류, 선택한 샤프닝 형식을 자동으로 계산해 최적의 샤프닝 효과를 적용한다(참고로 필자는 절대 'Low' 샤프닝 형식을 선택하지 않는다).

|NOTE|

샤프닝 설정을 마치고 [OK] 버튼을 클릭한 후에도 샤프닝 기능은 계속 활성화 되어 있다. [Sharpen For] 팝업 메뉴에서 'None'을 선택해야 비활성화 된다.

Shake Reduction 필터 기능으로 초점이 흐린 사진 보정하기

어두운 광원에서 카메라를 손에 들고 느린 셔터스피드로 촬영해 흔들린 사진이나 망원 렌즈의 사용으로 인한 흐릿한 사진이 있다면 Shake Reduction 필터를 사용해 보정할 수 있다. 이 필터는 카메라의 흔들림에 의해 나타난 흐릿함을 감소시키는 기능을 한다. 필터를 적용하기에 적합한 조건은 노이즈가 많지 않고, 전체 노출이 비교적 균등하며, 플래시를 사용하지 않은 사진이다. 모든 사진에 사용할 수는 없지만 조건이 맞는 사진의 경우 놀라운 결과를 얻을 수 있다.

Step 01

예제 사진은 어두운 광원에서 카메라를 손에 들고 촬영해서 흐릿하므로 Shake Reduction 필터를 사용해 보정해보자([Filter]–[Sharpen] 메뉴에서 선택한다). 필터를 불러오면 즉시 사진을 분석하기 시작하며, 사진의 중앙부 영역부터(가장 흐릿한 영역) 바깥쪽으로 탐색을 실행한다. 대화창 오른쪽의 작은 미리보기 하단에 작은 진행 바가 작업이 진행 중이라는 것을 알려준다(미리보기는 Detail Loupe 라고 부르며, 잠시 후 더 자세히 알아볼 것이다). 분석 진행을 취소하고 싶다면 진행 바 끝 부분의 금지 심볼을 클릭한다.

|NOTE|
여기서는 여러분이 흐릿한 사진을 볼 수 있도록 'Preview'를 체크 해제했다.

Step 02

사진 분석을 마치면 자동 보정 결과를 보여준다. 예제 사진의 경우 완벽하게 선명하지 않고 약간의 고스팅 현상이 나타나지만 결과가 꽤 만족스럽다. 현재의 상태라면 페이스북이나 트위터와 같은 인터넷 매체에 올리기에는 충분하다. 대부분의 사용자에게는 이와 같은 자동 보정 실행만으로도 충분할 것이다. 그러나 더 나은 질의 사진을 원한다면 계속 읽어보자.

Step 03

Shake Reduction 필터는 예측한 움직인 픽셀의 수를 기반으로 카메라의 흔들림 정도를 자동으로 계산하는데, 결과가 만족스럽지 않다면 효과의 영향을 받는 픽셀의 양이 부족하거나 많기 때문일 수도 있다. [Blur Trace Bounce] 슬라이더는 필터의 영향을 받는 픽셀의 수를 조절한다(Magic Wand 도구에서 도구의 선택 범위를 조절하는 [Tolerance] 슬라이더 기능과 유사하다). 슬라이더를 왼쪽으로 드래그하면 더 적은 양의 픽셀에 영향을 미친다(미세한 흔들림이라면 적은 양의 픽셀만 선택해도 된다). 오른쪽으로 드래그하면 더 많은 픽셀에 영향을 미친다. 자동 기능이 매우 탁월하지만 만약의 경우를 위해 알아두자. 예제 사진의 경우, 자동 설정을 그대로 두었다. 자동 보정 후 고스팅 현상이나 다른 종류의 부작용이 나타난다면 [Artifact Suppression] 슬라이더를 오른쪽으로 약간 드래그한다. 예제 사진의 경우 오른쪽으로 약간 드래그해서 '35%'로 설정했다.

Step 04

필터 대화창 오른쪽에는 사진을 확대해 일부 영역을 보여주는 Detail Loupe라고 부르는 작은 미리보기가 있다. 바로 아래에 있는 줌 버튼을 클릭해서 확대 배율을 조절할 수 있다. Q를 누르면 미리보기 창이 분리되어 원하는 위치로 이동할 수 있다(Q를 한 번 더 누르면 다시 대화창에 도킹한다). Detail Loupe 내부를 클릭하고 누르고 있으면 필터 적용 전의 사진으로 임시 전환한다.

Step 05

Detail Loupe 기능은 그뿐만이 아니다. 새로운 사진을 불러와 Detail Loupe에서 분석할 영역을 선택해 이 기능의 위력을 알아보자. 예제 사진처럼 흔들린 사진은 일반적으로 삭제 대상이다. 이제 Detail Loupe를 사용해 흔들린 영역을 보정해보자.

Step 06

사진에서 Detail Loupe에 나타날 영역을 더블클릭한다. Loupe의 왼쪽 하단 모서리에 있는 동그란 버튼을 클릭하면 선택 영역의 분석을 시작한다(Loupe를 이미 분리했다면 더블클릭하지 않고 한 번만 클릭한다). 카메라의 흔들림을 보정하자 사진이 훨씬 좋아 보인다. 사진에서 흔들림을 보정해야 할 영역이 여러 곳인 경우에도 Shake Reduction 기능으로 분석해서 보정할 수 있다.

TIP 블러 방향 수동으로 선택하기

필터가 블러의 방향을 잘못 분석했다면 Blur Direction 도구로 직접 설정한다(왼쪽 상단의 도구상자에서 위에서 두 번째 도구이며, 오른쪽의 [Advanced] 영역을 확장하면 활성화 된다). 도구를 클릭해서 블러의 방향으로 드래그하면 된다. [[ ]/[ ]]을 눌러 블러의 길이를 조절하고, Command(PC: [Ctrl])를 추가하면 블러의 각도를 조절한다.

Step 07

흔들림 측정 영역의 크기를 확인하고 싶다면 대화창 오른쪽의 [Advanced] 영역을 확장하고 옆의 화살표를 클릭하면 분석 영역 박스를 볼 수 있다. 박스의 중앙을 클릭하고 드래그해서 영역을 이동해 다른 영역을 분석 영역으로 선택할 수 있다. 또한 모서리를 클릭하고 드래그해서 분석 영역의 크기를 조절한다.

TIP 샤프닝에 의해 나타나는 노이즈 감소하기

샤프닝 효과를 적용하면 사진에 있던 노이즈도 함께 부각된다(그래서 필터는 높은 ISO 설정으로 촬영하지 않은 사진에서 최상의 결과를 얻을 수 있다). Shake Reduction 대화창에는 이러한 문제점을 보정하는 두 개의 슬라이더가 있다. [Smoothing] 슬라이더는 사진에 나타나는 거친 질감을 부드럽게 조절한다. [Artifact Suppression] 슬라이더는 높은 설정의 샤프닝을 적용하면 나타나는 점들이나 현상들을 제거하는데 도움을 준다. 이 기능들은 기본적인 노이즈 감소를 자동 적용하기 전에 적용한다.

Step 08

한 군데 이상의 영역을 분석하려면 Blur Estimation 도구로(도구상자에서 첫 번째 도구) 다른 영역을 드래그해서 추가할 수 있다. 이제 필터는 두 선택 영역을 집중적으로 분석할 것이다.

TIP 자동 노이즈 감소

Shake Reduction 필터는 기본적으로 자동 노이즈 감소를 적용한다. 그러나 결과가 만족스럽지 않다면 [Source Noise] 팝업 메뉴의 세 가지 노이즈 감소 설정을 선택해서 적용해보자('Low', 'Medium', 'High').

Photoshop Killer **Tips**

Content-Aware Fill 기능 팁

Content-Aware Fill 기능을 적용한 결과가 흡족하지 않은 경우 다음 두 가지 방법을 사용해보자. ❶ Command+Z(PC: Ctrl+Z)를 눌러 적용한 효과를 취소하고 다시 적용해본다. 이 기능은 영역을 무작위로 선택하기 때문에 두 번째 선택이 만족스러울 가능성이 있다. ❷ 선택 영역을 넓게 설정한다. 제거할 영역을 선택한 다음 [Select]-[Modify] 메뉴에서 'Expand'를 선택하고 '3-4pixels'을 입력하고 Content-Aware Fill을 적용한다.

도구가 제대로 작동하지 않을 때

사용하는 도구가 제대로 작동하지 않는다면 도구의 선택 항목 설정이 변경되었을 가능성이 높다. 이때 옵션 바 왼쪽에 있는 도구 아이콘 옆의 화살표를 마우스 오른쪽 버튼으로 클릭하면 도구 기본 설정을 초기화하는 팝업 메뉴가 나타난다. 클릭해서 도구 옵션을 초기화한 후 사용한다.

줌인 팁

사진을 큰 배율로 줌인했을 때 다른 영역을 보기 위해 스크롤해서 찾으려면 불편하다. 이때 Space Bar 를 누르고 있으면 Hand 도구로 변환한다. 사진을 클릭하고 드래그해서 원하는 영역을 찾는다. Space Bar 를 놓으면 사용하던 도구로 돌아온다.

Merge to HDR Pro의 흑백사진 프리셋

대부분의 사람들은 HDR이라면 선명한 색상의 초현실적인 사진을 떠올리기 마련이다. 하지만 Merge to HDR Pro의 'Monochromatic(B&W)' 프리셋으로 멋진 흑백사진을 만들 수 있다. 다음에 브라케팅 촬영한 사진들로 만들어보자.

편집 설정을 포함한 RAW 사진 전달하기

의뢰인이나 타인에게 Camera Raw에서 적용한 편집 설정까지 포함한 RAW 파일을 전달할 수 있는 방법이 두 가지 있다. ❶ 사진 폴더에 있는 해당 사진의 XMP 파일을 RAW 파일과 함께 보낸다. ❷ Camera Raw의 [Save Options] 대화창에 있는 [Format] 팝업 메뉴에서 파일 자체에 편집 설정을 기록하는 DNG 형식으로 사진을 저장한다.

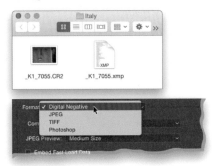

여러 개의 레이어 한꺼번에 잠그기

포토샵에는 여러 개의 레이어를 함께 잠글 수 있는 기능이 있다. Command(PC: Ctrl)를 누른 채 잠금 설정할 레이어들을 클릭해서 선택하고 [Layers] 패널 상단의 잠금 아이콘을 클릭한다. 또한 이 방법으로 다수 레이어의 색상 레이블을 한꺼번에 지정할 수 있다. Command(PC: Ctrl)를 누른 채 레이어들을 클릭해서 선택한 다음 마우스 오른쪽 버튼을 클릭하고 팝업 메뉴에서 레이블을 선택한다.

경계선에 근접한 영역 선택하기

Polygon Lasso 도구를 사용해 화면 경계선을 넘어가서 보이지 않는 영역을 선택하려면 Space Bar 를 눌러 Hand 도구로 임시 전환한 다음 사진을 드래그한다. 다시 Space Bar 를 누르면 Lasso 도구로 다시 전환한다. 게다가 Lasso 도구도 선택을 멈췄던 지점부터 이어서 영역 선택을 계속할 수 있다.

카메라 설정 정보 없는 파일 만들기

사진을 웹에 게시하거나 의뢰인에게 보내는 경우 카메라 설정이나 일련 번호 등의 정보는 필요 없다. 카메라 설정이 없는 사진 파일을 만드는 방법은 다음과 같다.

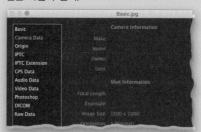

먼저 Command+ A (PC: Ctrl + A)를 눌러 선택하고 Command+ C (PC: Ctrl + C)를 눌러 사진을 저장 위치에 복제한다. 그리고 Command+ N (PC: Ctrl + N)을 누르면 동일한 크기, 해상도, 색상 모드를 가지고 있지만 카메라 정보는 없는 파일을 자동으로 생성한다. Command+ V (PC: Ctrl + V)를 눌러 복사된 사진을 붙여 넣은 다음 Command+ E (PC: Ctrl + E)를 눌러 레이어를 병합한다. 이제 카메라 데이터가 포함되지 않은 사진 파일을 사용할 수 있다. 하지만 그 전에 [File]-[File Info] 메뉴를 선택한 다음 [Description] 탭을 클릭하고 [Copyright] 영역에 저작권 정보를 입력하는 것도 잊지 말자.

Adjustment Layer 조절 영역 확장하기

Levels, Hue/Saturation 혹은 Curves 보정 레이어를 추가할 때 정확한 조절을 위해 [Properties] 패널 크기를 확장할 수 있다. 패널 왼쪽 면을 클릭하고 드래그해서 원하는 크기로 확장하면 조절 슬라이더도 함께 길어진다.

모델: 로지 | 노출: 1/20초 | 초점거리: 24mm | 조리개: f/11

12 Dirty Work
프로 사진가의 단계별 포토샵 작업 과정

"너의 뒤치다꺼리나 하는 나는 멍청이야, 더 이상 네 뒤치다꺼리는 하고 싶지 않아"라는 가사의 스틸리 댄 노래가 기억나는가? 지금 보면 가사가 우스꽝스럽지만 그들이 노래를 부를 때는 훨씬 괜찮게 들렸다. 어쨌든 이번 챕터 제목으로는 사용하지 않았다. 그렇다. 이번에는 SNL 덕에 유명해진 놈 맥도날드의 동일한 제목을 가진 코미디 영화를 선택했다. "그 영화는 보지 못한 것 같은데..."라고 생각한다면 여러분만 보지 못한 것이 아니며, 그렇다고 그 점이 필자의 작업 과정에 대한 챕터 제목으로 사용하는 것을 막을 수는 없다. 필자도 영화를 보지 않았지만 "Dirty Work"가 사실은 꽤 재밌는 영화일 수도 있다. 그럼 영화평이 어떤지 한 번 찾아보자. 썩은 토마토에서 받은 등급이 17%이다. 한 동안 저렇게 낮은 등급은 보지 못했다. 당시의 영화평을 찾아보니 뉴욕 타임스의 로렌스 반 젤더가 "영화의 끝에 나오는 NG 영상까지 기다릴 필요 없다. 그것 역시 전혀 웃기지 않으니까"라고 썼다. 17% 등급과 반 젤더의 평은 스틸리

댄의 노래 제목인 "Dirty Work"로 마음을 바꾸기에 충분하다. 2절에 "중세시대 게임처럼 성 한구석에 가혹한 난관이 기다리고 있다는 것을 예감해도 나는 여전히 그 자리를 지켜"라는 꽤 재치 있는 가사가 있다. 닉 플레처는 영국의 가디언지에 이 곡에 대한 평을 다음과 같이 썼다. "처음에는 라디오에서 듣기 편한 곡처럼 들렸지만 가사는 마치 한 남자가 사랑하는 여인을 위해 자신을 바치겠다는 일일 드라마 같은 내용이다. 사랑하는 여인이 다른 남자와 사귀고 있음에도 불구하고 그녀가 필요할 때 달려간다. 그녀에게 이용당하고 있다고 느끼지만 자신을 멈출 수 없다. 그런 관계를 끊고 싶지만 그러지 못할 것이다. '중세시대 게임처럼 성 한구석에 가혹한 난관이 기다리고 있다는 것을 예감해도 나는 여전히 그 자리를 지켜'" 이번 챕터 제목을 결정하는데 도움을 준 닉과 플레처에게 감사한다. 스틸리 댄의 곡 제목을 사용하기로 했으며, 이로써 이 책을 마무리하려 한다.

스콧의 포토샵 CC 사진 작업 과정

필자의 작업 과정이 궁금하다는 질문을 많이 받는다. 그래서 책의 마지막 챕터로 필자의 작업 과정을 소개하기로 했다. 이번 챕터는 새로운 기법을 배우기 위함이 아니라 (여러분의 작업 과정에 필요한 요소들은 이미 모두 배웠다) 과정 전체를 순서대로 짚어보기 위함이다. 모든 사진가들은 각자 자신만의 작업 방식을 사용하며, 필자의 작업 과정을 참고해 여러분도 자신만의 작업 방식을 찾기 바란다.

Step 01

최근 몇 년 동안 어도비사가 포토샵에 추가한 대부분의 새로운 기능들은 Camera Raw에도 추가되었다. 그리고 대부분의 사진가들은 RAW 형식으로 촬영하지 않은 사진들을 포함해 대부분의 사진 작업 과정을 Camera Raw에서 실행한다. 여기서는 웨딩사진 보정의 시작부터 최종 단계까지 모든 과정을 소개하겠다. 가장 먼저, 보정할 사진을 Bridge에서 마우스 오른쪽 버튼으로 클릭하고 메뉴에서 'Open in Camera Raw'를 선택해 사진을 Camera Raw로 불러온다(여기에서 사용하는 예제 사진을 이 책의 앞 부분에 소개한 웹페이지에서 다운로드해 필자의 작업 과정을 그대로 따라해 볼 수 있다).

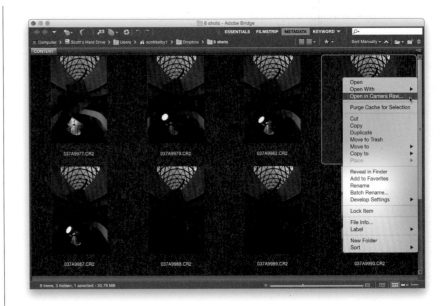

Step 02

RAW 원본 사진을 Camera Raw에서 불러온 모습이다. 이 시점에서 필자가 가장 먼저 하는 것은 사진에서 보정할 점을 찾는 것이다. 자신에게 "무엇이 달라졌으면 좋겠는가?"라는 질문을 해본다. 필자는 이 사진이 종구도가 아닌 횡구도였으면 한다. 조명을 들고 있는 어시스턴트가 보이지 않았으면 한다(이 점에 대해서는 미리 대비를 했다). 사진이 더 따뜻한 색감을 띠고, 대비가 더 강했으면 좋겠다. 신부 오른쪽에 있는 콘크리트에 두 개의 구멍이 없었으면 좋겠다. 그리고 신부가 들고 있는 부케에 하이라이트 클리핑 현상이 없었으면 좋겠다. 원하는 것이 무엇인지 파악했으니 이제 보정을 시작해보자.

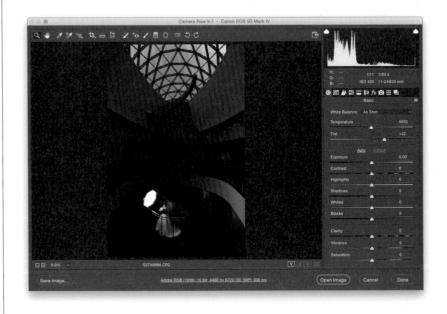

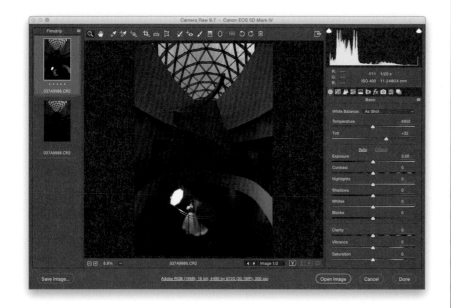

Step 03

예제 사진의 경우 후작업으로 어시스턴트와 조명을 없앨 계획을 가지고 촬영했다. 그래서 어시스턴트와 조명이 들어가 있는 사진을 촬영한 후 조명을 끄고 어시스턴트와 신부가 없는 사진을 추가로 촬영했다. 삼각대에 카메라를 설치하고 촬영했기 때문에 두 개의 사진을 완벽하게 겹칠 수 있다. 그러므로 [Cancel] 버튼을 클릭해서 다시 Bridge로 돌아가 두 개의 사진을 선택해서 Camera Raw로 불러오면 왼쪽의 [Filmstrip]에 두 개의 사진이 나타난다.

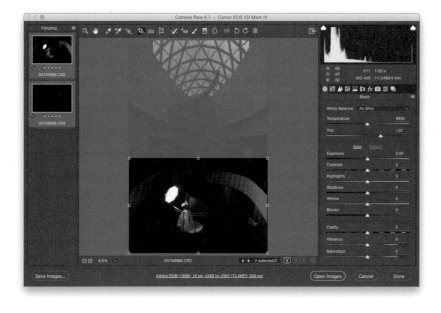

Step 04

[Filmstrip]에서 Command(PC: Ctrl)를 누른 채 두 개의 사진을 선택해서 동시에 일괄 보정한다. 먼저 사진을 크로핑해서 횡구도로 만든다. Crop 도구(C)를 선택한 다음 클릭하고 드래그해서 사진 전체를 선택한다. X를 눌러 종구도의 크로핑 경계선을 횡구도로 전환한다(종횡비는 그대로 유지된다). 횡구도의 크로핑 경계선을 클릭하고 원하는 구도로 드래그한다. 예제 사진에서는 사진의 하단만 선택해서 상단 부분은 잘려나갈 것이다.

Step 05

Return(PC: Enter)을 눌러 크로핑 설정을 적용한다.
두 개의 사진을 일괄 선택했기 때문에 동일한 설
정을 두 개의 사진에 모두 적용한다. 설정을 적용
하고 [Filmstrip]을 보면 두 개의 사진 모두 횡구도
로 크로핑되어 있다(Camera Raw의 크로핑 기능
에 대한 자세한 내용은 챕터 2 참고).

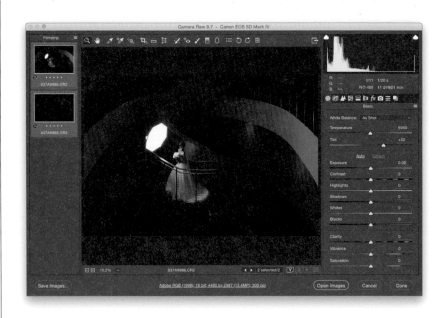

Step 06

Command+ + (PC: Ctrl + +)를 몇 번 반복해서
눌러 신부가 있는 영역을 줌인한다. 사진에서 바뀌
었으면 하는 점에 대해 **Step 02**에서 얘기할 때 조
금 더 따뜻한 색감이었으면 좋겠다고 했다(주변의
콘크리트 때문에 차가운 느낌이 든다). 그러나 과도
한 설정으로 신부의 드레스가 노란색을 띠는 것은
원하지 않으므로 신부의 피부가 따뜻한 색감으로
나타날 때까지 [Temperature] 슬라이더를 약간 오
른쪽으로 드래그한다. 여기서는 '7600'으로 설정했
다. 필자는 나중에 노출이 변할 수 있기 때문에 보
통 [White Balance] 슬라이더를 먼저 조절하지만
(상단의 히스토그램을 지켜보면서 [Temperature]
나 [Tint] 슬라이더를 드래그해보면 무슨 의미인지
알 수 있다. [Basic] 패널의 기본 보정 방법에 대
한 자세한 내용은 챕터 1 참고). 이것으로 사진의
색감 보정을 완료했다. 여전히 두 개의 사진이 함
께 선택되어 있으므로 어떤 설정을 적용하든지 일
괄 적용된다.

Step 07

다음은 조명에 가장 근접해서 과도하게 밝은 부케의 밝기를 보정해보자. 부케는 하나의 사진에만 있으므로 [Filmstrip]에서 부케가 있는 사진을 클릭해서 그 사진만 선택한다. [Basic] 패널에서 [Highlights] 슬라이더를 왼쪽으로 드래그하면 사진 전체에 설정을 적용하기 때문에 이러한 경우에는 Adjustment Brush로 원하는 영역에만 설정을 적용하는 방법을 사용해야 한다. 상단의 도구바에서 Adjustment Brush 도구(K)를 선택하고 [Highlights] 슬라이더 왼쪽의 −를 클릭해서 나머지 슬라이더 설정을 '0'으로 설정하고 [Highlights] 슬라이더를 '−25'로 설정한 다음 브러시로 부케만 드래그해서 설정을 적용하면 부케의 디테일이 나타난다.

Step 08

신부는 조명 반대 반향을 보고 있기 때문에 오른쪽 얼굴이 음영에 묻혀있지만 Adjustment Brush로 쉽게 보정할 수 있다. 패널 상단의 [New] 버튼을 클릭한 다음 [Exposure] 슬라이더 오른쪽의 +를 클릭해서 나머지 슬라이더들을 '0'으로 설정한다. 그리고 [Exposure] 슬라이더를 '+0.50'으로 설정한 다음 신부의 오른쪽 얼굴을 드래그해서 밝게 보정한다. 결과는 이전보다 밝아지기는 했지만 아직도 약간 어두운 편이므로 [Shadows] 슬라이더 설정을 얼굴의 디테일이 더 드러날 때까지 드래그해서 설정을 '+20'까지 높였다. 또한 하이라이트가 더 드러나도록 머리도 브러시로 드래그했다 (Camera Raw의 Adjustment Brush 도구에 대한 자세한 내용은 챕터 3 참고).

Step 09

지금까지의 진행 상황을 확인해보자. 도구 바에서 Hand 도구를 더블클릭해서 창 크기에 맞게 사진을 줌아웃한다. 이제 사진에 대비 효과를 추가하고 싶다. 일반적인 경우에는 화이트와 블랙 포인트를 설정해서 계조 범위를 확장하지만, 예제 사진은 밝은 조명을 제외하면 전체적으로 상당히 어둡기 때문에 화이트 포인트가 거의 '0'까지 떨어질 가능성이 높다. 그러므로 여기서는 대비를 높이는 설정만으로도 만족스러울 것이다. [Filmstrip]에서 다시 두 개의 사진을 모두 선택한 다음 [Contrast] 슬라이더를 '+28'로 설정한다.

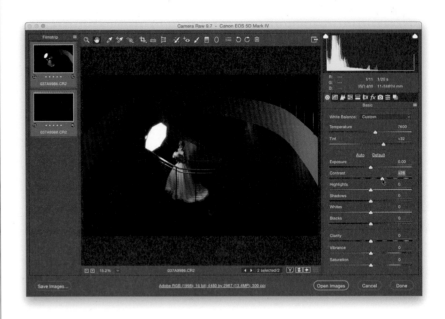

Step 10

현재의 사진을 보면 전등이 비추는 벽이 조금 더 따뜻한 색감이었으면 좋겠다. 신부의 드레스가 노란색으로 변하지 않는 한도 내에서 이미 사진 전체의 화이트 밸런스 설정을 최대한 높였기 때문에 Adjustment Brush 도구로 벽에만 화이트 밸런스 설정을 적용해야 한다. [Filmstrip]에서 상단의 사진만 클릭해서 선택한 다음 Adjustment Brush 도구를 선택하고 [Temperature] 슬라이더 오른쪽의 ﹢를 클릭해 나머지 슬라이더들을 '0'으로 설정하고 [Temperature] 슬라이더를 '+25'로 설정한다. 이제 벽을 드래그하는데 상단의 흰색 벽을 실수로 드래그하지 않기 위해 패널 하단의 'Auto Mask'를 체크하고 벽을 드래그하면 실수로 브러시가 흰색 벽으로 조금 넘어가도 브러시 중앙의 십자선이 흰색 벽으로 넘어가지 않으면 효과가 적용되지 않는다. 여기서는 브러시로 영역을 선택한 후 [Temperature] 슬라이더 설정을 '+81'까지 재조절했다. 또한 계단 아래의 빛이 나오는 영역도 드래그해서 설정을 적용했다.

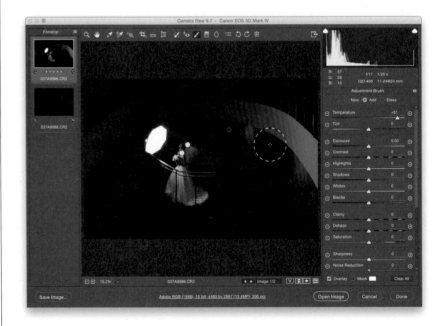

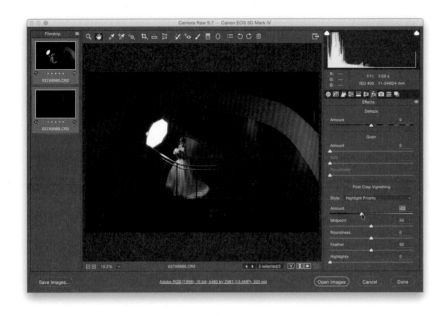

Step 11

포토샵으로 넘어가기 전에 사진 가장자리를 어둡게 보정한다(필자는 RAW 형식 사진을 가지고 작업하는 Camera Raw에서 최대한 많은 작업을 실행하려고 노력한다). [Filmstrip]에서 Command(PC: Ctrl)를 누른 채 두 번째 사진을 클릭해 다시 두 개의 사진을 모두 선택한다. 도구 바에서 Hand 도구를 선택해서 [Adjustment Brush] 패널을 닫는다. 이제 패널 상단의 오른쪽에서 네 번째의 Effects 아이콘을 클릭한 다음 [Crop Vignetting] 영역의 [Amount] 슬라이더를 왼쪽으로 드래그해서 시선을 사진 중앙으로 유도하도록 사진 가장자리에 비네트 효과를 추가한다. 여기서는 '-23'으로 설정했다.

Step 12

Camera Raw에서의 보정 작업을 모두 마쳤으므로 여전히 두 개의 사진을 선택한 채로 창 오른쪽 하단의 [Open Image] 버튼을 클릭해 사진들을 포토샵으로 불러온다. 두 개의 사진은 포토샵에서 탭 형식으로 열리며, 예제 사진은 조명과 어시스턴트, 신부를 빼고 촬영한 두 번째 사진이다. Camera Raw에서 원본과 동일한 설정을 적용했지만 상당히 어둡다. 그러나 포토샵의 자동 기능을 사용해서 보정할 수 있다.

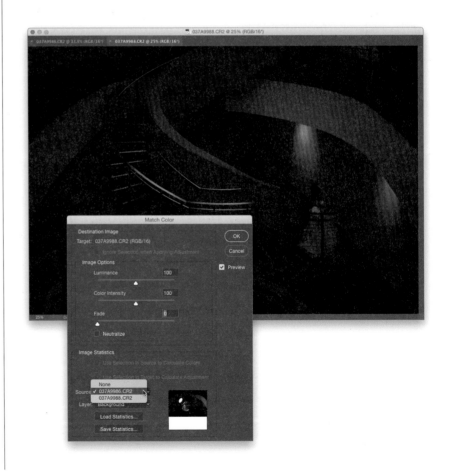

Step 13

두 번째 사진을 신부가 있는 사진의 전체 톤과 동일하게 맞추려면 [Image]–[Adjustment] 메뉴에서 'Match Color'를 선택한다.

Step 14

[Match Color] 대화창의 [Source] 팝업 메뉴에서 전체 톤을 맞출 사진을 선택한다. 팝업 메뉴에서 신부가 있는 사진을 선택하면 즉시 적용해 두 개의 사진이 동일한 톤이 된다. [OK] 버튼을 클릭해 대화창을 종료한다. 이제 두 개의 사진을 합성해 조명이 없는 사진으로 만들어보자. Command+A(PC: Ctrl+A)를 눌러 사진 전체를 선택한 다음 Command+C(PC: Ctrl+C)를 눌러 사진을 복제한다.

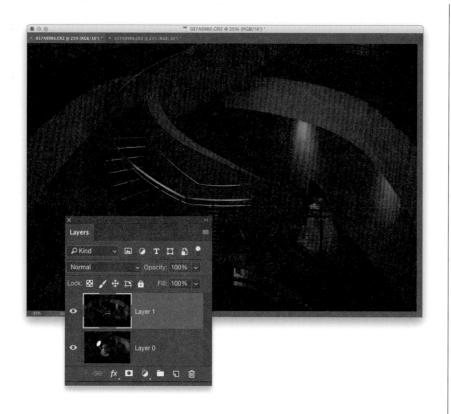

Step 15

신부 사진의 탭을 클릭하고 Command+ⓥ(PC: Ctrl+ⓥ)를 눌러 아무 것도 없는 계단 사진을 신부 사진 위에 붙이기 한다. [Layers] 패널을 보면 계단 사진은 별도의 레이어로 나타난다.

|NOTE|

예제 사진은 촬영할 때 삼각대를 사용했기 때문에 두 개의 사진이 완벽하게 맞지만, 카메라를 손에 들고 촬영한 사진들을 겹치려면 [Layers] 패널에서 두 개의 레이어를 일괄 선택한 다음 [Edit] 메뉴에서 'Auto-Align layers'를 선택하고 [OK] 버튼을 클릭하면 해당 기능 대화창에서 포토샵이 두 개의 사진을 자동으로 맞춘다. 그러나 이 기능을 적용한 후에는 두 개의 사진을 맞추면서 생긴 사진 가장자리의 흰색 여백을 잘라야 한다. 촬영할 때 카메라가 움직였는지 예제 사진도 완벽하게 맞지 않아 결국 Auto-Align Layers 기능을 사용해 맞추었다.

Step 16

Option(PC: Alt)을 누른 채 [Layers] 패널 하단의 Add Layer Mask 아이콘을 클릭하면(왼쪽에서 세 번째 아이콘) 빈 계단 사진에 검은색 마스크를 추가해서 사진이 보이지 않도록 숨긴다(레이어 섬네일 오른쪽에 검은색 마스크가 보인다). 즉, 레이어는 여전히 있지만 검은색 마스크 뒤에 숨겨져 보이지 않는다. 검은색 마스크를 추가해서 사진을 숨긴 다음 브러시로 드래그해서 원하는 영역만 나타나도록 만들 것이다. 도구상자에서 Brush 도구(ⓑ)를 선택하고 상단 옵션 바의 [Brush Picker]에서 중간 크기의 경계가 부드러운 브러시로 설정한다. [Foreground] 색상을 흰색으로 설정하고 브러시로 조명이 있는 부분을 드래그하면 예제 사진과 같이 빈 계단이 있는 사진의 동일한 영역이 드러나 조명을 가린다.

Step 17

조명과 어시스턴트가 전부 사라질 때까지 브러시로 계속 드래그한다. 조명에서 새어나간 빛이 신부 뒤쪽에 보인다. [ ] 을 눌러 브러시 크기를 축소하고 신부 뒤쪽에 보이는 빛도 드래그한다. 실수로 베일이나 원하지 않은 영역을 드래그했다면 'Foreground' 색상을 검은색으로 전환한 다음 실수로 드래그한 영역을 수정한다([X]를 눌러 'Foreground' 색상을 쉽게 전환할 수 있다). 새어나간 빛을 모두 제거할 때까지 브러시로 계속 드래그한다.

Step 18

이번에는 신부 오른쪽에 있는 두 개의 검은 구멍을 제거하자. 그 전에 레이어를 병합해 하나의 사진으로 만든다. Command+Option+[Shift]+[E] (PC: [Ctrl]+[Alt]+[Shift]+[E])를 눌러 실행하면 병합한 새 레이어가 패널 상단에 나타난다. 이제 Spot Healing Brush 도구([J])로 전환해서 브러시를 제거하려는 구멍보다 약간 크게 설정하고 구멍을 한 번 클릭해서 제거한다. 또한 같은 방법으로 아래층 왼쪽에 있는 작은 전등 스위치와 가운데의 작은 종이 조각도 제거한다. 그 외의 시선을 방해하는 요소들도 같은 방법으로 제거하면 된다(사진에서 시선을 빼앗는 방해 요소들을 제거하는 자세한 방법은 챕터 9 참고).

Step 19

샤프닝 효과를 적용하고 사진 보정 작업을 마무리한다. [Filter]–[Sharpen] 메뉴에서 'Unsharp Mask'를 선택한다. 대화창에서 [Amount]를 '120%'로 설정하고 [Radius]는 '1.0', [Threshold]는 '3'으로 설정한 다음 [OK] 버튼을 클릭해 샤프닝을 적용한다. 신부의 피부를 거친 질감으로 만드는 샤프닝 효과가 우려된다면 'Unsharp Mask' 필터를 불러오기 전에 [Window] 메뉴의 [Channels] 패널에서 'Red' 채널을 클릭해서 선택하면 샤프닝을 하나의 색상 채널에만 적용한다. 보통 'Red' 채널에는 가장 적은 양의 피부 디테일이 있기 때문에 사진에는 샤프닝을 적용하고 피부의 부드러운 질감은 그대로 유지하고 싶은 경우 이 방법을 사용하면 도움이 된다. 샤프닝을 적용한 다음에는 'RGB' 채널을 클릭해 원본 상태로 돌아온다(샤프닝에 대한 자세한 내용은 챕터 11 참고). 이것으로 사진 보정의 모든 과정을 마쳤다. 아래의 보정 전과 후의 사진을 비교해보자. 필자의 작업 과정이 여러분에게 도움이 됐기를 바란다.

보정 전(사진을 횡구도로 크로핑한 후)

보정 후

Photoshop Killer **Tips**

Creative Cloud에서 파일 빨리 열기

[Start] 화면에서 [CC Files]를 클릭하면 클라우드에 저장한 파일을 빨리 불러올 수 있는 방법이 있다(Mac에서는 [Start] 화면이 보이지만 [Application Frame]을 사용한다면 [Window] 메뉴에서 찾을 수 있으며, PC의 경우 이미 [Application Frame]이 열려 있다).

Adobe Stock 템플릿에서 영감 얻기

새로 디자인된 [New Document] 대화창에는 100개가 넘는 무료 템플릿이 내장되어 있다. 대화창 상단에서 카테고리를 선택한 다음 원하는 템플릿을 클릭하면 오른쪽에 템플릿에 대한 설명이 있다. [See Preview] 버튼을 클릭해 미리보기를 불러오거나 [Download] 버튼을 클릭해 다운로드한다. 또한 대화창 하단의 검색 영역에서 Adobe Stock에 있는 다른 템플릿도 찾아볼 수 있다.

이모티콘 사용하기

분서에 이모티콘을 추가하고 싶다면 [Window] 메뉴에 속한 [Glyphs] 패널에서 다양한 이모티콘을 볼 수 있다. 이모티콘을 추가하는 방법은 Horizontal Type 도구([T])를 선택해 활자 레이어를 만든 다음 패널 상단의 팝업 메뉴에서 'Apple Color Emoji'나 'EmojiOne'을 선택하고 원하는 이모티콘을 더블클릭한다.

[Properties] 패널에서 글꼴 변경하기

이제는 [Properties] 패널에서 쉽게 글꼴, 크기 등을 변경할 수 있다. [Advanced] 버튼을 클릭하면 [Character]와 [Paragraph] 패널을 활성화한다.

레이어에서 크기 조절하기

특정 피사체의 크기는 Free Transform 기능을 사용해서 조절하지만 이제는 [Properties] 패널에서도 너비와 높이를 [W]와 [H]에 입력해서 크기를 설정할 수 있다(링크 아이콘을 클릭하면 종횡비를 유지한다). 또한 [X]와 [Y]에 좌표를 입력해 선택한 피사체를 이동할 수도 있다.

색상 폰트 사용하기

포토샵은 이제 색상과 그라데이션 효과가 있는 OpenType SVG 폰트를 지원한다. [Properties] 패널의 폰트 팝업 메뉴에서 선택할 수 있다. 폰트 이름 옆에 작은 SVG 아이콘이 있는 폰트를 찾으면 된다. 두 종류의 SVG 폰트와 'Trajan Color'와 'EmojiOne'이 최신 포토샵 CC 버전에 새로 추가되었다.

하이라이트 색상 변경하기

포토샵의 회색 인터페이스는 밝기 조절이 가능할 뿐 아니라 하이라이트 색상도 변경할 수 있지만 회색과 파란색뿐이다.

기본 회색을 파란색으로 변경하려면 포토샵의 [Preferences] 대화창에서(Command+ K (PC: Ctrl + K)) 왼쪽의 인터페이스를 클릭한 다음 대화창 상단의 [Highlight] 팝업 메뉴에서 'Blue'를 선택한다.

삭제한 파일 클라우드에서 불러오기

[Library] 패널에서 파일을 삭제한 후 다시 복구하고 싶은 경우, Cloud와 동기화 되어 있다면 [Library] 패널의 드롭 메뉴에서 'View Deleted Items'를 선택한다. 그러면 웹 브라우저를 실행하고 Adobe Cloud 계정에 있는 [Assets] 페이지에 접속한다. 복구하려는 파일 옆에 있는 체크박스를 체크하고 [Restore]를 클릭하면 선택한 파일을 [Library] 패널에 복구한다.

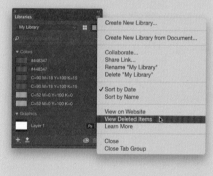

개선된 보내기 설정 기능

어도비사는 보내기 기능을 업데이트했다. 이제는 마지막으로 실행한 보내기 설정을 기억해 다시 설정하지 않고 이전과 동일한 설정으로 파일을 보내기할 수 있기 때문에 시간을 절약할 수 있다. 대부분의 사용자들이 동일한 보내기 설정을 사용한다는 점을 고려한 어도비사의 배려이다.

Index

X

Y

Z

저자 소개

스콧 켈비는 월간 〈포토샵 유저(Photoshop User)〉의 편집장이자 공동 발행인이며, 사진가를 위한 주간 인터넷 생방송 토크쇼 〈더 그리드(The Grid)〉의 공동 진행자 이기도 하다. 그는 온라인 사진 교육 사업을 전문으로 하는 KelbyOne의 대표 이사이자 경영자이다.

사진가이자 디자이너인 스콧은 〈The Lightroom Book for Digital Photographers〉, 〈Professional Portrait Retouching Techniques for Photographers Using Photoshop〉, 〈Light It, Shoot It, Retouch It: Learn Step by Step How to Go from Empty Studio to Finished Image〉, 〈The Digital Photography Book, Vols. 1, 2, 3, 4&5〉를 포함한 80권 이상의 책을 집필했고, 〈The Digital Photography Book, Vol. 1〉은 디지털 사진 관련 도서 중 역대 최고의 판매량을 기록했다.

스콧은 지난 6년 동안 사진 관련 분야의 베스트셀러 자리를 놓치지 않고 있다. 그의 저서들은 중국어, 러시아어, 스페인어, 한국어, 폴란드어, 프랑스어, 독일어, 일어, 네델란드어, 스웨덴어, 터키어, 포르투갈어 등전 세계의 언어로 번역 출간되었다.

그가 예술과 과학으로서의 전문 사진 분야에 기여한 공헌을 인정받아 미국 사진가 협회에서 매년 수여하는 ASP 인터내셔널 어워드를 수상했으며, 전 세계 사진 교육에 기여한 그의 공으로 2015 HIPA 스페셜 어워드를 수상했다.

스콧은 어도비 포토샵 세미나 투어의 트레이닝 디렉터와 포토샵 월드 컨퍼런스의 기술 의장을 맡고 있다. 또한 그는 KelbyTraining.com의 온라인 포토샵과 라이트룸 강의 동영상에도 출연하며 1993년부터 전 세계의 사진가들과 포토샵 사용자들을 가르치고 있다.

그의 블로그와 SNS에서 스콧 켈비에 대해 더욱 많은 정보를 얻을 수 있다.

블로그: http://scottkelby.com

인스타그램: @scottkelby

트위터: http://twitter.com/scottkelby

페이스북: www.facebook.com/skelby